陈应生 ◎ 著

耕耘三尺

有天地

——教育现场札记——

经济管理出版社

ECONOMY & MANAGEMENT PUBLISHING HOUSE

图书在版编目（CIP）数据

耕耘三尺有天地/陈应生著 . —北京：经济管理出版社，2018.8

ISBN 978-7-5096-5921-2

Ⅰ.①耕…　Ⅱ.①陈…　Ⅲ.①博客—随笔—作品集—中国—当代　Ⅳ.①I267

中国版本图书馆 CIP 数据核字（2018）第 169681 号

组稿编辑：杜　菲

责任编辑：杜　菲　周晓东

责任印制：黄章平

责任校对：赵天宇

出版发行：经济管理出版社
　　　　　（北京市海淀区北蜂窝 8 号中雅大厦 A 座 11 层　100038）

网　　址：www. E-mp. com. cn

电　　话：（010）51915602

印　　刷：北京玺诚印务有限公司

经　　销：新华书店

开　　本：720mm×1000mm/16

印　　张：21

字　　数：351 千字

版　　次：2018 年 9 月第 1 版　　2018 年 9 月第 1 次印刷

书　　号：ISBN 978-7-5096-5921-2

定　　价：78. 00 元

序

　　今天的学校不仅是资源配置的客体，同时也是创造、集聚、运用有效教育资源的主体，不仅是改革的跟随者，更是改革的策划源和实施者。因此，管理重心下移，不断激发学校内在改革的能动性，"办好每一所学校，教好每一个学生，成就每一位教师"应当成为新质量时代推动教育发展的政策指向。

　　一所成功的学校往往是教师个体快速成长、群体迅速成熟的舞台。当教师专业发展提上日程，教学现场就会越来越成为教师认知生长与发展的实践基地，越来越成为教师产生教学智慧、运用生态情景的机会，越来越成为教师实践共同体形成的自然场域。

　　在教学现场，教师发现并针对教学的实际问题进行研究和改进，问题来自学校、学生和教学实际，研究的主体是教师，研究场所在学校，所有研究成果又在学校教学实践中得以转化与应用……这样的过程不断循环往复、螺旋上升。这种在师生教学场景中的校本研修方式正在成就每一位教师，同时也在提升学校办学水平。这种以师生发展为动力的成长性，推动着教师专业能力的成长，也是学生健康发展的保障。这种成长性的生成和建设，是学校改进与发展的新模式建构，也是教师专业发展的基础条件建设。

　　实践经历告诉我们，唯有知行合一才是最好的教育改革和实践的状态，所以教师要反思和改进每一堂课，个性化地发展每一位学生，坚定、踏实、敬业、求精，最终达成对于教育科学本质清晰的透彻认识、对教育规律的深刻理解和把握，对教育实践路径的有效选择和对结果的正确预测。

　　一方面教师在职业生涯中要不断从外部汲取最新的教育理论和实践经验进行

自身的修炼和提升；另一方面也要不断突破自身，将自己的专业精神世界与外部进行交互和对话。从知识论的角度来看，这就是人的个体知识和公共知识相互融通的一个过程，教师只有与更为充实的学术世界合为一体，才能成为真正专业的自己。

教师的实践性知识是融会和涵盖了规则、经验、信念、直觉、情感等综合的"知识在实际情境中的行动"。教师的实践性知识是一种经验性知识，与研究者拥有理论知识相比，虽有时缺乏严密性与普遍性，却极其生动而富有弹性。这种知识不能简单还原为特定学术领域的综合性知识，而往往是在现实的教学情景中，面对生成性的复杂问题时才得以还原。因此，它的生成只能在学校。

提高教师的综合育人水平，首先，要改变惯常的教学行为和专业生活方式。专业生活是教师专业发展的基础，每一位教师都要找到适合自己的专业成长目标和生活方式。行为是理念的流淌，惯常的教学行为不易改变，关键是要在教育教学理念上突破和超越。理念改进了，新的教学行为就自然地流淌出来了。其次，要把"研究学生"作为教师专业发展的自觉行为。研究学生是教育内涵发展阶段极具现实意义和重要价值的命题。它不是一项外的、叠加的任务，而是伴随在教师职业生涯过程中，持续的行为习惯和自觉的职业追求。现实生活已经越来越清晰地告诫我们：不具备研究学生的能力，就不能算是懂教育，就不能成为好教师。

当我们在课堂上可以拥有更多的自主性和反思能力，在不断的小的自主突破中实现个人综合技能的持续发展，实现从合格教师、资深教师到教育引导者的进步。我们对自己职业的判断就会彻底超越简单重复劳动，而转向灵魂的启迪。

教育是培养人的活动，因而一切与教育相关的问题，都必须从对人的探讨中寻求根本性的解答。叶澜教授认为，"人的生命是教育的基石，生命是教育学思考的原点。在一定意义上，教育是直面人的生命、通过人的生命、为了人的生命质量的提高而进行的社会活动，是以人为本的社会中最体现生命关怀的一种事业"。可以说，生命就是探讨人及其教育问题的起点，也是这些问题的最终归宿。现代哲学不再仅仅把生命理解为生物学或医学意义上的"活着"（强调生命的有限性），同时还关注了生命的完整性（理性和非理性）、独特性和无限可能性。所以，教师应当成为"生命之师"，而所谓生命之师，有两层含义：一是指教师在对待受教育者时，能不断地将自身的实践行动放在生命价值的光辉下审视，并基于审视的结论而对实践行动予以优化调整，始终关注学生生命的有限性（进而对学生权利予以优先考虑）、生命的生成性（对互动关系的积极支持）、生命的完整性（对人格等各个因素的充分尊重）、生命的场域性（对教育情境的多元建构）；二是指教师自身能够通过不断的反思、总结，实现对自身价值的认同，实现人生意义的升华。"生命之师"的突出行为特征就是反思和实践的交叠，或称反思性实践。对实践的反思是专家型教师的应有之义。否则，尽管从业时间再长，经历再丰富，也只能是"教书匠"。

教育改革更"激进"的做法，是落地生根的学校营造，回归教师、回归学生、回归课堂。因为对于教师，教学即生活，对于学生，学习即生活，而真正的文化创新，必须在生活中逐渐积累才有可能达到。作为教师，长期在教育现场生活，我的习惯是随时找问题、想问题，有点心得就写下来。用短小的札记的形式写，只是尽可能地说出自己的想法。因为短小，更容易片面，但是，全面好像也要经历片面，因此也只是看能否为他人的更全面提供一个片面。

我只是把自己的想法写下来，说出一点尚能为别人作补充的论述来，如此而已。

目　录

教师是学生发展的第一环境

教师是作为一个完整的生命而存在。对教师来说，教书育人不只是谋生的手段，而是其在世界存在的方式，是实现生命价值的事业。

教学的本质是教学生学

　　学习是一个积极主动的建构过程，涉及意义、理解和解释世界的方式。教学是教师和学生积极投入的互动过程。教学上的收获不仅包括认知方面的，如概念、法则、原理等基本事实的掌握以及认知策略等，还应包括态度、情感和价值的提升。这就要求从单一、被动的学习方式向多样化的主动的学习方式转变。

　　教学不仅是促进学生发展的过程，还是师生双方相互交流、相互沟通、相互启发、相互补充的过程，在这个过程中教师与学生分享彼此的思考、经验和知识，交流彼此的情感、体验与观念，丰富教学内容，求得新的发现，从而达到共识、共享、共进，实现共同发展。

壹是皆以修身为本

幸福既是一种教育理想，也是一种教育实践，通过对个体内心幸福体验的唤起，来克服知识教育中个体物化的、无意义的存在状态，恢复生命的完整性和超越感，使个性变得丰富而舒展，使人格变得正直而强健，使学生成为既拥有美好前景，又跳动着健康脉搏的幸福生命体。

道德总是代表着主体的价值追求，关注着人的价值、地位、生命意义、理想选择等内容。它有三重意涵：能够使人与社会可持续发展；协调社会关系；直指影响人行为实践的精神意识。德育就是从道德的这三重意涵衍生而来的。

教育是人的

人是什么？人是使自己的生命活动本身变成自己意志的和意识的对象的生命。人是怎样生活的？人懂得处处都把内在的尺度运用于对象，因此，人也按照美的规律来构造。什么是我们的出发点？人！应从现实的、有生命的个人本身出发。人的本质是什么？人的根本就是人本身，人是人的最高本质。

教育之于个体，是心灵的；教育之于学校，是文化的。此二者都是精神的。所以有人说教育最终表现为哲学或者说教育达至最高即哲学。说到底，教育是人的，人创造的，为人的发展而创造的。

教师是学生发展的
第一环境

教师是作为一个完整的生命而存在。对教师来说，教书育人不只是谋生的手段，而是其在世界存在的方式，是实现生命价值的事业。

一辈子学做教师

　　学校改进最重要、最困难的工作是发展教师。当今教育关注两大核心领域——教师和课堂，教师的质量决定着学校教育教学的质量。

　　在信息时代做教师，面临着新的资源、知识几何级数增长和学生知识在某方面甚至比教师更专业等诸多挑战，教师需要做一个终身学习者，要使"一辈子学做教师"成为深植于教师专业发展信念的根，让教师真正成为基于实践的学习者。

　　在某种程度上，教师行业在互联网信息时代背景下正走向一种"自专业"状态。自专业，典型的特征是个体可以符合行业标准而成为行业的一分子，可以但不必一定依附于某个组织。自专业，意味着个体有能力进行创造性工作。在互联网+自专业时代，教师身份必将走向由专业组织认定，非以是否进入教育体制为标志。"自由教师"的出现即是例证。

　　教师行为的情境是复杂的、不确定的、不稳定的、独特的、有价值冲突的，这个情境并不一定"在书中""在培训课程里"，因此，不能指望教师用事先储存在其头脑中的知识去解决行动中的问题，而必须借助反思性实践，将抽象的理论知识与复杂的教育教学实践结合起来，从而生成教师自己的个人化实践性知识。比如，许多教师都相信只有热爱学生才能教育好学生，但是"热爱学生"却不是一种通过简单学习就能获得的知识或技巧，而是必须通过教师自己在实践中的反复实践与积极反思，才会对其有更丰富的理解。

　　教师不是知识的消费者、使用者，而是知识的创造者。教师从自身特定的情境出发，将抽象的理论知识与自身的实践情境联系起来，并借助交流研讨和批判性思考，积极主动地创生出有行动力的教育知识。

　　教师发展的根本动力在于教师有主动、强烈的发展愿望和认真、积极的行动。因此，教师要从外控式专业发展转向自我导向的专业发展。

　　一要时常检查自己的教育教学活动是否符合教育教学规律，教学效果达到了课程教学目标没有，并总结合乎教育教学规律体现在哪里，实现课程目标采用了哪些手段和方法，还有哪些要解决的问题和需要进一步改进之处。通过这样不断的自我评判，既可以增强信心，享受成功的喜悦，又能激励自己继续奋进。

　　二要经常思考自己参与教育教学的自觉性如何。教育教学自觉性的增长，体现在开始积极主动地探求教育教学的意义；意味着自己对教育教学产生了浓厚兴趣，把教学研究作为自己生活的一部分，使个人的教学从一般意义的教学转变为研究型教学，由一位经验型教师转变为研究型教师。

　　三要不断检查自己的教学效能怎么样。关心教学的效能，即是关心学生的成长。教师的教学效能直接影响学生行为、学习成绩和学习能力；教学效能感的增加，体现在对自己教学能力有了自信心及对教学行为导致的结果有了更为清醒的认识，并对教学结果充满信心。教学信心不断增强会使教师更加主动积极，从而满怀信心、充满活力地进行创造性教学，享受由创造带来的幸福感和满足感。

什么样的评价能实现教师的"发展性"

美国教育家古德莱德说:"没有更好的教师就不会有更好的学校,但没有教师可以在其中学习、实践和发展自身的更好的学校,也就不会有更好的教师。"如果一个学校能够建立一个科学的教师评价机制,这个机制能够促使教师教育教学能力充分发展从而变成更好的教师,那么,这个机制一定能够同时促进学生发展和学校发展。

在组织资源中,人永远是唯一能动的、最重要的生产要素。无论何种组织,如何选好人、用好人,充分调动每一位员工的积极性,引导和促使员工为实现组织目标做出最大努力,都是有效实现组织目标、完成组织任务的中心工作。教师评价是教师资源开发、管理和使用的前提。从教师职业发展全过程来看,需要评价的环节主要有入职招聘、职称评审、岗位聘任、年度考核、聘期考核等。每个环节的评价都遵循"冰山模型",显性的如教学成绩、学术成果等相对容易考察,隐性的也是更重要的如教育价值观、职业道德等则不容易考察,因此教师评价的关键是解决信息的非对称性。从机制设计理论视角看,就是如何在非对称信息条件下,设计一套机制(规则或制度)来使教师的个人利益和学校既定目标一致,从而减少或消除教师的逆向选择和道德风险,因此机制设计是教师评价的关键问题。

作为具有专业知识的人,教师生活在社会群体中,外界纷扰不免影响其改变内在需求的实现途径,因此应该有相应的评价机制来引导教师向专业方向发展。教师有丰富的知识、思考力和决策力,是经济学意义上的理性人,多会根据自身条件和社会评价机制做出有利于自己的决策。评价机制要引导教师的专业发展,唤醒或提升教师的专业自觉。

评价是教师个人发展的外源动力，教师专业自觉是教师专业发展的内源动力，内源动力和外源动力相互结合，促进教师专业发展才具有可能性。

出于对教师的人文关怀和教师发展的长远考虑，发展性评价正在得到尝试和应用，但发展性评价关于"自我实现的人"的假设和人文主义的管理范式存在失之于柔、不精确等不足。因此，教师评价应具有教师绩效评价的严格性和准确性等特征，否则会引起教师职业倦怠等更多问题。两种评价方法都在一定程度上存在着优越性和局限性，也有各自使用的条件。所以要根据学校和教师实际，使两种评价方法相辅相成，关键是采用多主体参与的评价策略。

采用多主体参与的评价策略，是要把教师的自我评价与同事评价、学生反馈、专家评价结合起来。

教师发展从根本上说是教师的自主发展，教师自评的评价标准要具有指引作用，评价结果要指向教师的全面发展，而非仅与奖惩挂钩。

教师互评主要采用调查问卷、座谈、互评量表、学术论坛和民意测验等方式，互评对于被评价教师来说是重要的提升和交流契机，对于促进自身专业发展与教学能力颇有裨益。

学生作为课堂学习活动的主体，对于教师课堂教学情况的评价意见应当得到足够重视，但受到年龄、知识、经验和判断能力等各方面因素制约，学生在进行评价时应以对课堂教学情况的客观描述为主，避免主观判断。

专家评价较具专业性和权威性，评价结果往往比较客观、有重要参考价值，但专家评价要研究不同学科、不同层级教师的评价标准，对不同类型的教师应采取不同标准进行评价，以激励不同教师的工作激情和发展潜能，为教师改进教学和专业发展提供有效帮助。

教师评价应综合同行、学生、专家给出的评价结果，建立健全的协调机制以确保评价信息的准确表达，采用平等、民主、对话的方式沟通评价意见，形成协商共赢的评价关系。

为何需要团队共读

  阅读是教师发展的重要源泉和重要标志。没有书籍的滋润，难以得来深厚的学识和素养。教师通过阅读可以汲取进行教育教学工作的精神营养，并把这种精神营养转化为自己的工作能力和综合素质，充分提高教育教学效果。

  教师是与书本打交道的职业，读书是教师的本分。做一个职业学习者，做一个终生读书人，教师应把读书当作一种生活方式，就是让阅读像衣、食、住、行一样，成为教师职业生活须臾不可离开的东西，让阅读本身构成教师职业生活的基本成分。

  组织学家达夫特说："在这个世界秩序中，管理的责任是创造组织的学习能力。在许多行业中，比竞争对手学习和变化更快的能力或许是唯一有力的竞争优势。"所以，从组织管理模式上我们需要一种整合学习、工作与知识的办法，这就是创建学习型组织。而信息技术已经改变了人们对工作与学习之间关系的基本看法，高度信息化的组织是一个学习机构，它的一个基本目的就是拓展知识（不是学术意义上的知识本身，而是使组织怎样才有效率的核心），学习不再是教室里的孤立活动，相反，学习就是工作的核心。学校是教师专业成长的沃土，学校应是一个学习型组织。教师应是学习者，即教师个体的"做中学"是岗位成才的根本途径，读书与教书不可分离。

  这里的读书不包括教科书和教学参考资料。

  这里的读书是指专业阅读。一是追求阅读的深度、信度和效度，深入探索、自觉反思。改变才会有成长，你总是要试图去改变一些做法、一些想法，而不是自我封闭、故步自封。二是及时总结，着力提升。要养成及时总结的习惯，收集、整理我们听到的、看到的、读到的有价值的信息和表达。三是团队合作，真诚交流。

专业阅读在很多时候是读"有用"但自己未必喜欢的书。有些书，因为专业成长的需要，不管个人喜欢与否都必须逼着自己读下去。这样的阅读单靠一个人的力量往往很难坚持下去，团队共读就显示出了独特的优势。

人是很容易服从环境的，周围的人都在做同一件事情，你也就会自然而然地去做这件事，这是环境带给人的影响力。而团队共读最基本的优势在于：它可以让你置身于一个阅读的环境之中，并在不自觉中走向阅读。事实上，团队共读一本书，还可以帮助你获得更多的力量，比如榜样的力量，在一个团队之中会有走得快的人，这些人可以影响着你加快步伐；比如同伴的力量，更多时候，一个人行走的勇气来源于同伴间的相互鼓励、监督，甚至是相互的竞争。

有时候，我们可能还缺少读书的能力，即从文字中读出独到的理解和感受。阅读需要引领，需要培养。一千个读者就有一千个哈姆雷特，每人一种认识，每人一个观点，汇集起来就完全可以让一本书变得通透。只有具备了足够的阅读能力，才有可能走上真正的专业阅读。

一个走上专业阅读的教师，一定要有自己独到的阅读品质，有着自己的规划和朝向，有着独立的选择和甄别，有着鲜明的个人喜好与坚守。一段漫长的团队共读的培育，引发一个人的专业阅读，让每个人形成专业而个性化的阅读品质。

我校的共读行动以学期为单元进行，每个学期单元选取 3 本书，兼顾人文底蕴和专业能力培养，并注重从通俗到经典的阅读梯次，每月共读 1 本书，每周撰写一篇读书心得，每两周举办一次读书报告会，每人选择一个课题开展行动研究。

一个学校的教师应该是一个团队。团队成员之间真诚的合作、分享和交流，对于彼此的成长有着十分重要的、巨大的价值。团队中有一种无形的力量使我们成长，因为在团队中我们形成了一种精神的氛围，一个心理的场域。

教师要做行动的研究者

发展越来越被看作一种唤醒的过程，一个激发组织大多数成员创造性力量的过程，一个释放组织大多数成员个体作用的过程，而不是被看成一个由规划者和学者从外部解决问题的过程。

这种发展模式强调的是，人不能被发展，他们只能发展他们自己，只能通过他们的所作所为，通过增进他们对自己正在做的事情以及为什么做这些事情的理解力，通过全方位地参与所在场域的生活而获得发展。

这种内在发展理念认为发展是一种自主的过程，发展是一种自下而上的过程。

在学校，实现教师的专业发展，关键在于教师要做行动的研究者。因为，教师一直生活在教育教学实际的现场，是在现场中感受教育事实，生发教育理念，提升教育智慧的。

教师个人的发展是与学校的发展密切相关的，个人的专业提升与学校的整体变革也常常是结为一体的。教师在把个人的成长发展乃至个人的命运与学校或学科的发展规划以及面临的问题结合在一起时，就会发现许许多多的问题有待于自己去解决，就不会坐等现成答案。而学校或学科发展中存在问题是正常的，没有问题是不正常的，而这些问题又有许多是现有的经验或理论难以有效解释、现有的工作模式难以恰当解决的，在这种情况下，教师个人或群体成为发现和解决问题的主体就变得理所当然了。

行动研究的目的在于通过科学方法的应用，以解决课堂内的问题。它关注的是特定情境中特定的问题，不重视研究结果是否可以类推到其他不同的情境；也不强调研究变量的控制及操作问题。行动研究主要在于解决特定问题，教师始终是行动研究的主要研究者。行动研究的价值虽然对推动科学进步助益不大，但是其解决问题的以及应用的即时性，对于解决教育实际问题提供了一种有效而科学的方法。

在这里，研究的问题是产生于实际的工作情境之中的，并且研究的进程是从实际情境出发，根据实际情境的需要，随时检讨，不断修正的。这种研究是教师对自身实践所进行的有意识的、系统的、持续不断的探究反思，它在突出教师实践的"研究"特征的同时，也突出了教师作为研究者的角色。研究过程中自始至终都贯穿着对教师自我反思的要求，对教师而言是一种学习的过程，对于教育实践而言是找到针对即时情境问题的解决方案的有效途径。

作为行动的研究者，教师得以在场域运用反身思维来观照自身的惯习。这种惯习并非习惯，它存在于教师的性情倾向系统中，能够有所限制地生成思想、感知、表述、行为等产品，并影响教师在场域中的定位。场域塑型惯习，惯习则将场域建构成一个充满意义的世界。

在《人间词话》中，王国维认为，诗人面对自然与人生，既需入乎其内，又需出乎其外。在场，即入乎其内；思场，即出乎其外。思场，就是对场域的反思。通过行动研究，教师反求诸己，自己解放自己，提高自己的行动能力和行动质量，改变自己的现实处境。

教师出乎其外，并非超乎其外，而是要把思场后生成的知识带回场域，通过返场以改进教学。计划—行动—观察—反思，循环往复，发展教学实践。

场域及地方性知识

　　场域源自 19 世纪中叶的物理学概念，经由法国经典社会学家布迪厄人类学经验研究而进入社会科学领域，形成具有普遍意义的"场域理论"。特定地域及其文化生态即是教师专业发展的场域。我们讨论教师专业发展，就务必将其还原到这种特定地域及其特定文化情境中去考察。

　　对教师而言应具有的知识包括三类：一是普遍的、公共的、普适性的知识，如学科知识、教育类知识、基本的文化素养知识等；二是实践性知识，是教师个体在经验与反思基础上形成的具有教师个人独特气质的知识；三是因其工作地域、工作环境和工作对象的特殊性，而应有的地方性知识。

　　地方性知识是一种某一文化或社会所独享的知识。它强调地域性和社会历史文化性质。它包括地方性的生产生活知识（如关于居住、交通、饮食、服饰、种植养殖、生产贸易等）、历史文化知识（如地区发展史、地方志、历史文物、传说等）、传统民俗知识（如乡风民约、节日习俗、婚姻、丧葬、祭奠、禁忌等）、民间艺术知识（如民间工艺、文学、音乐、舞蹈、绘画、戏曲等）、地理景观知识（如自然环境、气候规律、人文景观、物产资源等）、思想观念知识（如审美意识、思维习惯、伦理观、宗教观等）、教育类知识（如家长受教育水平、对子女的教育热情与能力、对子女的教育期待以及当地学生的学习愿望、学习能力、学习条件等）。

　　知识具有境域性，即知识存在于实际情境中，是主观与客观以及个体与外界相融合的过程。任何知识都是存在于一定时空、理论范式、价值体系、语言符号等文化因素中的，任何知识的意义都是由其所位于的整个意义系统来表达的，离开了特定的境域，不存在任何的知识、任何的认识主体和认识行为。

知识具有理解性，即知识不是客观绝对的，不是对现实的准确表征，它只是一种解释、一种有待于进一步修正的假设。知识是认识者参与形成的结果，受到先见、价值观念和社会文化等因素的制约，只能在特定情境中得到真正的理解。不是任何知识都具有可检验性而无须质疑，教师和学生都应在认识过程中真正成为认识主体。

从学习的机制来看，学习不是对知识的机械记忆，只有对知识进行个人化的理解后才能灵活掌握和运用，才能算是学会了知识。现行教材理解知识的文化背景与经验系统是城市化的，如何调动学生个人的经验背景，来对这些知识进行理解和重构，是提高教学质量的一个有效途径。教师关注本地域的地方性知识，对其有深度的理解和体验后，就能够运用这些知识进行有效的教材二次开发，赋予那些知识以本土文化气息，使之变得亲切而实感，易于理解和掌握。教师在阐释和讲解过程中，也能够灵活熟练地运用地方性知识进行"深描"，使教材内容融会在学生生活当中，能够顺利地被学生接受、理解、阐发、建构。

在有关促进教师专业发展的行动中，我们更多地关注教师公共和普遍性知识的学习，把一般意义上的学科知识、教育类知识作为教师培养的重点，却忽略了地方性知识的价值。教师所掌握的公共性质的学科知识与教育类知识更需要一个基于地方性知识的本土化过程才能转化成为课堂实践。没有这个本土化的过程，教师只能机械地把所掌握的公共知识复制到任何学校和学生身上，缺乏从一般到具体的过程，无法把地域性教育场景、学生个人经验与知识学习整合起来，容易出现教学的无力感。

师者，身许传灯

在佛家中，以传灯命名的典籍以及有关传灯的描述很多。如《景德传灯录》中言："灯能照暗，禅宗祖相授，以法传人，犹如传灯。"《般若经》中说："诸佛弟子凡有所说，一切皆承佛威神力，与诸法性常不相违。依所说法，精勤修学，证法实性，故佛所言如灯传照。"传灯能使佛法永不停止，发扬光大，普及任何一个地方。

教师是传道者，是于苍茫鸿蒙中春风化雨、传承人类智慧的人。正如弘扬佛法，一代一代地传承下去，灯灯相传，心心相印，永不停歇，不仅照亮黑暗的角落，也启蒙了蒙昧的人心。

以传灯来形容师承关系，具有生动的蕴含。正如朱子在《白鹿洞书院揭示》所言，"熹窃观古昔圣贤所以教人为学之意莫非使之讲明义理，以修其身，然后推己及人。非徒欲其务记览，为辞章，以钓声名，取利禄而已"。老师教给学生的，并不是通过学问赢取利禄、沽名钓誉的方法，更不是为人处世曲意逢迎、左右逢源的姿态。老师传递给学生的即学生从老师那里聆听与目睹到的，不仅是精细的学术探幽与严谨的治学训练，更是高贵的品质与操行以及无形和无限的人格与精神形塑。教师用智慧和学识点亮烛火，通浚阻塞，唤醒每个学生的精神生活，让他懵懂的内心世界疏朗清明起来。

人在世界上，其实也就是处理好物我关系、人我关系、我我关系而已。却是在充分发展我我关系的基础上发展和谐的物我关系、人我关系。人不能依附于物，人不能依附于人，人要解放自己，人要把握自己，有了高水平的我我关系，才会有摆脱人依附物而建立起来的和谐的人物关系，才会有摆脱人依附人而建立起来的和谐的人我关系。

"我思故我在"，笛卡尔这句话中有两个我，不同的两个我。

"人则把自己的生命活动变成自己意志和意识的对象"，马克思这句话中有两个自己，也是两个我、两个不同的我。

心理学家把"我"分成了三个：本我、自我、超我。三个不同的我。

印度哲学中有四位我：醒位下的我，梦位下的我，熟眠位下的我，大觉位下的我。

我们的教育注意到了几个我？

积极的我我关系：自己相信自己；自己看重自己；自己鼓励自己；自己反省自己；自己为自己骄傲；……

消极的我我关系：自己贬低自己；自己吓唬自己；自己放纵自己；自己欺骗自己；……

我我关系是可以发展变化的，正因为如此，教育才有了意义。教育的基础工作就是发展学生积极的我我关系，抑制消极的我我关系，引导学生不断向更高水平的我我关系发展，不断走向超我。若要做到这一点，教师必须悉心观察和体悟每个学生我我关系的现状，由此而实现更好的引导。

所谓"人贵有自知之明"，其主要含义是告诫人们不要自傲、不要自负、不要狂妄。这当然是不自知。其实，自悲、自怯、自贬……这也是不自知，是更危险的不自知。

自己认识自己，只是我我关系的极小部分。自己对自己的体会、体悟、体验、体味、体察……是更重要的。这也是教育最薄弱的地方。

韩愈《师说》之中"传道、授业、解惑"成了教师职业最好的注解。而其中，传道第一。这里的"道"是一条我们通过自身的选择、行动和关系而不断去开拓的道路，即个体走出封闭单一的自我，有能力随时调整人我关系、物我关系，变得行事有效和有影响力，使个体成为一个更好的人，并且过上幸福的生活。

《大学》有云："大学之道，在明明德，在亲民，在止于至善。"老师身为传道之"木铎"，要将自己用心深入思考与明辨的为人处世、于国于民、于公于私所持的正确价值观毫无保留地传授给学生，让学生能够在是非、曲直、善恶、义利、得失等方面拥有一面经得起推敲的镜子，能够受到老师以心传心的正能量。

老师应对志业永怀执着之心。也许，老师仅是一个职业，但这个职业之所以为世人所推崇，是因为教育的本质是爱、是付出与奉献、是一颗心照亮另一颗心。戴仁而行、抱义而处，是教师为人处世的准则。

《论语》有言："士不可以不弘毅，任重而道远。仁以为己任，不亦重乎？死而后已，不亦远乎？"选择了老师这一职业，无疑就选择了一条任重道远、需弘毅前行的道路，自此这一个生命将与许许多多的生命休戚相关，这一个灵魂将肩负起启迪千千万万个灵魂的伟业。

教育质量是尊敬出来的

2018 年"两会"，李克强总理在《政府工作报告》中提出，发展公平而有质量的教育。

教育部陈宝生部长掷地有声、铿锵有力地说：教育质量是尊敬出来的，不是谁抓出来的。

是的，教育大计，教师为本。只有激活教师，才能激活教育，才能发展公平而有质量的教育。

教师要得到发展，感受到职业幸福，并享有职业尊崇。

家长与社会对教师要多一分理解与信任。随着经济社会的加速发展，特别是网络的迅速普及，获取知识和信息的渠道越来越多，教师不再是唯一的知识拥有者，不再是"知识的化身"。但是，教育发展有其固有规律，教师工作有其不可替代的专业性。在人工智能尚未完全代替集体教学，家长尚难以依靠一己之力实现"在家上学"之前，学校依然是绝大多数学生学习、成长的首选之地，教师依然是服务、陪伴学生从家庭走向社会以及自我认知、自我发展的主要领路人。为此，在强调学校融入社会、教师服务家长的同时，社会理应对学校运行有一种特殊保护，家长理应对教师工作有一种特殊的尊重，而不是偶有风吹草动立刻将矛头指向学校。教师队伍中难免出现个别有失风范者，但我们不能以偏概全，因此而丑化整个教师队伍。从某种意义上说，当前学校和教师遭遇的最大冲击与尴尬，不是人工智能等对教育理念与教育方式的影响，反倒是学校与社会、家长与教师之间信任链条的断裂。这就导致一个悖论：一方面社会与家长越来越离不开学校和教师；另一方面又越来越不信任学校和教师。此种境况，学校和教师何以安安心心、安安静静地从教?

教师要进行师道的学习与研究,明白为师之道,并发自内心地愿意按照师道的标准进行教育教学工作。

人因思想而伟大。作为教师,职业特点决定了我们更应该成为"一根有思想的芦苇"。一个没有思想的教师,无法完成学生正常的精神成长。只有教师有思想,才能真正使学生体验到生命的价值、尊严与意义。

教师要活得像个人,要有人格尊严和独立思考的意识,要有人的教养并敬重自己的职业。

在信息泛滥的多元时代,不仅需要一种信念的坚守,还需要用常识、思考对抗种种形式主义、功利主义的裹挟、奴役。

教师如果不能成为思想者,只能靠别人的思想指导自己的行动,他的教育教学行为就不可能具有创造性。只有清醒的思想者,才会有理智的教育。

教师要有想法,成为有信念的思者,继而把想法变成做法,成为有定力的行者。既要坐而论道,面壁参禅,又要知行合一,身体力行。

卓越的教师都是把教育当成志业,都是一个发光体。他们热爱自己的职业,热爱自己的学生,始终不放弃自己的教育信仰与梦想;他们守住一间教室,唤醒、点化和润泽着生命。

教师是专业人员、发展中的个体、学习者与研究者。教师专业发展要以学校教师团队的共同研修为支撑,即依靠校本研修,聚焦学校教育教学改革的教学反思、同伴互助、专业引领,更好地帮助每一位教师迅速走上专业发展的快车道,教师个体与同伴在寻求专业发展的旅程中互为砥砺、相得益彰。

教师即研究者。研究是教师能力的一个重要特征。实际上,研究不是一个领域,而是一种方式。教师的研究并不把发现和揭示具有普遍适用性的未知教育规律作为目标,其主要追求是发现和解决日常教育教学实践中存在的问题,探索符合自己的可能性。

教师的研究定位在行动研究、实证研究。行动研究强调教师在行动中为解决自身问题而进行有计划、有步骤、有反思的研究活动,边研究、边行动,进而有效解决日常教学实践中的问题。实证研究则强调教师通过收集资料,围绕案例实证,为提出或检验理论假设而开展一系列具体的研究学习活动。

教师是学生发展的第一环境。教师的专业发展要基于学生成长，观照教育对象。固然，没有教师的发展就不会有学生的发展，但缺失了以学生成长需求作为观照，任何路径的教师专业发展都将行之不远。

所有教育教学活动，更多的是从学生作为一个完整的人、培育学生核心素养、有效促进学生终身发展的角度进行设计和规划的。我们需要更好地在学科教学中关注、培养和发展学生的学科思维；需要在学生的学习过程中更好地关注其情感历程、情感的陶冶与升华。教师的专业发展需要从学生成长需求的角度，进行来自教师的自我规划与行动。优秀教师不仅是深谙某一学科的教育教学规律，还应自觉履行多元角色，帮助学生更好地设计、规划人生，全面呵护学生的学业与心灵成长，做好学生的生涯导师。

教师专业发展必须从培育学生核心素养的高度，在充分了解学生终身发展所需要的认知能力、合作能力、创新能力基础上，进一步提升教师专业发展所需要的课程开发与实践能力、学生生涯规划与综合素质发展评价指导能力，在贴近学生发展的轨道上，寻找教师专业发展的新路径。

做教师是一种信仰

　　狄更斯在《双城记》的开头说："这是最好的时代，这是最坏的时代；这是智慧的时代，这是愚蠢的时代；这是信仰的时期，这是怀疑的时期。"毫无疑问，我们正处在一个伟大的时代，一个伟大的时代也注定是一个变革的时代，一个变革的时代也一定是一个充满动荡的时代。这种动荡不仅表现在外在世界，也表现在我们的内心世界。作为教师如何有足够的定力站好三尺讲台，如何重建教育的崇高精神，让教师怀着虔诚的事业心，运用教育智慧去育人，实现自身的人生价值，提升教师的教育境界，把做教师视作一种信仰，应是一个真命题。

　　在中国传统价值观中，教师是一份高尚的职业。《礼记·大学》说"自天子以至庶人，一是皆以修身为本"，而教师是自天子以至庶人修身的导师，帝者与师处，王者与友处，霸者与臣处，亡国与役处。孟子说："君子有三乐，而王天下不与存焉。父母俱存，兄弟无故，一乐也；仰不愧于天，俯不怍于人，二乐也；得天下英才而教育之，三乐也。"《荀子》也说："国将兴，必贵师而重傅，贵师而重傅则法度存。"

　　在今天的制度安排中，我们从事的教师工作已是一种普通职业。但是，做教师依然是一种信仰，因为教育需有信仰。

　　什么是信仰？有人说，信仰是终极关切的存在状态，即信仰是人的终极追求，是对人的最高价值和人生最终意义的向往与追求，为人在宇宙、社会中的生存观念、生存状态、生存价值找到可靠的依据。它是一种超越有限追求无限、超越匮乏追求完满、超越偶然追求确定、超越现实追求理想的活动，人正是借助于信仰活动来实现自我的超越，其本质是满足人们追求无限的精神需要，满足人们超越现实和超越自我的终极关怀。所以，信仰是人们关于最高价值的信念，信仰是人们对于终极价值的确信。

如果人生是为了一件大事而来，那么，教书育人就是我们教师人生中的大事。

教育之所以区别于其他社会实践活动，就在于其固有的理想性、超现实性和超功利性。教育信仰首先是对人的信仰，人是教育的出发点和归宿。人是一种价值性存在。教师教人成人就是要引导人理解、创造人的价值。

教育的本真属性就是生成智慧生命和道德生命，实现心灵和心灵的交流，精神和精神的畅游，在这个追求教育真、教育善、教育美的过程中，教师实现和享受幸福的教育生活，从而提升教育境界和人生境界。

教育是发展人的生命、生存、生活，实现人的价值。人是价值的价值，教育培养和实现人的价值。教师要让学生来证明你受过教育，你来过教育，你教育过学生；要让学生感受到教师在热爱生命，挑战生存，幸福生活，感受到教育的意义和价值。教师要让学生认知生命价值，增长生存能力，培养生活信仰，实现人生幸福。

教师要崇尚真理、探索真理、实践真理。既要有对教育的忠诚之志，也要有精专的职业素养。人如果有真知，那就是认知到自己的无知，要使学习成为一种生存方式和生存境界。

孔子说，君子有三畏：畏天命，畏大人，畏圣人之言。一个人有所怕才有所成。有所敬畏，是对待工作的起码态度。孔子把"居处恭，执事敬，与人忠"视为仁德的基本要求，把"事思敬"作为对待工作的总要求。做事的精义就在于敬事，就是确立劳动神圣、工作神圣、事业神圣、创造神圣的信念，尊重劳动，珍视工作。

敬事更在于全身心投入的专注精神和勤奋、刻苦、执着、精益求精的品质。这体现在对工作和对事业全心全意、尽心竭力、一丝不苟的执着精神；刻苦耐劳、废寝忘食、乐以忘忧的吃苦精神；始终如一、持之以恒的坚持精神。

敬事还在于视职业、工作、劳动、创造、贡献为公民的社会责任和义务，视劳动和工作为实现个人理想和个人价值的基本途径。

教育是灵魂的教育，教育本身意味着：一棵树摇动另一棵树，一朵云推动另一朵云，一个灵魂唤醒另一个灵魂。教师的工作对象是正在形成中的个性最细腻的精神生活领域，即智慧、感情、意志、信念、自我意识，这些领域也只能用同样的东西即智慧、感情、意志、信念、自我意识等去施加影响。在创造与给予中，师生投入的并不只是认知方式，还包括感情、态度、个性、性格、气质、意志等人之为人的一切，同样，收获的也不是一种智能结构，而是师生生命意义的共同丰富和完美个性的共同成长。

陶行知先生说："捧着一颗心来，不带半根草去。"师之情怀、爱心，无远弗届。

师生的生命同构

美国三位教育哲学家关于教师的本质的追问，富有启发性。

玛克辛·格林认为教师是一种实践本体存在，也就是说，教师应在全面觉醒的意识基础之上，通过不断超越既定状态的行动，通过改变知觉世界的方式，从而获得现实性。

奈尔·诺丁斯关怀伦理中的教师是一种关系性本体存在，也就是说教师应该在接受性意识基础之上，与每一名学生发生独特的相遇，从而获得学生的回应与承认。

帕克·帕尔默讨论教师的逻辑起点是精神性的"真我"，也就是说教师是一种精神性本体存在，这意味着教师应在自身认同与完整性为特征的意识基础之上，通过克服分离，形成联系，追求实现"真我"的存在，这种"真我"是以精神性为内外逻辑联结的内在真理与外部表现相统一的整体。

实质上，作为人的教师，其本质应是实践、关系与精神三者的结合，三个维度相互补充、彼此依赖、不可分割。

人是什么？梁漱溟先生说，人之所以为人在其心，心之所以为心在其自觉。这种自觉实质是人对生命意义的追问，也就是生命自觉。生命自觉是人的主体性意识的自然流露，是人的自我意识、自我理解、自我确信、自我塑造、自我实现、自我超越的生命运动及其表现出的种种特性。它是人对自己的力量、自己的生活、自己的世界及其最高意义的自觉意识和不懈追求。所以，人生就是一个界定自我、安顿自我的过程。

职业，是人界定自我、安顿自我的安身立命的方式。人对于职业的态度集中反映了他生命自觉的广度、深度。韦伯将职业视作"伦理之业"，具有"使命"的含义，要求从业者遵守心中的"道德律"，这不仅提升了职业的意蕴，而且让职业与生命自觉融为一体。

从生命自觉的角度看教师职业，究其实质是一种生命与生命的相互对接与交融，是以自身生命之光点亮另一个生命的光辉历程，是生命与生命一起走向敞亮。

教师的责任与使命，首先是对教育事业的挚爱和对教师身份的珍视。其次体现在他对学生生命的自觉与关怀。人不是生来具有人的本质，人的本质要由人自己去争取、去创造的。因此，人必须讲求做人之道，更重要的是人只有在教化中才能成就为人。这也意味着人是未完成的动物，人是一个不断成为人的过程。人永远在路上，在走向成人的路途之上。教师把自己成人作为毕生追求的目标，也以学生的成人为奋斗之宗旨。再次是他对营造师生生命共同体的自觉。教育活动是一种生命活动，师生关系是一种生命与生命的关系，是教师生命主体与学生生命主体共同建构的关系，他们通过互动、对话，交织、融会在一起，实现着生命与生命的相互摄养与相互创造。

人只有积极投入到自己的生命实践中创造人生，才会活得有意义、有智慧、有尊严、有深层次的快乐和幸福。教师生活意义的缺失，其实很大程度上就源于教育教学工作的被动应付和简单重复。在教育制度、学校规范、教师身份等规约下，备课、上课、批改作业、教育学生、家校沟通、接受检查、参加培训等众多周而复始、繁复单一的教育教学生活，学校—家庭、办公室—教室相对固定、闭塞的两点一线式的活动范围，面对相同的教材、相近的教法、相似的学生的重复执行的工作方式，教师需要发现平凡琐碎的教育生活中的无限意义，满怀爱心地开展创造性的工作，追求充盈丰富的精神生活。

教师最大的作为点在课堂、在学生。成就学生是教师获得价值意义感的最显性、最重要的标志；课堂是教师实现生命价值最真实、最广阔的舞台。唯有融入学习、思考、研究、创造等元素，教师的教育生活才会充满意义，其教育幸福也会不期而遇。

哲学概念中的预成论，视教师为教育者、是专家，于是，教师成了道德的说教者，成了科学知识与真理的奉送者，成了学生认知与人格结构的塑造者。然而，生成论则从教师角色生成的角度，对预成论视野中的教师角色概念进行现代性反思，秉承教师角色是一种文化存在、是一种精神存在、是一种社会存在的观点，认为教师是认知、评价、决策与实践的生成者，与学生共享生命的资源；教师是道德、审美与信仰的生成者，与学生同构生命的意义与希望；教师是交往、政治与历史的生成者，与学生、社区共生生命的关系网络。

创生有行动力的知识

——教学研共同体建构之一

在知识社会，学校成为学习型组织，是知识创生的场所。因此，唯有自觉进行组织形态的重建，学校才能焕发更强大的生命力。

单一的科层组织已经不能适应教育变革的需要，学校组织结构转向网络化、扁平化、多样化是明显的趋势。

学校内部应该存在多元、多样的组织生态。除了正式的、纵向的科层组织之外，学校还应培育活跃的教师社群。

要培育活跃的教师社群，就必须赋予教师社群中的核心参与者以专业权威。为此，学校必须建构多元的领导结构。除了正式的、线性的、层级管理的、刚性管理的行政领导结构，还应建立非正式的领导结构，这一结构中的领导者往往是某一学科带头人、某一课题主持者等。这种分布式的多元领导结构，才会催生活跃而丰富的教师社群。其中，我校正在探索实践的教学研共同体就是一种更具柔性、更有生命力的组织形态。

建构教学研共同体，是教师专业发展的现实需要、当然选择。

过去，我们把教师专业发展主要聚焦于教师个体的发展，如教师的能力标准、教学技能、职业生涯、知识结构等。这是因为我们认为教师要进行有效教学，必须要拥有专业知识和技能，一是学科知识，二是教育知识，教师的专业发展就是为教师提供基本的专业知识和技能。但是，教师接受了大量的理论培训，教学行为的改进却依然十分缓慢。

我们知道，教师行为的情境是复杂的、不确定的、不稳定的、独特的、有价值冲突的，不能指望教师用事先储存在头脑中的知识去解决行动中的问题，而必须借助反思性实践，将抽象的理论知识和复杂的教育实践结合起来，从而生成教师自己的个人化的实践性知识。

在共同体视域下，教师的学习过程是知识的社会协商过程，任何有意义的学习都离不开与他人和环境的互动。尤其是作为教师核心知识的实践性知识，更是与复杂的学校教育情境密切相关的，因而更需要群体间的对话、交流和分享。

教师的知识是建构的知识。有效力的教育知识不可能从教师自身以外简单地移植得来，而必须借助教师主动的探寻和批判性的思考，经由合作、研讨和协商而生成。教师不只是知识的消费者、使用者，还是知识的创造者。教师从自身特定的情境出发，将抽象的理论知识与自身的实践情境联系起来，并借助交流研讨和批判性思考，积极主动地创生出有行动力的教育知识。

知识是有地方性的，是人们在特定情境中所形成的共识。就学校而言，每一所学校都是一个独特的生命体，都具有学校自身独特的历史、文化、社会脉络。真实有效的学校变革，不可能简单地移植或模仿外来的成功经验，而是必须根据自身的独特性，在学校教师群体的对话与协商中生成有本学校特色的校本经验。所以，越是校本生成的经验，越适合自己的学生发展，适合的教育才是好的教育。

从教师个体发展转向教学研共同体，为教师专业的发展开拓了新的路径。

生态取向的教师专业发展
——教学研共同体建构之二

共同体本来是一个社会学概念。德国学者滕尼斯指出，个体与个体在一个基于协作关系的有机组织中会形成更加强有力的、结合得更加紧密的关系，于是他用"共同体"来强调人与人之间的紧密关系、共同的精神意识及特有的归属感和认同感。

学习型组织的倡导者彼德·圣吉认为，共同体的原始意义就是一种分享式的生活。

马克思说，人是一切社会关系的总和，他把人既看作一个具有独立意识和独特个性的主体性存在，也看作一个具有合作性的社会性的存在。也就是说，只有在共同体中，个人才有可能真正体现出主体性和主体间性的有机融合，才能真正不断成长，才能真正全面发展。

著名教育学者萨万尼认为，共同体是个体的集合体，这些个体基于自己的意愿而紧密结合起来，共享一些观念与理想，个体之间相互分享共同的意义、情感与传统。他倡议将学校的隐喻从"组织"转换为"学习共同体"，认为这样的转向将激发教师、学生、领导层的动机，为学校的运营管理带来重要的变化。他强调指出，共同体的建立必须成为任何改进学校的努力的核心。

教学研共同体，是教师在相同环境中，基于共同的目标和兴趣而自行组织的，旨在通过参与、合作、反思、对话、问题解决和分享性活动来促进教师专业发展的教师团体。在这个团体中，教师在如何看待学生、如何理解知识、如何看待教学、如何理解师生关系、如何理解学习等问题有相对一致、共同认可的价值取向，即有共同愿景。同时，在这个团体中，教师自愿参加，平等参与，有经常的交流与对话，教师经过反思而形成的专业意见能够获得同事的尊重、接纳和认同，激发教师高层次的获得尊重和自我实现的需要，从而提升教师的专业知觉、营建教师发展的专业氛围，满足成员强烈的依赖感、归属感、自信感。

彼得·圣吉指出，合作研讨中可以形成两种共识：一种是向下聚焦型的共识，即在各种个人观点中找出共同的部分，建立起大家都同意的共同立场；一种是向上开展型的共识，即寻找一个比任何个人观点都大的景象，来建立更高层的共识。每个人的观点都是对一个较大真相的独特视角，如果我们彼此能透过别人的观点来向外看，则每一个人都将多看到些自己原来看不到的事物。

教师被称为"一种孤独的职业"，这造成了局限，影响了探索和学习。复杂的变革，需要许多人自觉地工作、解决问题并且投入到共同的集中的行动中。

改进学校的实际问题，提升学校的教育品质，就必须先改变教师的行为和信念，而我们之所以形成某种行为习惯和思维定式，一定与特定群体的行为方式与思维取向紧密相关。所以，必须考虑教师团队的学习与改变，而不能妄求单个教师态度与行为的改变。只有共识的形成才能真正推动教师的态度与行为转变。教学研共同体就是教师群体自觉构建的扎根教育生活，通过合作、对话、共享以解决具体、微观的真实问题而达成共识的平台。

多样化的形式

——教学研共同体建构之三

　　教学研共同体，是教师以共同愿景为前提，以专业发展内在需求为动力，以知识的合作共享为核心，以交流协作为手段，以情感和兴趣为纽带，以认同感和归属感为依托，以专业共同发展为目标建立起来的民主、平等、信任的人际关系。它是教师在自觉自愿的前提下组织起来的，相对于学校的其他正式组织来说，属松散性组织。

　　一是成员的主体性，即成员都是依靠共同兴趣和爱好，以一定的情感纽带结合自愿在一起。愿景引领是共同体的价值特质。

　　二是资源的共享性，即共同体最重要的资源是知识，成员之间通过沟通、交流、分享知识资源与信息的方式，开展学习、合作、研究等活动，实现知识的共享，形成个体对共同体的认同与归属。协作共享是共同体的关系特质。

　　三是发展的开放性，即成员进出没有严格限制，思想开放，边界模糊，使共同体呈现出较强吸引力和融合力。在共同体中，教师可以围绕教育生活及专业发展过程中的种种问题真实地表现自我、表达自我，每个成员都可以借助彼此的力量成长，相互关怀与促进，使教师由原来孤立的个体性主体转变为交互主体，这样不仅可以使教师获得心理上的支持，而且能够促使他们产生更多的新思想，汲取更多的力量，从而最终实现共同的可持续的专业发展。发展为主是共同体的内容特质。

　　四是结构的扁平性，即在共同体内，虽然一些人可能在一定领域内会比另一些人有更多的专业知识和经验，但平等的身份有利于成员互相信任。真心交流、真诚互助。平等参与是共同体的伦理特质。

教学研共同体对教师专业发展的作用主要体现在教师专业知识的扩展与增值、专业技能的提升、专业探索能力的加强、专业实践智慧的丰富与完善等。其实现形式可以多样化。我校践行的形式主要有以下四个方面。

（1）课例研究。共同体首先是一种为完成真实任务、解决实际问题而形成的实践共同体，当教师坐在一起研究学生学习的时候，当他们把学生的学业状况和如何教学联系起来的时候，当他们从同事和其他外部优秀教学经验中获得认识、进一步改进自己教学实践的时候，他们实际上就是处在一个绝对必要的知识创新过程中。我校每学期都有一次主题性的课堂教学评优活动，教师跨越学科界限，纷纷参与听课、评课，交流、探讨，不断达成课堂改进的共识。

（2）学术研讨会。共同体的特点体现在群众性、专业性、互动性上，教师之间讲述和倾听生活史、成长史、教学实践和专业经验，教师专业知识的缄默性、行动性、反思性、生成性成分得以共享、积累、传承，进而形成教师的专业文化。

（3）课题组。教师以课题结合在一起，课题组有清晰的目标、具体的任务、明确的分工，通过共同研究，达到相互支持、共同发展。

（4）读书报告会。每学期组织教师"共读一本书"，自主进行阅读，写出读书笔记，在每两周一次的读书报告会上敞开心扉，分享心得。

多样化的实现形式体现了教学研共同体的几个特征：第一，共享的规范和价值观，即成员对于学生、学习、教学等方面持有共同的假设，并且会形成他们专业的教学行为；第二，反思性对话，教师之间就教学行为和学生发展等问题进行对话，旨在鼓励教师通过教学实践以及合作来提高教学水平；第三，关注学生学习，共同体的所有行动目的都应该以促进学生的学习和发展为中心；第四，教师间的互动，以公开的方式从事教学，敞开教室，欢迎其他教师的观察行为，彼此分享观点，互相学习，互相帮助。

教师是用思考来成就自己的

当诸多旧有的方法不能解决现实中的问题的时候，我们就该追问现有方法的前提——方法论，追问方法论中的思维方式了。

人因思考而改变。教师成长的本质，就是由问题的提出者变成问题的解决者。这意味着思维方式的转向。

教师要靠自己主动去学习、去思考来成就自己，让工作中出现的每一个问题，成为成长的契机，去思考、去探索每一个问题背后隐藏的真相，并且多角度、多层面去寻找原因。这就要求教师要从线性思维、实体思维、二元对立思维、简单思维方式向非线性思维、关系思维、多元并存思维、复杂性思维方式转换。

教师需要非线性思维。当我们从不同层次、不同角度去看待问题、认识事物时，原因与结果之间并不存在必然的对应关系，一因多果、一果多因、有因无果等情况均可能存在。

教师需要整体思维。要形成关于对象的完整认识，必须整合各个层面的认识，全面综合地去把握，因为系统整体呈现了各组成部分所没有的新特征，即系统的整体功能大于部分之和；另外，对事物整体的认识也离不开对部分的认识，因为仅仅从宏观上、整体上对事物进行把握也往往是模糊的。

教师需要过程思维。世界是一个过程的集合体，即我们要关注事物发展过程的阶段性，因为任何一个事物的发展，总是在其过去的基础上面向未来展开的。

教师需要情境思维。任何特定的事物总是存在于当下，它不仅与普遍的规律相连，更与特定的情境相连。

在学校，长期生活在一个单一的教育环境中，教师无形中会形成自己的思维习惯和思维定式，这种习惯性的思维往往远离了科学，变成了僵化的、危险的思维。

教师习惯性的教育思维以观念的形式沉淀在头脑中，对教师的日常教育行为实践发生作用，以无意识的方式影响着教师的教学思维和对教学事件的处理。一个教师，对自己潜意识的教育观念如果不能做任何有意义的反省，那么，他只能长期生活在自己的习惯之中而止步不前。

如何改变这种状态？改变自己的思维方式，改变自己的教学行为方式，改变自己陈旧的思维习惯，成为自己的解剖者和研究者。

改变思维方式的过程就是教师不断反思和重构自己对教学实践基本看法的理解的过程。这就是反思性的思考，即通过思考、解剖自己日常教学实践，对自己的教学行为乃至细节进行追问、审视、推敲、质疑、批判、肯定、否定……不断超越和提升自己的教育境界。

反思性思考，教师要能从学生眼中发现他们对自己教学的感受，检查和确定他们是否从自己的教学实践中获得了自己所期望的意义。不了解学生的学习体验，不对学生的学习体验进行评估，教师任何一种教学方法的选择都有可能是不知情、不适宜或有害的。

反思性思考，教师可以把同事作为借鉴、顾问或批判型的伙伴。同事能帮助教师本人回顾教学活动，并提供他们的理解，指出那些不为自己所知觉到的一些方面。聆听同事经历，同样可以检查、重构和扩展自己的教学实践所依据的理论。

反思性思考，教师可以阅读他们所从事的实践领域之内的文献，以鉴别和解释自己的教学经历，检视、修正和改造自己的教学观念。

亟待提升教师的人文待遇

中共中央国务院《关于全面深化新时代教师队伍建设改革的意见》第一次在身份属性上"确立公办中小学教师作为国家公职人员特殊的法律地位",将直接带动教师政治地位、社会地位、职业地位的提升,为教师的待遇保障的更大改善提供了可能。"教师成为让人羡慕的职业",物质待遇的保障,我们寄予热切希望,人文待遇亦亟待提升。

2017年世界教师日,联合国教科文组织、国际劳工组织、联合国儿童基金会、联合国开发计划署、教育国际在联合致辞中指出:"教师向儿童、年轻人和成年人传授发挥其潜能所需的知识和技能,他们是社会长久实力的重要基础。但全世界有太多的教师得不到从事其极其重要的工作所需的自由和支持。因此今年世界教师日的主题——增教师权能,促教学自由——重申教师权能的价值,凸显世界各地许多教师在其职业生涯中遇到的挑战。教师权能不仅意味着享有高质量培训、公平的薪酬以及持续的职业发展机会,它还意味着享有支持国家课程开发的自由选择最恰当方法和途径的专业自主权,从而使教育更加有效、包容和公平。另外,教师权能还意味着在政治变革、不稳定和冲突时期能够安全地从事教学。"

教师是开启世界未来的钥匙。打造未来,立即投资于教师。那么,对教师的支持和敬重无论如何都不为过。给出教师职业发展的制度性保障,包括提供个性化的优质培训、竞争性的工资水准以及多方面的社会福利等,这样才能使教师享受职业荣誉感、教育责任感和事业成就感。

首先,尊重和落实教师的专业(教学)自主权。教师是学校教育教学最核心的课程资源，是学校内涵发展的中坚力量。教师对教学应当拥有高度的自治、自理和自我改革的权能，在遵循国家课程标准的前提下，在自己的学科课堂教学中独立地进行创造，自觉打造课堂、发展学生，进而达成优质教学的应然价值。

1966年联合国教科文组织在《关于教师地位的建议》报告中提出"教育工作应被视为专门职业"，但迄今为止，人们还是认为：教职仅在非盈利服务这一点上符合专门职业的标准，在专业技术和长期训练、特别的才能与素质这一点上，还逊于其他专门职业，教师的工作只能作为"准专业"。正因为如此，推进教师专业化的重点就是提升教师的专业自主权，即在教育教学过程中，中小学教师拥有课程与教学的自主权，在课程决策、课程设计、课程评价、课程实施等方面不仅具有法理权威，而且具有在专业范围内不受他人干涉的专业权威。

但现实是教师的专业自主受到压抑。比如，应试教育屡禁不止，过度的教育竞争、不恰当的教育评价引发家长乃至全社会的焦虑、紧张，造成不良的教育生态、扭曲的情感和人格，造成教师职业归属感、尊严感不足和自信心不强，个别学校甚至发生令人痛心的殴师事件。

比如，对教师应有最起码的专业尊重，给予教师更多的专业支持，保障教师正当教学的安全感和应具有的宽松环境，但常常碰到家长干预教学的情况。

又如，教师的工作应是单纯的，但现在的教师整天忙忙碌碌，真正该做的却没做，时间和精力大都耗费在了非教学任务上，有写不完的各种应付材料，填不完的各种上交表格，迎不完的各种检查验收，补不完的各种活动资料等。

再如，将名校经验特别是课堂教学模式在本校推广，今天这个操作模式，明天那个操作流程，折腾来折腾去，都是半途而废，虎头蛇尾，不了了之。

不研究本校教师的课堂教学实际，盲目引进和推广外地名校课堂教学经验模式，生搬硬套地把具体生动的不同学科课堂教学过程，用统一的模式变成某些机械的套路，从根本上剥夺了教师的课堂教学自主权，违背了学校教育教学客观规律和基本常识。学生的具体生动性、学生年龄的差异性、不同地域文化差异性、学生学习基础和生活经验的差异性、学科教学内容和教学方式差异性、课堂教学情境的丰富多彩等，确定了课堂教学的具体生动性，教师具有课堂教学自主权，方可使不同的教师教学风格的不同让学校教育教学焕发出勃勃生机与活力。

教师职业所有的工作都与他本人的心灵、精神世界，与他的情感状态、品质密切相关，所以仅靠自上而下、由外向内的管理及要求，或者说我们过分地相信诉诸标准化的评价、严格的管理甚至惩罚就可以解决问题，那是不可能的。所以，需要改变教师管理比较简单化和控制的心理，改变单向度的提要求和教导，采用更加人文化的、从实际出发的、从具体的地域和人的情况出发的管理方式、评价方式。

所以，要有有效的课程领导，即淡化校长的行政功能，突出校长作为课程与教学专业领导的角色，把教育的专业自主权切实回归教师。正如美国学者布鲁贝克所言："创造性的课程领导致力于人文主义的努力，而不是科学主义的追求。它的核心是领导者要用自己的能力帮助他人充分展示其才能，而不是像科学管理那样奉行自上而下的权力管制。"

要改变以行政化驱动专业化/技术化驱动专业化的、基于行为主义心理学的、教师专业发展的"技术模式"，探索如教师校本研修、教师的课程行动研究等多样化、专业发展途径。同时，不能片面强调技能化要求，并以某些制度去约束与强化训练，致使教师参与课改的过程异化为对某些"规则"的熟练和操作，宜强调教师的课程哲学、课程意识、课程理念与课程能力的培养与生成，特别是重视其实践性知识的作用。这种依存于具体的教育情景的实践性知识，是教师个人独具特色的"个体性知识"，是一种基于行动的反思性实践知识，它才是中小学教师专业发展的真正的知识基础。

要给教师更多自由支配的时间。苏霍姆林斯基说："教师没有自由支配的时间，这对于学校是真正的威胁。"虽然教育质量的提高是年级组、教研组以及各种学习共同体等团队智慧的结晶，但从某种意义上说，教师属于个体劳动者——所有的理念和设想，都必须通过教师富有个性和创造性的工作去变成一堂一堂的课，而备课、上课、作业批改、组织班级活动、和学生谈心……这些都是教师独自完成的，因此需要更多的自由支配的时间。

要给教师更多自由思考的空间。不可回避的是，在最应具备创造性品质的教师群体中，很多教师却最缺乏批判性思维：崇拜权威，迷信教材，不敢质疑，人云亦云，教师的思考自由被上面的"统一规范"剥夺了。教师应该拥有一种思想的安全感。

要扩大教师课堂教学的开放度和自由度，释放教师的教学生产力和创造力，要让教育具有更包容的特质，保证教师安全地从事教学——不仅是身体的，更是针对其精神世界，即消除教师思想顾虑而信心饱满地从事既不复制他人也不复制自己的创造性教学。

在现代学校制度中，教师有参与学校办学管理的权利。只有让教师享有参与学校办学管理、决策，尤其是对教育教学事务进行管理的权利，才能遏制学校的行政化办学倾向，让学校回归教育教学本位。只有保障教师的基本权利不受侵犯，才能在此基础上让教师有职业荣誉感。但另一方面也要注意教师权力不受制约被滥用，即健全教师同行评价以及能独立运行的家长委员会。教师同行评价，按教育规则和学术规则评价教师的教育教学与科研学术能力，以此形成教育教学和科研学术的尊严；家长委员会则是维护受教育者的重要机构，学生和家长有权参与学校办学管理、监督和评价。

建立适应新时代创新发展要求的人才发展治理体系，创新人才培养、使用、评价、激励机制，提高人才评价的针对性、科学性，着力解决人才评价中唯学历、唯职称、唯论文问题。营造教师专业成长的和谐文化氛围，建立强烈的学习文化和合作文化，通过挑战性任务来激发教师的工作积极性和工作热情，打造教学实践与反思平台使教师超越自我，科学公正地评估教师劳动，满足其智力及精神上的多方面需要。

教育质量是面对每一个鲜活的学生的生命，面对每一个鲜活的教师的生命，教育质量首先是学习者和教师自身要有生存质量、生命质量。质量总是具体的，如果学习者感受不到学习过程中有自己本质力量的体现，感受不到愉快的学习体验，对于自己有意义、有价值，那就没有教育质量；如果从教者在教学工作中感受不到有胜任的愉快、有职业的尊严和创造，那质量就无从谈起。从关心教师的生存、生命、生活质量开始，多一些共情心、同理心，少一点管制和惩戒，从管理、评价、组织文化、共同体建设等方面着手，努力提升教师的人文待遇，改善教师的职业生态和生命状态，教育振兴庶几有望。

教师，非人文精神无可安身立命

说得远一点。当历史行进到 19 世纪下半叶，一个疯子出现了，他宣称："上帝死了！"这个疯子，就是尼采。

尼采杀死上帝，意义是消极的，也是积极的。说消极，是因为西方人的生活从此没有了根基。在西方人眼里，上帝是一切意义的源泉。因为西方人一向以个体为本位，人和人之间是纯粹的契约关系，只有上帝才永远不会抛弃他们，它给他们的生命以价值和意义，给他们以生存下去的勇气，使他们有限的存在可以达到无限。说积极，是因为人摆脱了外在的束缚，可以重新追问自身的价值，承担自己的命运，实现自己的理想。尽管人在没有任何依托的背景下行走是艰难的，但迈出的每一步都是属于自己的。

然而，"人是被抛入这个世界的"。这是海德格尔的名言。"被"字表明这是一个主语欠缺的被动语态。主语的欠缺，说明人来到这个世界并不是由谁决定的，是完全被动的。这里的"抛"字非常形象，它提示我们，人来到这个世界是非常偶然的，他不会对任何外在的事务负责，他就是他，人是生而自由的，但由不得他选择，又是何等地宿命，所谓自由后面是更深、更大的不自由。

当有人问及尼采：人是什么？他斩钉截铁地回答：人是尚未定型的动物。萨特说，人的存在先于本质。也许，正是这种偶然性，注定了人一生的拼搏和求索。尚未定型，人正是借此而同其他动物区别开来，并且战胜了动物。其他动物在物种上都已固定，没有发展的自由了。人却不然，他没有一成不变的既定的本质，他可以改变自己、塑造自己，创造自己的本质。

这就说到了人文精神，即"人之所以为人"。

简而言之，人文精神就是关心人，特别是关心人的精神生活；尊重人的价值，特别是尊重人作为精神存在的价值。一方面，每个人要把自己当作精神性的存在、当作独立人格加以尊重，不失做人的尊严；另一方面，每个人也要把他人当作精神性存在、当作有独立人格的个人加以尊重，不贬损他人尊严。所以，人是目的，每个人的生命是独一无二的，本身就具有无可替代的价值。每个人都有责任也有权利充分实现自己的个性和人生价值，同样，每个人对他人也应该如此看待。

人文精神是一种自由的精神、自觉的精神、超越的精神，即对人高于物的本质的肯定。其尊重人的价值，不仅是把人当作一种生命存在，更是把人当作一种精神存在。它源于对生命的爱，因为这爱，就要有对自己人生的责任心，对人生进行思考，寻求生命的意义。探寻世界奥秘，丰富智力生活；探寻人生意义，丰富心灵生活。

教师人文精神的实质，其实是"教之所以为教"。涉及的是教师自身如何处理与社会、学校、同事、家长、学生等的关系以及教师自身的理性、情感、意志等社会属性方面的问题。

教育活动是一种人类文化传承与发展的过程，本身就是一种人文活动。所以，教师是学生成长的外部环境。素质教育就是以素质培养素质，以灵魂塑造灵魂，以人格影响人格的过程。发展素质教育充满着强烈的时代气息和人文意蕴。

教师要有科学的、理性的精神，这是学科教学的灵魂。纯粹地追求真理，强调为知识而知识，这就是所谓的"爱智精神"。教师的"爱智精神"也是学生求知欲的当然源泉。作为教师还有必要在教学工作中本着批判精神开展教学研究，这是通向创见的大门，这样教师才有了不可取代的独立价值，教育才有了人文意义。

教师要有人本的精神，尊重、关心、理解、信任每一个学生。教师也绝不可能凭借自己人格魅力、学术修养之外的东西赢得学生的尊重。

教师要有道德的超越精神，就是精神对物质的超越，理想对现实的超越，道义对功利的超越。子曰："唯天为大，唯尧则之。"君子人格，孜孜以求。"为天地立心，为生民立命，为往圣继绝学，为万世开太平。"仰望星空，脚踏实地，做一个关心世界和国家命运的人，"横渠四句"以为自勉。

教师是作为一个完整的生命而存在。对教师来说，教书育人不只是谋生的手段，而是其在世界存在的方式，是实现生命价值的事业。

叶澜教授说："教师的职业活动中表现出来的博大的胸怀、高尚的品格、坚强的意志、进取的锐气等，都具有精神超越性。这是人性之美、力量之美，是教师职业生命的流淌，是教师内在精神的显现。它既反映了教师教书育人的职业特性，又体现了教师自我完善的崇高追求。"人文精神，照亮了教师的生命历程。

教师专业发展就是认知迭代的过程

　　人在成长的过程中，大脑一旦形成某种认知模式，就成为封闭结构，新思想很难再进入大脑，尤其这种认知模式给人带来一定利益的时候，更是如此。

　　人的心智不断成熟的过程就是认知模式不断升级的过程，认知的迭代使一个人不断接受新鲜事物，调整旧的习惯，逐渐形成新的行为习惯，从而使一个人的思考维度越来越多元化。所以，认知迭代就是推翻旧的认知，全面建立新的认知。就像高三学生的高考复习，从"不知道自己不知道"，到"知道自己不知道"，再到"不知道自己知道"，经历了三次认知迭代。

　　人这一生要实现成长，最重要的就是要进行认知迭代。身处一个层次之中，你的思维、视角和看待问题的方式，就会局限在这个层次里。认知迭代就是让你的思维超出目前这个层次，接触更高的层级。

　　认知迭代是一个人成长的本质。认知迭代的过程，就是让自己的思维接受磨砺、否定的过程，即推翻固有的认知事物的方式、思维和信念，重建认知。

　　所以，不固化自己的思维模式，随时输入新的信息，即时矫正自己的思维方式和行为习惯，才能适应这个快速变化的现代社会。比如，我们总认为知识学得越多越好，因此许多教师对信息技术的应用往往停留在如何有利于知识传授上，没有认识到信息技术的特点和优势，不善于利用信息技术来改变教学模式和方法。

　　实现认知迭代，教师要有开放的心态和改变自我的意愿。当教师身处专业发展的一定阶段，既有的教学经验和教学业绩就可能成为进一步发展的桎梏。所以，教师要成为学习者：阅读身边同伴的经验，阅读优秀名师的经验，阅读理论经典，让自己成为有思想的实践者。

教师要有课堂改进的勇气和智慧，否则学习就无法持久。教师学习的意义就在于能够帮助教师改进课堂实践，让教师感受到学习的价值。而且每一堂好课都是不可重复的，课堂改进是一种艺术，一种慢的艺术，需要付出勇气、智慧、心血。

教师要有反思自我的意识和能力。教师成长＝经验＋反思。教师成长的个人化知识必须经由自我反思、自我感悟。每一位教师的发展和成长过程、路径都是独一无二的，它是一个生命体持续不断追求进步的过程，需要教师自觉地发展自身。

朱小蔓教授说过："教师的工作是富有创造性的事业，其创造性不止于从教学思维和传递知识方面去理解，还可从三个方面进一步拓展：要有以教育人文精神为基础的个人化的哲学观，要有开放性的知识结构及转知成智的能力，要有认识与情感相互协调发展的人格。"

认知迭代，让教师专业发展不断升级。

培育教师精神，做人性意义上优秀的教师

职业道德是同人们的职业活动紧密联系的符合职业特点所要求的道德准则、道德情操与道德品质的总和，是人们在职业生活中应遵循的基本道德。《中小学教师职业道德规范》规定了作为一名教师起码应具备的道德品质。

在教师职业道德之上，还有一种教师精神，它源于而高于教师职业道德。这种教师精神一旦形成，就会产生巨大的精神力量，这种力量远远超出职业道德的作用。

教师精神就是教师群体在心理、意识、思维、个性和行为方面所表现出来的一种状态和面貌，它是教师群体所普遍尊奉的理想信念、价值追求、道德风尚和赖以生存发展的精神支柱和灵魂。

改革开放，浪潮汹涌。在教育领域，教师群体的精神世界已经发生了、正在发生着且还将发生巨大变化。一方面，教师的改革意识、自主意识、创新意识大幅提升；另一方面，拜金主义、享乐主义、个人主义思潮也冲击着教师的内心，导致一些教师精神迷失，精神自觉减少。

不忘初心，牢记使命。倡导和培育教师精神，正当其时。

首先，立德树人，家国情怀。新时代教师精神是传统教师精神的延续与发展，首要是情怀，第一是担当。孔子提出了学而不厌、诲人不倦、有教无类、教学相长等教育理念，在践行自己的教育理念的过程中，形成了我国教育发展史上绵延不绝的教师精神内核——胸怀天下、孜孜以求的高蹈精神。孟子以为人生有三乐，"得天下英才而教育之"是其一焉。陶行知认为教师对教育事业应有赤诚之心，只有这样，才能敬业奉献、爱满天下，实现教育报国的理想。

教师精神，就像天生承担着一种神圣使命，是在培育人、塑造人，归根结底是在用大爱来塑造我们赖以生存的世界。

保护、提升生命的高价值感，是教育的最高职能。教师必须做精神上的强者，有宏大的格局、独立的人格、自由的意志、高尚的情操。作为学生的"经师"更是"人师"，教师更需要建构自我生命的高价值感。只有教师的自我价值感高了，才能开启心智、提升心性，建构个性化自我，形成独立的精神境界，发自内心地投入到教育工作中，接纳与认同每一个学生，给学生提供一个爱和自由的成长环境，幸福地活在当下，去做真正的教育。

其次，行为仪表，德为模范。教师是一滴清水，微小但不渺小，它可以折射出阳光，照亮周围的世界。教育是科学，要求真；教育是艺术，要求美；教育是事业，要求奉献和创造。这背后蕴含着一个重要判断：教育首先是道德事业，教师首先是道德教师。在这个消费和娱乐的时代，我们如果一味追求物质享受，必定淡化精神发育；我们如果一味追求娱乐化生存，必定淡漠思想的力量；我们如果对幸福的认知发生偏差，必定淡忘价值的澄清和引领；我们的专业发展如果被"专业"所限，必定忘却教育的尊严和境界的超越。

卢梭告诫我们："在敢于担当培养一个人的任务以前，自己就必须要造就成一个人，自己就必须是一个值得推崇的模范。"

洛克谆谆教诲："做导师的人自己便当具有良好的教养，随人，随时，随地，都有适当的举止和礼貌。"

布鲁纳明示："教师也是教育过程中最直接的有象征意义的人物，是学生可以视为榜样并拿来同自己作比较的人物。"

孔子则有言："德之不修，学之不讲，闻义不能徙，不善不能改，是吾忧也。"

对教师来说，做人更是第一位的。教师的工作就是在烦琐中见细致，在重复中见功夫，在平凡中见不凡。这需要信念的坚贞、道德的定力。

再次，学不可以已，教学相长。《礼记·学记》云："虽有嘉（佳）肴，弗食不知其旨也；虽有至道，弗学不知其善也。是故，学然后知不足，教然后知困。知不足，然后能自反也；知困，然后能自强也。故曰：教学相长也。"第斯多惠也言："教学对教师本人来说乃是一种最高意义的、自我教育的学校。"教师正是永远的求知者，在求知——教育的过程中，培育着自己丰富的精神，具有丰富精神的主体一定是伟大的。

许多教师在走出校门、结束了学生生涯之后，就停止学习了，殊不知，开始了教师生涯，就应该过一种高水平的智力生活。如果教师没有求知的激情，怎么点燃学生心中同样的激情呢？

读书的高度代表人生的高度，读书的厚度代表人生的厚度。教师要在不断的阅读体验中，提升自己的精神海拔。

最后，学生为本，师者仁心。把学生当作目的，这应是对爱学生的实质的准确表述。对学生来说，教师是他内心中象征父母角色的投射，意味着安全、温暖、归属、爱，是生命成长中最重要的养分。陪伴一个个鲜活的生命茁壮成长，让教师的人生价值得到了延续与最大化的体现。

人生的意义不是别人赋予我们的，是自己创造的。创造人生的意义，定会创造教育的意义，在创造学生当下和未来意义的同时，又创造了自己的人生价值和意义。

孔子说："爱之，能勿劳乎？忠焉，能勿诲乎？"罗素也说："凡是教师缺乏爱的地方，无论品格还是智慧都不能充分地或自由地发展。"

教师是学生的一面镜子。镜子能够映照彼此的内心，只有光滑平整的镜子才能让对方映照出真实的自我，才能让对方不断自我修复和自我完善。同时，在相互映照的过程中，才能使每一位教师认清自己。

儿童是成人之父。成长必须从自我开始，可是我不能止于自我，"真理始于两个人"。人是在和他人的关系中成长的。教师是在与学生的关系中不断察觉自己、建构自己。所以教师也要向学生学习，正如陶行知先生所言："你要教你的学生教你怎样去教他。如果你不肯向你的学生虚心请教，你便不知道他的环境，不知道他的能力，不知道他的需要；那么，你就有天大的本事也不能教导他。"

基于职业生涯导向的教师专业发展模式

　　教师专业发展的含义，即专业地位的提升、专业自主的建立、专业尊严的维持，强调个体的、内在的专业性提高，是一个教师的职业理想、职业道德、职业情感、社会责任感不断成熟、不断提升、不断创新的过程。

　　1966 年国际劳工组织和联合国教科文组织在法国巴黎召开的"教师地位之政府间特别会议"上，通过了《关于教师地位的建议》。建议中说："应把教育工作视为专门的职业，这种职业要求教师经过严格、持续的学习，获得并保持专门的知识和特别的技能。""教育的发展通常主要取决于教育人员的资格和能力，取决于每个教师的人品、教育业务水平和技术质量。""鉴于教师的职业地位在很大程度上依赖其自身的努力，因此所有的教师在一切专业中都应力争达到可能的最高标准。""教师要经过长期的系统学习，掌握专门的知识和技能，还要不断地提高自己的学识，具有优秀的品质。"

　　乐其道，则善其事。教师的专业发展是教师个体的需要。内在的专业性的提高，使教师在教学活动中表现得越来越成熟。教师不仅是专业发展的对象，更是自身专业发展的主人。教师成长是沿着"专业—职业—事业"的路径发展的，社会和时代对教师个体素质的要求也是发展的。

　　教师需要有正确的自我认识，明确的专业发展定位和自我发展内驱力。孟德斯鸠说，任何别人的建议或意见都无法代替自己内心强烈的呼唤。

　　教师职业生涯发展阶段，有费斯勒的八阶段论、伯林纳的五阶段论、休伯曼的五阶段论等。根据教师在专业品质（专业道德——爱岗敬业、爱生育人、行为示范，健康人格——身心健康、礼仪修养）、专业知识（教育知识——教育理论、学生知识，教学知识——学科知识、教学知识、综合知识）、专业实践（促进学生学习与发展——教学设计、教学活动、反馈评价、学习环境、学生管理与教育，自身专业学习与发展——反思研究、协作分享、学习提升）三个领域所达到的程度，以及每个阶段教师在知识、教学、心理方面的发展特征，从我们的实际出发，可以把教师专业发展分为以下四个阶段。

第一阶段为新手型教师。主要任务是适应环境，学会备课上课。

第二阶段为胜任型教师。主要任务是把握学科知识结构体系，系统深入了解学生。

第三阶段为优秀型教师。主要任务是更深入系统把握学科教学和学生学情。

第四阶段为领导型教师。主要任务是总结提升自身的教育智慧，发挥辐射引领作用。

每个阶段教师生涯的特征不同，其所面临的职业生涯发展问题和需求也各不相同。

基于职业生涯导向的教师专业发展指导，应体现出层级性。

直接控制行为：对专业发展水平非常低、完全没有能力自我诊断的教师，需要直接告诉教师怎么去做。

信息指导行为：对专业发展水平比较低、能够初步自我诊断的教师，针对其存在的问题，可以给出几种解决方案，让教师自主选择。

合作行为：对专业发展水平比较高、能够自我诊断的教师，可与教师一起协商，共同拿出解决方案。

授权行为：对专业发展水平非常高、自我诊断能力非常强的教师，由教师自己解决问题。

基于职业生涯导向的教师专业发展评价，应以促进教师发展为根本目的，秉持发展性评价理念。有效促进教师发展的评价方法有：课堂观察、学生成就、档案袋、同行评价等。评价程序应体现如下特征：教师了解评价过程，赢得教师信任，让教师感到安全，注重教师的参与，友好的氛围，充分的谈话及反馈，等等。要突出品德、能力、业绩，树立全面的评价导向，建立不同学科、不同岗位、不同发展阶段的教师评价机制，有相适应的评价周期、方式、程序。发展性评价和奖惩性评价相结合，更强调评价的诊断性。

经验：既往的、当下的、过程的

黑格尔在其名著《小逻辑》中曾讲过这样一个故事：很久以前，有一族人特别崇拜一个名叫"Golshok"（戈尔肖克）的东西。他们相信，戈尔肖克孕育着生命和智慧，就像源远流长的密西西比河和一泻千里的亚马孙河一样。它是称量善恶的天平，是护佑人们幸福的万应符咒。由于这个词实在重要，每一代智者都投入毕生精力，青灯黄卷，面壁冥想，企图破译它的真谛。他们的言论汇集成典籍，流布于民间，成为人们世代信守的金科玉律。

终于有一天，一个对此感到厌倦的人问道：什么是戈尔肖克？这个词究竟指什么？这么简单的问题一下子惊醒了所有被戈尔肖克催眠的人。他们忽然发现，自己对这个一向以为最熟悉的词竟然一无所知。

黑格尔通过这个故事告诉我们：熟知与真知是有区别的，甚至可以说有着一段很大的距离。熟知仅是表明我们看到了眼前事物的轮廓，但对其内涵却没有加以深思，因为并不是真知。正如他所说："熟知的东西之所以不是真正了解的东西，正因为它是熟知的。"

这就是说，人们对于熟悉的东西，往往习以为常，不加深究，因而容易停留在表面现象的了解，对它的本质并没有真正深切的认识。

中小学教师在职业生涯中要面对各种各样的教育理论，无论什么样的教育理论，在教师以不同的学习方式完成学习后都将转化为教学经验而在其教学实践中体现。

教学经验就是教师个体在经历与体验具体的日常教学实践中获得的知识和技能，以及教育教学实施中所形成的规律性方法的总结，它是在一定的教学理论的指导下教师的长期教学实践活动的升华与结晶。

但是，就像人是靠经验活着，教师也主要靠经验教学，因而也就在不同程度上被自己的习惯和惯性思维所左右。我们很少把自己在日常教学实践中习以为常的观念再重新思考一遍，以确定它们是不是确定无疑的。所以，教师需要对常识进行归纳和总结，也需要对常识进行超越。

首先，教学经验是教师个体知识。《辞海》对知识的定义是：知识是人类认识的成果或结晶，包括经验知识和理论知识两大类。可见，经验不仅是理论知识的来源，是知识加工的材料，而且它本身就属于知识。教学经验是在教学中以教师的教学行为和教学技能体现出来的，具有教师个体的个人性，比如，对于某类知识的教学，不同的教师具有不同的教学设计风格，教师在教学中所呈现的教学艺术、教学风格，是教师教学经验的直接呈现，具有独特的个体性。重要的是，个体的教学经验虽然带有个性色彩与情境特征，但对个体而言这才是真正有力量的知识。

其次，教学经验支配着教师的教学行为，来自实践，体现于实践，指导着教师个体教学实践的发生。教师教学生涯，实际上是在经验中、由于经验和为着经验的一种发展过程。教学经验是教师个体以所处的情境为出发点，并在具体的情境中被观察与检验，是融合了个体经历、感悟和思考的特殊体验。对教师而言，专业发展的过程就是教学经验不断积累和澄清的过程。

黑格尔说，同一句格言，在一个饱经风霜、备受煎熬的老人嘴里说出来，和在一个天真可爱、未谙世事的孩子嘴里说出来，含义是根本不同的：老的那些宗教真理，虽然小孩也会讲，可是对于老人来说，这些宗教真理包含着他全部生活的意义。即使这些小孩也懂得这些宗教真理的内容，可是对他来说，在这个宗教真理之外，还存在着全部生活和整个世界。教学经验蕴涵着教师个体的主体生命体验，所以弥足珍贵。

再次，教学经验的丰富和深刻程度更多地取决于教师个体是否能够在教学经历基础上动脑筋、想办法，不断发现和解决教学过程中的问题，不断改进自己的教学行为。对自己的教学经验进行选择、反思、萃取、晶化或改造、重组等，去粗取精，去伪存真，由此及彼，由表及里，从看山是山、看水是水，到看山不是山、看水不是水，再到看山还是山、看水还是水，就是智慧型、专家型教师的"教学行走"之路。

静悄悄地读佐藤学

我们学校的校本研修之"共读一本书"，读过佐藤学的三本书：《静悄悄的革命》、《课程与教师》、《学习的快乐——走向对话》。通过读书报告会，每位老师分享了自己的阅读心得。我当时的阅读感受是"有朋自远方来，不亦乐乎"，有开解茅塞的愉悦。这几天再作泛览，犹是温润心怀。

师与生、教与学是一个共同体，是辩证互动的主客体关系。佐藤学把课堂改革称为静悄悄的革命。他认为，越会学习的学生越会相互倾听，一个重要的标志就是这个教室非常安静。"静悄悄的革命不是让孩子们安静下来，更重要的是，让教师安静下来。""好的教师一定是善于倾听的人，不管学生发出多么细小的声音，他们都能敏锐地捕捉到。"在佐藤学看来，安静下来才可能发生更多的倾听。师生之间、生生之间只有在倾听中才更容易建立关联，学习的深刻本质是相互倾听。

习惯地，教师骨子里还是觉得真理在握，教学就是将自以为是"真理"的东西传授给学生。然而真正的教育应该是"导而弗牵"，就是让学生发现通往真理的道路。倾听，就是去感受学生"走路"的过程，学习就这样在学生摸索前进中发生了。但我们往往高高在上，扮演知识传递者的角色，根本不关注学习者的所思所想。为了达到教学目标，教师迫不及待地传递知识点，提问都是基于文献资料，与学生没有直接关联，问题缺乏挑战性和兴趣点，学生自然不爱回答。教与学原本是一个双边互动交往的过程，但在实践中往往被窄化为一种单边活动，因为教师的权威身份导致"学"的比例常常被挤压，教的过度，抑制了学，遮蔽了学。

倾听不仅仅是要用耳朵听说话者的言辞，还需要全身心地感受对方在谈话中表达的各种信息。所以，倾听首先是对言说者的尊重。其次是理解，要从言说者的角度理解他们遣词造句、神情举止所表现出的意图、动机和信息。这是一个持续不断积累经验的过程，也是一个教师应有的专业素养。

倾听只是教学活动展开的基础，并不是教学活动的全部。但是，只有通过倾听了解学生的思维、情感走向，才能促使学习真实地发生。

佐藤学说，未来的学校应该是一个学习共同体，教师和学生在课堂上应该是平等的，相互倾听、一起学习。在佐藤学看来，相互学才是学习共同体的核心特质，构建相互倾听的关系是学习共同体建设的重要一环。所以，倾听就是你的观点中合理的地方我要吸收，进一步丰富我自己的观点，我的观点要再生长。倾听实际上是学生之间借助对方的力量相互生长的过程。

最好的教学关系应该是"生态的"，即教与学是流动的、是变化生长的，是相互作用、相互转化的，是相互依存、互联互生的。所以，佐藤学认为，学生的学习就是"对话"：同客观世界的相遇与对话，同教室里伙伴们的相遇与对话，同自己的相遇与对话。但教师的倾听是第一步，教师首先要学会倾听学生。学习共同体是基于相互倾听的教学生态。

非常优秀的教师往往有一个共同点，就是对学生的把握能力极强。

让我们长成教师才有的精神面相

先说什么是系统。系统是由相互联系、相互作用着的一些事物组成的总体。也可以概括地说，系统是由关联部分组成的总体。打一个比喻，部分指的是树木，整体指的是森林，总体指的是同时地既见森林又见树木。只见树木不见森林，或只见森林不见树木，就不是系统的观点方法。在讨论生物、社会、心理这种生命体、交互性多的领域，系统论更重要，比如教师心智模式发展这样复杂、交互的事情。

教师要成为一名真正的教育者，必须有以下三个方面的成长。

一是教师的学科专业成长。根据现代课程理论之父拉尔夫·泰勒的观点，一门科目的课程价值是它所体现出的普通教育功能，其重要性并不在于它的特殊作用，而在于它的一般作用，即这门学科对于那些不会成为这个领域专家的一般公民的教育作用。比如中学开设物理科目的功能不是为了培养物理学家，而恰恰是为了培养那些不会成为物理学家的一般公民。物理科目在学生培养上具有以下一些独特功能。

第一，思维品质的养成。比如推理、论证、建模等思维能力，理想模型、理想实验等思维方法是其他科目所不具备的。

第二，解决问题方法的掌握。物理问题研究中经常采用的方法是：抓住主要因素或关键因素，去除次要因素，建立模型，分析研究；再逐步加上次要因素，接近于现实情况，以解决问题。这种方法能够培养学生在面对复杂现象、复杂问题时抓住主要矛盾，找到解决问题方法的关键能力。

第三，科学本质的领会。物理科目非常典型地反映出自然科学的独特性——

实证+逻辑，对于学生培养良好的科学精神、科学本质观有着不可替代的教育功能。

中学教育培养学生的目标应该是，今后他不管干什么，或者不管学什么，都必须具备基本的思维方式和知识要求，而不是在中学时期就为某个学生定位。思维是一切课程内容的核心，把握一门学科的思维方法，掌握一门学科的思想内核，这是学科教学的最高境界。

课程内容必须借助于教师的学术背景内化、优化，才能成为有生命的课程和教材，才能进入课堂，才能形成真实有效的教学。教学质量的高低，取决于教师学术背景的广度与深度。如果教师把教材、教参及考纲认作教学的全部内容，视野只能被锁定在这狭小的范围之内，那只能平庸。

二是教师要完成对学生的理解与认知。许多教师对学生的心理发展特点所知甚少，对教育本质的理解处于混沌状态，在工作中大多时候处于一种无意识水平。以学生为主体，是以学生的学习规律为主体，学习规律包括心理形态、思维特征、学习方式等诸多因素。这些规律具有普遍性和恒定性，但它只能在长期的教学过程中不断总结获得。当我们花费足够精力研究这些规律并提炼成自己的学生观时，我们就有了教学的定位系统，清楚某一类教学内容在学生学习过程中的真实样态，我们知道学生会在哪个地方向哪儿走，等等。依此确定课程内容、教学方式，才是真正的以学生为主体。

三是教师要完成对自我的生命认知，修复并完善内心，形成完整而成熟的人格。当前存在的最突出问题就是教师发展缺乏精神引领，几乎所有的培训都固着于教师的学科专业、班级管理、师德师风上，唯独少了对教师内外人格的完善与发展而进行的培训。

教师的成功与幸福，其实就是教师自我价值的实现。一方面体现在职业中，一方面体现在内在不断的圆满与丰盈中，是一体之两面，不可割裂。吴非老师说，真正的教师有一个共同特点——不苟且。不苟且意味着抵御外在的诱惑，坚守内心的良知，不管社会风气如何，绝不放弃应有的理想、情操和气节。敬业，但不愚昧；迷惘，但不沉沦；愤世嫉俗，却不迁怒于自己选择的教育工作；偶尔也发牢骚，但不因此与教育为敌、与学生为敌。

教师的专业成长是系统性的提升。一个系统至少包含三个因素：元素、元素之间的关系以及系统的功能。系统由元素和元素之间的关系构成，元素之间的关系比元素更重要。关系不变，功能就不变。

教师也需要面对越来越多的系统，也会进入越来越多的系统，你想象的系统有多大，你就能调用多少资源，就有多大能量。

教师专业发展的情感维度

作为担当承继传统、开启未来之使命的教师，应清醒意识到自身的教育教学工作是体现生命价值的支点，苍茫人世，三尺讲台，正是奉献心灵才智和爱意的所在，正是理想人生与现实人生诗意地合二为一的所在。基于高迈的理想精神而升华起来的对讲坛的敬重和忠诚，使教师人生感受到无边的幸福，而这种充实和满足的幸福感又内在地驱使着教师去追求更深刻、更持久、更强烈的心力和体力的付出，从而赢得源源不断的成就体验。这就是教师的人文精神。

人文精神是人的社会性的升华与确证，是人性发展的最高境界，是对人的存在、人的价值及人生意义的关注，对人生终极目的的关怀和对理想人生的追求等，它是一种修养，是体现一个人对待自我、他人及社会的一种心理、一种精神、一种态度。一个人的人文素养集中体现在情感上。一个人拥有丰富而强烈的情感世界，才会显现出人性的完善和个性的丰满。所以，教师人文精神的提高主要在于情感的修养。

教师的职能不仅是教书，更重要的是建立与学生的情感联结。正如第斯多惠所言："教学艺术的本质不在于传授，而在于激发、唤醒、鼓舞。"情感本身是一种最好的教育。教师需要深度理解情绪、情感的教育心理学意义，对自身情绪、情感进行适合教育目的和教育情境的管理、表达。

人的天性虽然千差万别，但人更大的特性在于人的可塑性，这种对人的基本认识奠定了教育的根本价值和目的。教育，是使人得以改变并达到一种更好状态的过程，但教育对人的可塑性需要建立在对人的天性差异以及生活经历独特性的尊重和理解基础上。要实现这样的差异性教育，尊重、保护和发展人的独特性，教师作为教育的主导者需要具备情感教育能力。

人是一种关系性存在，人的发展不能离开他人而单独实现。教育在某种意义上是师生之间教育关系的实现，教育的发生建立在师生交往的基础上。师生之间如果没有真实情感和思想交流，就不存在真正意义上的师生关系。师生之间的关系，需要的是一种精神上的交往关系。教育，实则是师生交往关系的建立和丰富。教师不仅要关注学生的外在的学习行为，更要关注学生的精神世界，需要教师自身是情感饱满丰富的人。

师生交往虽发生在师生之间共同生活的场域——课堂及每一个日常交往细节中，但师生交往体现在师生人格上的平等，师生交往中情感和思想的真实性。在教学中，积极的情感体验是学生学习的良好的情感背景。教师需要具备体认学生情感状况、体察学生情感需要和引导学生情感发展的能力。

学生作为个体的人的本质是要获得精神世界的丰富和自由，这种精神世界除了理性的知识世界，更重要的是感性的情绪、情感世界。教师只有跟学生在情绪、情感上站在一起的时候，才具备了改变和影响学生的初始条件，而这样的改变和影响才是真正具有教育意义的改变和影响。

作为"国家公职人员"的教师的德行

最新发布的中共中央国务院《关于全面深化新时代教师队伍建设改革的意见》指出:"突显教师职业的公共属性,强化教师承担的国家使命和公共教育服务的职业,确立公办中小学教师作为国家公职人员特殊的法律地位,明确中小学教师的权利和义务,强化保障和管理。""公办中小学教师要切实履行作为国家公职人员的义务,强化国家责任、政治责任、社会责任和教育责任。"这里明确了教师的特别重要的地位,是历来对教师的最高定位。

相应地,"意见"提出"突出师德",要求教师成为"先进思想文化的传播者、党执政的坚定支持者、学生健康成长的指导者","以德立身、以德立学、以德施教、以德育德"。当然,"意见"也强调了"不断提升教师的专业素质能力"。

本来,教师专业有其道德品性,道德是教师专业发展的重要内容。教师专业的道德品性首要体现在教师的道德责任,即服务于学生发展的道德承诺和使命。

"教师是一个良心活"是教师专业道德的一个隐喻。"良心"是支配教师工作的内在道德动机。教师对学生发展有较强的人文信念和较高的道德承诺,师生互动是教师专业行为的核心,师生关系是教师道德价值观的最有力体现。认真、负责、公平、尊重、爱心、投入、正直等,教师对学生发展的责任,蕴涵于教师的教学风格、课堂教学中的师生互动、所教授的教学内容中。

教师与学生是学校情境中的两个基本要素,也是教师职业道德的实践主体与客体。基于教师职业的特点与学校的教育目标,关爱伦理是教师职业道德的基本取向,即在教育过程中教师以学生需求为出发点,与学生建立以情感为基础的支持性师生关系,是在促进学生成长的过程中教师应当坚持的行为准则和必备素养。

然而，在教育改革中，许多教师并没有获得积极的改革参与者的身份感，而是认为改革给自己造成了压力和困惑。工资收入低，收入和付出不成正比，学生难教，家长难招架，教育管理行政化令教师处于疲于应付的身心状态，社会交往封闭，社会资源少，社会认同感低，以及制度因素中的不民主、不公正等都影响了教师的自我认同和成就感、获得感。工作强度大，工作时间长，时间自主权缺失，时间剥夺感强烈，使教师无法在对时间的自由支配中实现自我价值。这一切导致教师的职业倦怠，师德水准随之有所掉落。

课程改革是教师专业生活中的"关键事件"。但课程改革对教师的专业期待和专业赋权，又增加了教师的不安全感。面对课改的不确定性和一定风险性，为学生发展的道德信念降低了教师的专业自主，追求成绩这一颇具功利性和工具性的行为，也被教师赋予了深刻的道德意义，即对学生负责。育人与追求成绩两种彼此矛盾的责任观并立共存。

实践中还有一些教师好心做坏事，缺少专业的警惕性。因为，教师既有可能成为学生的良师益友，也最有可能是对学生造成伤害的人，最有可能成为伤害者；本应让学生越来越聪明，也有可能让学生越来越呆板；本应让学生充满自信，也有可能因自己的不慎而让学生自卑；本应尊重学生人格，也有可能因自己的言行而无意损害了学生的人格尊严。不好的教育是存在的，这是事实。

教育者身上本来就有两面，有积极面也很难没有消极面。好的教师积极面大一些，对消极面抑制力强一些。好教师不在于他完美无缺，而在于他在自己的教育活动中也不断教育自己、修养自己。但是，教师中误以为自己只有积极一面的大有人在。

整本书阅读，教师要先行

新修订的《普通高中语文课程标准（2017年版）》课程内容之学习任务群1，即"整本书阅读与研讨"。教师的主要任务是提出专题学习目标，组织学习活动，引导学生深入思考、讨论与交流。教师应以自己的阅读经验，平等地参与交流讨论，解答学生的疑惑。这对很多教师来说，可能是一个很大的挑战。教师是与书本打交道的职业，读书是教师的本分。但是，读书已经成为很多教师要面对的一件很困难的事情。这里的"读书"指的是除教材和基本教学参考资料之外的，为了提高自身素质而进行的广泛阅读。

传统社会背景下教师赖以生存的一技傍身、一纸文凭、一劳永逸已经被无情的现实击碎。在信息时代，学习就是工作的核心，学习是工作的新形式，做一个职业学习者，做一个终身读书的人，教师要把读书当作一种生活方式。生活方式是人赖以生存和发展的方式，阅读，作为一种以主要吸收知识为前提的生活方式，正在成为人们除衣、食、住、行之外基本生活方式的一部分。

课程教学改革反映了社会对教师工作的质的需求，教师必须随着课程教学改革所建立的学习方式改变自己的教学方式。在信息时代，教师已经不是知识的唯一载体，更不是知识的权威，学生知道的东西可能比教师还要多，因此，教师要放下架子，与学生共同学习，向学生学习，把教学组成一个"学习共同体"，在学习中不断成长。

"独上高楼，望尽天涯路。"教师要有一种专业自觉、文化自省。我们必须关注阅读对教师发展的意义。正如马克思所说，读书要有事业和职业的目的。阅读是教师发展的重要源泉和重要标志。没有书籍的滋润，难以得来深厚的学识和素养。阅读要成为教师职业生活须臾不可离开的东西，让阅读本身构成教师职业生活的基本成分。

教师在没有形成独立的读书习惯之前，需要学校安排阶段性的读书交流活动，诸如读书报告会等，使读书成为一种常态。教师读书之后重要的是要形成自己的想法，并转化为做法。教师个人化的教育想法就是教师的信念，有了教师的信念，教师的行动将发生改变。于是，教师读书将构成教师行动研究的一个部分，不断为教师发现问题和解决问题提供教育的眼光和教育的心情。"为伊消得人憔悴，衣带渐宽终不悔。"读书，就是教师的自我修炼。

一个学校的教师，也应该是一个学习共同体。每个成员之间的精诚合作，互相真诚的分享和交流，对于彼此的成长是一个有巨大力量的心理场域。一个学校的教师共读一本书，每周有固定的时间来交流和分享，这样就有了一个平台，一个思想交集的空间。教师们会自觉意识到，为了能在分享交流时有所贡献，就理所当然地要提高阅读的品质。近年来，我们学校坚持开展共读一本书活动，所读的书有《论语》，苏霍姆林斯基《给教师的建议》、《帕夫雷什中学》，崔允漷《有效教学》，王东华《发展母亲》，佐藤学《静悄悄的革命》，雷夫《第56号教室的奇迹》，林崇德《21世纪中国学生发展核心素养研究》，等等，每周一次的读书报告会，教师通过在团队中的分享和交流，深化了认识，丰富了内心。"蓦然回首，那人却在灯火阑珊处。"教师是一个不断提升自我的职业，其美好在于给他人带来价值的同时也有自我的塑造和完善，让一个人找到精神家园，找到一种美好的存在感。读书就有满满的获得感。

除了读书，教师还应藏书。这里引用苏霍姆林斯基曾经给教师的一条建议："我建议你每月都要购买三种书籍：①关于你所教的基础知识的那门学科的书籍；②关于作为青年楷模的那些人的生平和斗争的书籍；③关于人特别是儿童和男女青少年的心灵的书籍（心理学方面的书籍）。"这一建议还是基本适用当下教师的。

专业地对待教材

在实践中，教材常常替代了课标，甚至超越课标，主导了教师的教学生活，以致许多教师往往辨别不清课程内容、教材内容、教学内容的区别与联系，教学中"以本为本"的"教课本（教教材）"很是盛行。

正确把握课程内容、教材内容、教学内容三者既相互制约又相对独立的关系，要求教师基于课程标准中课程内容的领会和把握，超越教材内容的机械传递，创造性、个性化地运用教材，以生成丰富、多样的教学内容，即把课程、教材、教学等不同层面的内容贯通起来，从而将"理想的课程"转化为教师教学实践中运作的"实际的课程"。

课程内容是相对于课程目标而言的，学生达成课程目标的学习内容即课程内容。课程目标是课程的具体价值和任务指标，简言之是课程的水平和标准，它来源于学习者的需要、当代社会生活要求、学科发展。比如，语文课程目标有三种类型：内容目标、活动目标、能力目标。语文课程以能力目标为主。《普通高中语文课程标准（2017年版）》中高中语文的课程目标是对语言建构与运用、思维发展与提升、审美鉴赏与创造、文化传承与理解四方面学科核心素养的具体展开：语言积累与建构、语言表达与交流、语言梳理与整合、增强形象思维能力、发展逻辑思维、提升思维品质、增进对祖国语言文字的美感体验、鉴赏文学作品、美的表达与创造、传承中华文化、理解多样文化、关注参与当代文化共12项。

课程目标为课程内容的选择、组织提供基本方向。课程内容是课程标准的最直接体现，是实现课程标准的手段，直接指向应该教师"教什么"，学生"学什么"。比如，高中语文课程因应课程目标，由必修、选择性必修、选修三类课程构成，课程内容主要是定篇（构成学生语文素养的经典名篇）、语文知识（构成学生语文能力的关键知识）、语文经历（需经历的语文实践活动）三个方面，安排了18个学习任务群：整本书阅读与研讨、当代文化参与、跨媒介阅读与交流、语言积累梳理与探究、文学阅读与写作、思辨性阅读与表达、实用性阅读与交流、中华传统文化经典研习、中国革命传统作品研习、中国现当代作家作品研习、外国作家作品研习、科学与文化论著研习、汉字汉语专题研讨、中华传统文化专题研讨、中国革命传统作品专题研讨、中国现当代作家作品专题研讨、跨文化专题研讨、学术论著专题研讨。所以课程内容是一种抽象的存在，具有法定的地位。

教材内容就是"用什么教"。教材是教师和学生据以进行教学活动的材料，包括教科书（课本）、参考书、活动指导书以及各种视听材料等。教材受制于课程内容，必须反映课程内容，但课程内容不能直接作用于教师和学生，课程内容必须"教材化"——教学化、心理化，即遵循学科逻辑和学生学习的心理逻辑，形成高度结构化的教材，学生的学习内容才是现实而生动的。

然而，教材内容无论怎样教学化、心理化，还是不能自动成为教学内容。教学内容是教师在教学过程中根据具体的教学目标和教学情境对教材内容进行方法化处理（教学目标不同于课程目标。如语文课程目标是一个或几个学段才能达成的目标，语文教学目标是联系具体学习材料，通常在一个课时内达到的目标。课程目标为教学目标指引方向，教学目标指向课文的教学点、写作和口语交际的学习元素。学生一课一课地达到教学目标，不断积累语文学习经验，逐步达成学段的语文课程目标），形成具体而有效的教学设计。教材内容进入教师的教学过程，经由教师的加工处理转变为教学内容。教学过程是教师、学生、教材、环境诸因素交互作用的动态过程，是一个"生态系统"，所以教学内容是在教学过程中创生的，是具体的、个别的，体现着差异，不仅包括形式各异的文字或非文字的素材内容，也包括一些活动、方法、观念、实践操作等。它同时面对两个问题：针对具体情境中的这一班学生乃至这一组、这一个学生，为使他们或他（她）更有效地达成既定的课程目标，实际上需要教什么？为使具体情境中的这一班乃至这一组、这一个学生能更好地掌握既定的课程内容，实际上最好用什么去教？教学内容既包括在教学中对现成教材内容的沿用，也包括在课程实施中教师对课程内容的创生。它逻辑地蕴涵着教师参与课程研制、用教材教、教学为学生服务等理念。

　　教学内容虽然体现了教师教学的个性化和创造性，但必须以课标为根本依据和基本导向。更重要的是，教师的课堂教学必须以"学的活动"为基点，教学设计主要是设计学的活动，即学生在课堂上做什么，学生学习活动充分展开，指向教学目标。从教学内容角度衡量课堂教学，一是教师对所教内容有自觉意识，知道自己在教什么，教学内容相对集中；二是教学内容正确，与学术界认识一致；三是教学内容现实化，想教的内容与实际在教的内容一致，教的内容与学的内容趋向一致；四是教学内容与课程目标一致，教学内容切合学生的实际需要，课程目标有效达成。

做一个有教育主张的教师

美国密执安大学教授卡尔·韦克曾做过一个著名的实验：

他把六只蜜蜂和六只苍蝇装进一个玻璃瓶中，然后将瓶子平放，让瓶底朝着窗户。结果，蜜蜂不停地想在瓶底上找到出口，一直到它们力竭倒毙或饿死；而苍蝇则会在不到 2 分钟的时间里，穿过另一端的瓶颈逃逸一空。

蜜蜂比苍蝇智商高，它认为囚室的出口必然在光线最明亮的地方。于是，它们不停地重复着这种合乎逻辑的行动。对蜜蜂来说，玻璃是一种超自然的神秘之物，它们在自然界从来没遇到过这种不可穿透的"大气层"。而那些愚蠢的苍蝇则全然不顾亮光的吸引，四下乱飞，结果误打误撞地碰上了好运气。

这个实验讲的其实是动物的条件反射。蜜蜂之所以认为囚室出口在光线最明亮的地方，是它在长期生活中积累的经验。只不过这次不灵，所以才惨遭厄运。

如果把这个问题引申到人身上，其实照样成立。人也是靠经验活着的，只不过不叫条件反射，而叫因果规律。但是靠经验做事，就容易被自己的习惯和惯性思维所左右。思维惯性肯定应对不了变化着的一切。

教师不仅是一种职业，更是一门专业。专业要求强调教师既要具有高度的知识、技能，又要有一种包括服务和奉献精神在内的专业伦理规范。它要求教师对教育的内涵、本质和价值等问题要有自己的思考。事实上，每一名教师都有自己对教育的见解，但往往是朴素的、常识性的、不自觉的、不严谨的，它缄默不语，但植根于教师的心灵深处，它常常远离外在的教改，却无时无刻不左右着教师的教学行为，它是每一堂课中看不见的那只手。

教师往往依据自己对教育的理解或自己的教育观念，来处理教育活动中的各种问题。教师的理解或观念有些有理论支持，可能是合理和得当的，但有些可能属于教师经验层次上的教育常识，其中可能存在问题。经验会随着年龄增长而逐渐累加，但教师的优秀程度不一定与年龄成正比。因为经验有重复性，教一辈子书，教育教学方面可能并未长进。经验并不必然具有真正的教育性质，经验有好坏和优劣之分，经验也可能存在误区，教师必须对此保持清醒的警惕。

没有经过反思的经验是狭隘的经验，只能形成肤浅的认识。教育经验经过反思上升到理论程度进而形成教师个人的教育主张或教育哲学，才能产生有效的教育实践。所以，教师专业发展的关键，第一的是反思意识，即以自己的教学活动为思考对象，对自己的观念、行为、决策以及由此所产生的结果进行审视和分析，比如通过反思性日记、成长自传、专题反思、叙事研究、行动研究等，分析自己的教育经验，提炼自己的教育思想。

教师不能仅仅只接受行政权威灌输的东西，也不能只依赖传统的知识和智慧。每名教师有他的特殊性，每名学生也有他的特殊性，每个人都能看到别人看不到的。所以，教师必须有质疑、批判的意识和能力，有勇气和能力去审视一些教育中的教条、偏见。用一个陌生人的观点观看我们的教育生活，这是一个优秀教师的正确的站立姿态。

教育不能没有虔敬之心。所以最重要的，教师必须有自己的信念，要认定在教育领域什么是好的、正确的和值得做的。

教师要进行专业阅读

如果说教师的任务是负责指导学生怎么学习、怎么思考，那么为了给学生更好的帮助、支持，教师就应该成为身体力行的学习者、研究者。因此身为教师必须不断学习，由此才可以说是有道德的。遗憾的是，大多数情况下，教师自己不会学习，也不爱学习。教师也需要唤醒、惊醒、自醒。

教师要把有道德的学习作为日常生活，但这更多是一个实践问题。教学现场才能完成师德的构建与重塑。当你处理师生之间、教师之间、教师与家长之间、教师与其他社会成员之间的关系时，以及课堂上你的教材理解、情绪状态等，都在践行着你的道德认识、道德情感、道德意志、道德信念、道德行为，体现着你安身立命的品质、状态、境界。我们可能需要经常细细追问自己几个问题：每天的工作是否尽力而为，甚至竭尽全力？对每天的工作是否充满热情而无厌倦？是否追求教育教学活动的卓越而不是"挨"日子？是否每天不断自我激励而不是麻木应对？是否对待工作不是一种满足，而总是感觉在路上？或者，经常深深反思：课堂上，学生的学习欲望为什么没有激发出来？学生在课堂中，生命的创造和灵性为什么依然得不到释放？甚至在日复一日的机械学习中被销蚀、被磨灭？真正的教师，他的本性就是反思，敢于和善于进行独立的思考和判断，对知识、对学习保有兴趣，对问题怀有探究意识和审视的眼光。

教师有道德的学习，应该是基于专业发展的，直接作用于日常专业实践的阅读。美国管理学家托马斯·卡林的研究表明：在任何一个领域里，只要持续不断地花6个月的时间进行阅读、学习和研究，就可以使一个人具备高于这一领域的平均水平的知识。但现实是，我们教师太缺少真正的专业阅读生活。

专业阅读应指向教师的专业实践，并且具体架构为：本体性的学科专业知识，条件性的教育学、心理学、管理学等知识，基础性的科学人文知识。

教师读得多、读得深，才能把人类心灵的广袤与深邃、世界的多样与神奇、世事的无端与诡秘，传授给那些求知若渴的莘莘学子。要读教育专著，手捧经典，与先贤对话；要读教育报刊，打开视界，活化思维；要读科学、人文，"世事洞明皆学问，人情练达即文章"。

最后，约略总括：格物致知，读书穷理。以学为读，学思结合。自求自得，盈科后进。博学详说，由博返约。虚心涵咏，切己体察。读有特识，探研精义。致疑存疑问，学贵其化。居敬持志，实学躬行。

教师专业发展的内生动力如何可得

校本教师专业发展研修活动，在我校推进已有时日。每学期的读书报告活动、课例研讨活动等，按部就班，有序开展。但总体评估，效果不尽如人意，甚至感觉有些教师在专业发展上不思进取，怠惰成习。

有人说，人性就是人的存在性、生命性、社会性、精神性，并决定了人的生命本能、社会认同本能、自我认同本能、解脱本能，因此对应了人应该有的人生目标分别是健康、成功（社会认同）、幸福（自我认同）、智慧。所以任何一个正常人的任何一个行为，都是服务于他自己的目的的。人都是以自我为中心，并视世界万事万物为与主体的我对立的客体，客体的意义和价值都是由主体的我赋予的。一方面，人是能动的人、富有创造性的人，在寻求自我肯定——自我需求的满足、自我价值的实现；另一方面，人总又向往安逸，在没有外部环境压力的作用时，会满足于肌肤之利，异化为一种自我否定。他会因为怠惰，放纵自己，不去发挥自己的主观能动性，寻求自己更大、更长远的利益，以最大限度地实现自我肯定。之所以如此，是因为有可以使他怠惰的条件和环境；也是因为他付出艰辛和努力，并不能为他的利益和欲望带来什么满足，他的活动仅仅是没有回报地服务于他人；还是因为他不是一个利益独立、责任完全的人。于是，他可能做出不应该做的事，而他并不会蒙受多大损失或者所蒙受的损失要小于做了不应该做的事。

那么，把握人性，运用人性，能否找到教师专业发展的内生动力呢？做教师就要做一名好教师，这应该是每一个身为人师者的自身诉求，也就是说，教师专业发展的内生动力应该是教师的专业成就感与专业效能感，即每一个教师作为

"人"的成就动机与自我实现动机。可以说，当一名教师具有强烈的自我成就感与自我效能感时，他的专业发展目标就会逐渐被推高，其专业发展的内生动力会日益强大。

教师任何一个专业行为的改变都源自个人的自愿、情愿、自动、自主，没有任何力量能够直接改变教师的自我选择与自我行动。但教师生活在教育环境中，受到教育环境的影响与促动。教育环境对教师专业发展成就的不断正向反馈，无疑会成为教师专业发展的外在推动力。当然，教师自身的专业知识储备与理解能力、教师的价值立场与专业水平、教师的专业实践经验、教师对学生的换位理解能力等，以及教师的理想、信念、兴趣、勇气、信心、创新等，最终促成外力向内力的转化，教师专业发展的内生动力就可能大大增强，教师专业发展的前景就会变得日益敞亮。

所以学校应该做些什么呢？发挥教师的特长，张扬教师的个性，放大教师的成绩，及时持续激励教师的进步，应该是一种先行的观念。还有供给侧的组织变革、制度变革，增加鼓励、奖励的成分和权重，发挥制度的正向引导功能。再要有教研的带动，成长＝经验＋反思，批判地思考自我的主体行为，肯定或否定、强化或修正，不断追问和追寻，不断提高教学效能。因为教师专业发展关键在于学习，所以更要有学习"场"的营造：订购报刊和专著，升级信息化设备，为教师接纳新信息创造条件；开展学习沙龙、学术交流等，为教师输出学习心得搭建平台；嘉奖学习行为，固化学习成果，建立学习认定评价制度。

事实上，以上所述，我们已经在做。很可能的原因是，我校囿于一隅，大家坐井观天，感觉钝化了，思想逼仄了，甚至丧失了对教师专业发展的想象力，对真正专业的教师莫明其"模样"。所以，我最向往的还是能让教师走出去，走进经济、社会、科技、文化、生态发达的地方及自贸区、生产车间、社区街道、高校、科研机构、剧院、博物馆、人文遗迹、自然公园，走进老少边及欠发达的地方，走进名校，走近名师，走向专家，眼见美国、英国、以色列、芬兰、新加坡的教育，打开眼界，拓展见识，感受时代的波澜壮阔，体验改革的天翻地覆，气象大了，格局阔了，境界高了，外在感受的"压迫性"庶几可能催生专业精进的内在力。

把陶行知先生的"教学做合一"再找回来

本学期，我校教师专业发展的校本研修活动，理论学习是以林崇德先生的《21世纪中国学生发展核心素养研究》和杨九诠先生的《学生发展核心素养三十人谈》为读本的读书报告活动，人手两本书，通读以习之，每周一论坛，各自讲心得；课例研讨则以"学生发展核心素养的课堂实践"为主题，备课、上课、观课、评课、思课，探寻核心素养的课堂实践路径。学生发展核心素养最后还是要在课堂落地，那么，它的正确的打开方式是什么？我思虑再三，认为陶行知先生的"教学做合一"是一把有用的钥匙。

陶行知先生依据杜威"从做中学"的理论提出"教学做合一"思想，认为对事说是做，对己说是学，对人说是教；教学做是一件事，不是三件事，而做是根本、中心。陶行知先生推行"小先生制"，他认为：为教而学必须设身处地努力使人明白；努力使人明白，自己便自然而然地格外明白了。

把陶行知先生的"教学做合一"用诸核心素养的课堂，就是"学做教"。学就是学生自己先学，遇到自己学不会的知识，小组的同学互相讨论；做就是学生自学相关知识后，针对教师布置的任务，小组合作一起研究讨论、互相答疑，完成本课堂分层分步任务；教就是学生之间互教、小组内互教、小组间交流。这当中当然也包含教师在课堂中全程针对性地进行点拨和指导。这里教师应退到最后，就是学生自学、互学、互教仍然解决不了的疑难问题，教师的出现恰在其时，所谓"不愤不启，不悱不发"者也。

实施"学做教"的教学，重要的是研究学生，摸清学情，找准教学的起点、落点、重点、难点；研究教材，精心预设，学什么，怎么学，学到什么程度，怎样寻求突出重点和突破难点，胸有成竹；学习目标要具体明晰，学生分类，目标分层，难的任务要化解为小任务分步、分阶梯完成；要教会学生梳理自己的意见，并勇于有条理、有善意地表达想法；要教会学生学会倾听，尊重且专注、耐心且虚心、听清且记住，对比分析，积极评价；要全程监控，适时引导，不急于明示方法，不直接告诉答案，相机诱导，精当启发，给学生学习的机会，让学生自己学习且学会、会学。这样学生真正走到了课堂中央，学生为本、学习为本、发展为本其庶几乎？

虔敬的阅读：一种德行

当下，我们很多人、很多时候很可能是在任性任意地阅读，就是说我们虽然在大量地阅读，在无边无际地阅读，阅读的结果是我们每次和文本的接触只发生在一个瞬间，其实是没有阅读。这是因为阅读的过剩或者阅读的匮乏：我们有太多可以阅读的东西，打开手机刷起微信就可以阅读，微信里的公众号源源不断地向我们提供各种各样的阅读对象。但我们并没有因这种阅读而进入阅读之中，因为它们对我们来说是一次性的、瞬间性的，所以我们在过剩的阅读中什么也没有读，我们没有因为阅读发生内在的改变，这实质上是阅读的匮乏。

针对这种阅读过剩或者阅读匮乏，解决之道应该是同文本建立亲密关系，在亲密关系中阅读。这需要解决一个问题：在对文本的阅读中发明新的文本——将已有的文本解读为新文本，让每次阅读都是新的阅读。这需要再解决一个问题：对文本的细读，就是对文本细节作联想、延伸与扩充，从而更有高度和深度地把握文本的肌理、作者的旨趣、时代的精神、社会的状态等。古哲先贤给我们建立了范式：无论是对四书五经的历代校勘、注疏与释义，还是各类选本的评注与绎读，抑或像李贽、金圣叹、毛宗岗、张竹坡等人对中国古典文学名著所做的旁批与点评，其实都是细读，只是侧重各有不同。

但是面对文本，特别是经典文本，细读有一个前提，就是首先具备一种"阅读德行"。虽然阅读的德行与人的德行没有直接的因果关系，但是前者对后者具有可能的影响，却是毋庸置疑的。因为读书的目的不是以"博文"炫人，而在于"穷理"，更在于"蓄德"。所以细读不只是一种阅读方法，更是一种阅读态度，进而是做事和为人的一种基本态度，甚至是一种基本的德行。因为，敬畏是从一个伟大的心灵所写下的伟大作品中学到教益的必备条件。金圣叹评点《第六才子书西厢记》，专门写了一篇《读第六才子书〈西厢记〉法》，他提到的读法竟有八十一条。其中有："《西厢记》必须扫地读之。扫地读之者，不得存一点尘于胸中也。""《西厢记》必须焚香读之。焚香读之者，致其恭敬，以期鬼神之通之也。""《西厢记》必须对雪读之。对雪读之者，资其洁清也。""《西厢记》必须尽一日一夜之力，一气读之。一气读之者，总览其起尽也。""《西厢记》必须展半月一月之功，精切读之。精切读之者，细寻其肤寸也。"如此天真、单纯、会心到虔诚、虔敬以至虔信的读书态度，令人肃然。

教育承担着传授知识、示范方法、启迪智慧等职责。我以为，家庭、学校首先要教会学生阅读，家长、教师更要言传身教，以身作则。学生养成阅读的习惯，才可能启迪智慧。因为智慧只能启迪，用禅宗的话说叫"传灯"，禅宗认为每个人心中都有一盏灯，都至少有灯芯和灯油，关键在于把它点亮。这盏灯点亮了，人就成为有智慧的人。但这盏灯在人心里，不可能点亮，只能启迪。读书成为生活的内容之一，德行也可能日渐养成。

对于中学生更需要的是文学阅读。文学与电影、电视剧这种图像文化的不同在于，文学是用文字表达的，而文字是文明的密码。文学与历史、哲学相比较，它关注的是人的心灵，是灵性、情绪、感性，是一种情感教育。文学又不同于音乐、绘画，文学还表达了价值观和思想。而学生人文素养的培育，文学阅读无可替代。所以，阅读习惯是学生的核心素养之一。

课堂管理也是教师需要学习而获得的本事

我们经常找出学生这样的问题：学生整体素质不高；学生缺乏学习兴趣，学习态度不好；被动学习现象严重。学生没有好的学习习惯，主要体现在：课堂学习过程中，学生的积极思维不够，等老师讲现成的；课后不能及时复习、消化、理解和吸收；作业不能按要求及时、认真地完成；该记忆的东西不认真记忆。

这些问题的产生也许是因为教师的教学方法有问题，但也可能是与教师的非教学方法的因素有关，即与课堂管理有关。主要表现在以下几种情况。

第一，教师的责任性不强，课堂上只管讲课，不重视组织教学。

第二，教师个性过于懦弱，或不具备相应的教学管理能力，在学生中没有威信，管不住学生，课堂教学效果无法保证。

第三，教与学脱节，即教师只研究教材，不研究学生，课堂上只管教、不管学。教师不管学生接受能力如何，在课堂上滔滔不绝，尽情发挥，讲解清楚，逻辑严密，举一反三；而学生从头到尾都忙于记笔记，一节课下来要记好几页，没有时间慢慢领会和消化。

第四，教师只布置任务，不检查。学生不是机器人，不可能把教师的每一条指令都规规矩矩地执行。

第五，教师只会放，不会收。教师对课标、教材钻研不够，认为处处都是重点、样样都必须掌握，使学生学习难分主次，没有条理。

第六，教师只关注优生，忽视学困生，造成两极分化越来越严重，学困生在课堂上无所事事。

综上所述，课堂教学的失败，有一多半是失败在课堂教学管理上。教师如果忽视课堂的组织与调控，课堂教学就没有规范、和谐、良好的小环境，会常常受到各种非正常因素的干扰，课堂上违纪现象就越来越明显、越来越普遍，有限的时间和教学资源就会被浪费或低效使用。

管理是一种激励，质量是教出来的、是学出来的，同时也是管出来的。它对教学起到保证和强化作用。惰性是时刻跟随于身的一种消极天性，管理也是一种约束。

管理的理念会影响学生的人生观、价值观，管理的方法会培养学生为人处世的技巧，管理的过程会开发学生的组织管理意识，管理的结果是帮助学生形成成熟的规则意识、良好的学习习惯甚至是自觉的学习态度。

但是，纪律措施必须与建立一个安全和充满关怀的课堂氛围的目标相一致。你需要有秩序，但也需要选择有利于你和学生之间的关系的方法，帮助他们实现自我约束，并让他们在同伴面前有面子。

一方面，你不能让不良行为打乱教学进度；另一方面，你必须明白纪律措施本身就是具有破坏性的，比如，干涉会引起学生对不良行为的注意，把学生从课堂中引开。所以，你必须尽量预料到潜在的问题，并阻止它们，如果你认为纪律干预是必要的，则要尽可能地小心。

要确保纪律措施的强度和你想要消除的不良行为相一致。我们可以把课堂上的不良行为现象分为三类：小错（说话、做小动作、走神）；较为严重的错误（争吵、不能回应指令）；不能容忍的错误（故意伤害别人、破坏公物）。还要考虑，不良行为是一种模式的一部分还是一个孤立的事件。

非语言的干预（如面部表情、目光交流、手势、接近），适合小而持续的不良行为（如小声说话、传纸条）。

语言的干预（如直接的命令、叫学生的名字、提醒课堂秩序、让学生参与、使用小幽默），不用强调错误就可以使学生收回注意力，微笑鼓励好的表现，把否定的评价降低，激发学生对于行为的自主性和责任感。

如果不良行为很小又没有什么破坏性，最好的课堂行动就是不行动，即有意忽视不良行为。

对于更为严重的不良行为，可以使用惩罚。惩罚的话题，则需另论。

教学的本质是教学生学

　　学习是一个积极主动的建构过程，涉及意义、理解和解释世界的方式。教学是教师和学生积极投入的互动过程。教学上的收获不仅包括认知方面的，如概念、法则、原理等基本事实的掌握以及认知策略等，还应包括态度、情感和价值的提引。这就要求从单一、被动的学习方式向多样化的主动的学习方式转变。

　　教学不仅是促进学生发展的过程，还是师生双方相互交流、相互沟通、相互启发、相互补充的过程，在这个过程中教师与学生分享彼此的思考、经验和知识，交流彼此的情感、体验与观念，丰富教学内容，求得新的发现，从而达到共识、共享、共进，实现共同发展。

核心素养的核心：课堂

当下的教育界，核心素养是个热词，热得发烫。就像太阳，灿烂照耀，但不能只是悬在空中，它的光辉必须洒满教室。先有课堂的质量后有教育的质量，没有课堂的质量就谈不上教育的发展。核心素养主要是在课堂实现的。所以，我们要如何优化课程教学？

首先，从课程以知识和技能为主的取向转变为知识、能力和价值观的平衡取向。当今的课程实施偏向学科本位、知识本位，忽视学生的全面发展，但核心素养强调学生知识、能力（尤其是高阶思维）和态度（尤其是品格的培养）的综合发展，因此课程的设计与实施应强调情境化学习，让学生用心、动手、动脑去体验、思考和行动，促进知识、能力和态度的有机结合和综合提升。教学取向上，教师应采取平行而多元的有效教学策略——科学主义、建构主义、人文主义取向的有效教学，既要结合传统教学优势，让学生掌握系统化的知识和技能；也要强化建构主义重视的高阶思维能力、探究能力和创造力，让学生在不同情境建构应用知识和技能；还要强调学生价值观和情意发展，通过学生的投入、体验和学习经历领略价值观，与知识、技能融合，促进学生的全面发展。

其次，在不同国家和地区及不同学科的核心素养里，批判性思考、创造力、沟通、协作是较普遍而重要的共通能力。学生的学习至少也有三种观察视角或取向：学习是一种思维模式，根据不同学科和自己的学习风格，建构自己的思维架构；学习是一种反思，以元认知建立自我调整和自主学习策略；学习是一种社会活动，课堂上师生之间、生生之间互相讨论交流、分享。批判性思考、创造力说到底就是发现问题和解决问题的能力。学生的问题意识与能力要从课堂中来。课堂不能没有问题，课堂教学的过程就是教师无疑时导向有疑、有疑时导向无疑的过程。通过有效的预习，新知识就分为学生自己能懂的和有问题的知识，这就是有效教学的起点。再者，一个人不能解决的问题，不代表四到六个人不能解决。所以教师要退到最后，诱发学生合作的需要，参与合作的过程，享受合作的成果，养成合作的习惯。还有面对相同的教材、有差异的学生，教师要学会"用教材教"，根据学生学习能力的不同选择最近发展区，设置"跳起来摘桃子"的目标，采取适合的教学。也许很快，教师和学生还可以通过互联网和社交媒体，一方面各自独立学习；一方面建构学习共同体或学习社群。

再次，国家课程、地方课程、校本课程的三级课程管理，课程面貌已趋向多元化，但校本课程的课时毕竟有限，课程的多样性和选择性还不够理想。在核心素养下，是否可以有学生自主的课程，选择不同的研究性学习，回应学生不同兴趣和能力的学习（减少核心科目内容比例，让学生选择个别科目进行延展性学习）。因为核心素养中，学会学习或自主学习也是关键能力之一。因此，课程与教学要重视培养学生的自我管理意识和自主学习习惯，让学生对自己的学习订立目标，监察自我进度和表现，并根据自身和环境状况，不断持续改进，成为"终身学习"者。

课堂是个什么东西

用完全陌生的眼光打量教室，就会发现它的一些奇特之处和矛盾所在。

这里期待学生和谐地共同学习，估计他们相互合作、相互帮助、共同分享，但又告诉他们眼睛要盯着自己的作业，为了成绩和荣誉而相互竞争。要想成为好学生，就必须学会如何在人群中独处。他们受到有关独立性和责任感的训诫，却被期待对教师的说教深信不疑，完全服从。

在课堂内，学生们读书，写作业，讨论问题，一起听课，同时建立友谊，争辩是非，庆祝生日，进行游戏。教师不仅要授课，还要照看学生，解决争端等。

课堂事件瞬间发生，教师想要事先考虑到每个事件是不可能的。教师要做出快速反应，并及时决定事情该如何继续进行。此外，尽管制订了非常周密的计划，类似的课堂事件仍通常无法预料。

教室显然是公共场所，四壁之内，每个人的行为都能被其他人看到。但私下交往、考试作弊等"地下行动"也在进行，然而总逃不过教师的眼睛，即使避开了教师的眼睛，也总有同学盯着他们，课堂是缺乏隐私的。

历经一个学期、一个学年、一个学段，班级形成了一段共同的历史。班级像家庭一样，记录了过去的事件——无论积极的还是消极的。班级记忆意味着今天发生的事件会影响明天发生的事件。

矛盾性、多维度、事件同时发生、即时性、难以预料性、公共性以及记忆性，这就是课堂的独特性和复杂性。

所以，课堂是一种社会环境。

德国心理学家、格式塔心理学派的领袖考夫卡把环境分为地理环境和行为环境，地理环境是指现实环境，行为环境是意想中的环境，又叫心理物理场。他举例说，一个人在一个暴风雪的夜晚骑马来到一家旅店，店主人问他从何方而来，当他知道刚才走过来的地方正是令人恐怖的康士坦湖时，立即惊恐而毙。这就是说旅客的不安心理和惊毙行为不是物理环境本身，而是由心理和物理环境构成的心理物理空间，是经验的、想象中的东西。

勒温在《拓扑心理学原理》中提出了动力场理论。他的动力场是由人和环境构成的生活空间，构成生活空间的要素有人和环境（准物理、准社会、准概念的事实），而这个环境只有在被人感知、与人的需要和意向相结合时，才起环境的作用，即生活空间才成立。生活空间具有动力作用，表现为吸引力和排斥力，这种动力作用驱使一个人克服排斥力，沿着吸引力方向，朝着心理目标前进。生活空间的动力作用是逐级展开的，行为者越过一个个带壁的领域，最后实现目标。

考夫卡的行为环境论和勒温的生活空间论，都把主体的心理因素注入客观环境的作用过程，强调了主体的作用；行为环境和生活空间都是由心理和环境两种因素构成的主—客混合环境。从其强调主体作用的角度看，把社会生活环境描绘成富有活性的社会空间，揭示了人类行为的进取性，但他们都忽视或否定了客观环境对心理的决定作用。

环境是指与生活主体发生联系的外部世界。与生活主体无联系的外部世界，对于主体而言，无所谓环境。通常说的生态平衡，即指生活体与其相应的生活环境之间的平衡。

由于社会生活主体是人，因此人与外部世界的联系表现为关系。只有人才有关系。社会环境就是人与物之间、人与人之间的各种关系，以及由人、物、关系所形成的观念系统，其中包括价值系统、知识系统和理论系统等。

当社会环境成为行为的目标和活动对象时，就成为客体。客体意味着主体对社会环境的主动接近和利用，同主体的需要和为满足需要的活动分不开。客体是社会环境的一部分，它只有现在和过去，没有将来，客体的总和组成社会环境。社会环境包括过去、现在和将来，是不依赖于主体的客观存在。行为主体在另外的场合，又可以转化为客体，行为者自身也可以转化为行为客体，不仅可以转化为别人的客体，也可以转化为自己的客体，即自己把自己作为对象。

行为者在行动和活动之前对于环境（客体的总和）的知觉和认知，不是纯客观的，而是多少加进了主观成分，从主观上给予规定和把握。这种从主体上予以规定和把握的环境，叫情境。人们总是在对环境的主体把握的基础上，设定行为目标和目标求成手段（次级目标构成高级目标的手段）。把环境作为情境加以把握，叫情境规定。一个人对周围环境有反感或者很喜欢，就属于情境规定。在相同或相似的社会环境里，由于人们的情境规定不同，对于环境的态度、工作表现也就不同。

　　这就是观察课堂的社会心理学视角。

由教知识点到教知识的要点

  课堂改革无论怎么改，主要内容都是知识的学习，离开了知识的学习就无所谓课程和课堂。知识、能力、素质这三者的关系，甚至包括创新，知识都是基础与前提。

  学校教育的基本途径是教学，教学是德、智、体、美各育的基本途径。

  学科育人是以学科知识为载体，深入挖掘学科本身内在精神价值的过程。每个学科都有一套自己的模式化语言，这是学科最表层的东西，如数学是通过几何图形表达的，音乐是通过乐谱旋律成型的。教师进行学科育人的关键是引导学生在这个学科符号与日常生活之间建立有机的联系，逐步理解符号内在的意义，体验符号背后的思想观念和关系。所以，学科育人不是知识点过关。教材遵循的是讲授的逻辑，而教学需要的是学习的逻辑。课堂上，知识点统领教学，不管用什么样的方式，教师关注的是这一节课的知识点，整个课堂是按照知识点的落实一步步向前走的，是一个碎片化的课堂。教师如果将学科教学的课程目标窄化为知识点设计，教学就成了知识点的梳理强记和反复训练，看似效率不错，其实把大多数育人目标丢在了一旁。

  现代知识论告诉我们，所有学科的知识就其结构而言，都可分为表层结构和深层结构。表层结构揭示的是知识的表层意义，即知识（语言文字符号）本身的描述性或解释性意义，它反映的是物理世界、社会世界和观念世界的对象、情境和概念。深层结构则是蕴涵在知识中的思维方式和价值取向，它揭示的是知识的深层意义，即知识背后的智慧意义、文化意义和价值观念，反映的是人的精神世界和价值世界。如历史学科，《简明不列颠百科全书》对"历史"一词的解释是：其一，指构成人类往事的事件和行动；其二，指对此种往事的记述及其研究模式。前者指实际发生的事情，后者是对发生的事件进行的研究和描述。显然停留在第一层面的认识是浅层的、肤浅的。只有深入第二层面，才有可能形成学生的历史素养，因为历史素养说到底就是学生能够从历史和历史学的角度发现问题、思考问题及解决问题的富有个性的心理品质。所以，克罗奇有句名言："一切历史都是当代史。"柯林伍德也有一句名言："一切历史都是思想史。"概言之，一切历史都是当代思想史。

学科最本质、最有价值也是最能促进学科核心素养形成的知识，包括核心概念与命题、本质与规律、思想与方法、产生与来源、关系与结构、价值与精神。

学科教学要致力于培养学生解释、分析相关学科现象、过程及问题的意识、角度和眼光，基于学科概念、命题、理论的思维方式、认识模式和观念、思想，基于学科文化和本质的人文精神、科学精神，形成学科的精气神。

教学不是教师给了学生什么，而是发展了学生什么。教学改革要改变什么？就是要改变教师的教学方式，其目的是要改变学生的学习方式，最终改变学生的思维方式。

教学不是研究有多少知识点，而是研究在知识点上有多少思维点。教师要着意引导学生学习和掌握思维点，让学生学会思考。只有激发了学生的智慧，也就是说改变了他们的思维方式，将来才能成为能够独立解决问题的人。

被严重忽视了的作业

　　低下、重复、无序的作业导致学生负担重、压力大，让学生疲于应付，养成抄袭作业的恶习，甚至使学生丧失了学习的兴趣，以至于厌学。

　　有些教师一本练习册留到底，不分难易，不分层次；有些教师留作业并不研究作业内容，想当然地布置；有的作业种类庞杂，一天的作业中又要查找资料，又要熟记背诵，又要拓展实践，使学生手忙脚乱；有的还存在多而不精、重复抄写等现象。有时，作业布置的动机变成了抢占学生的时间，学科之间、教师之间的作业布置演化成了时间的竞争。

　　在学校的各项常规工作中比较受重视的是备课、上课、考试、辅导等，作业往往不能受到应有的重视，甚至无人问津，任教师随意安排。如学校经常开展集体备课、听课评课活动，但很少看到关于作业的研究活动。学校虽然有一些关于教师作业布置和批改等的常规要求，但只是写在纸上、挂在墙上，很少被监督落实。

　　教师设计作业的能力在退化。由于教辅和各种练习册的大面积泛滥以及网络的发展，教师不再设计作业，这项工作完全被教辅替代。这也导致学生审题能力的退化：长期不抄题，读题不仔细，抓起笔就答题，心浮气躁，漏洞百出。

　　一份优质的作业设计，只有出自教师自身之手才可能更切合学生实际、切合教材实际和教学实际。如果教师备课靠下载、上课靠模仿、作业靠教辅，这样的教师毫无个性可言。尤其是作业设计，它是教学反馈的重要手段，反馈要有效、准确，为后期教学提供依据。作业靠教辅，这样的作业往往脱离学生实际、教材实际和教学实际，因此它所发挥的作用就十分有限。

教师应该尽可能地自己去为学生设计作业，从自己的学生、教学状况出发，去设计相应的作业，做到结合重点、结合难点、结合学生，一方面依据所学习的知识本身；一方面要考虑学生实际、学习效果。

教师设计作业应有针对性，要根据教学目标、学生学情及教学内容灵活设计作业，练到重点，练有所得。

作业统一布置，题量大且形式单一，对于做什么、怎么做，学生是没有选择的，只能接受并按要求完成，学生个体的情感、态度、价值观、创造力、实践力等因素往往被忽视，致使学生对作业感到乏味、厌倦，敷衍应付，一遇到综合题、探究题就想翻教辅找答案，或希望老师直接提供标准答案，对完成作业缺乏主动性，对教师、教辅具有极强的依赖性。教师应以学生发展为本，设计出新颖多样、面向全体、学以致用的作业，极大调动学生的学习兴趣，引导学生在真实情景中应用知识，形成综合能力。预习作业、复习作业、思考作业、口头作业、书面作业、实践作业……作业形式多样化，才不会单调乏味，既巩固知识，又发展能力。

应根据学生的个体差异设计不同的作业，区分层次，分类作业，让优生吃得饱，中等生跳一跳够得着，学困生消化得了。

当然，还有用心批改、悉心指导、精心讲评、有心管理。

教学的本质是教学生"学"

奥苏伯尔曾经说过："如果我不得不把全部心理学还原为一条原理的话，那么我将会说，影响学习的最重要的因素是学生已经知道了什么，根据学生原有的知识状况进行教学。"

教学的本质告诉我们，学生是认知的主体，教为学服务。学生的学是教学存在的原因，也是教学的出发点和归宿。教师是为学而教的，教师也是因为学生的学习而存在的，离开学生的学，教师的教就失去了意义。

长期以来，我们习惯了以教为基础，先教后学，教师怎样教，学生就怎样学，教支配学、控制学，学无条件地服从教，教学由共同体变成了单一体，学生的自主性、能动性、主体性被压抑。

斯卡纳金说："如果孩子没有学习愿望的话，我们的一切想法、方案、设想都将化为灰烬，变成木乃伊。"所以，教学中教师必须吃透两头——一头是教材，一头是学生。要关注学生"最近发展区"的学习背景，千方百计让学生参与教学，发挥学生学习的主动性和积极性。

教师与学生，一是成人与学生的关系，二是先知者与未知者的关系，看问题的高度和角度是不同的。教师的阅历和学生的阅历不同，对教材的感受就不同。教师不要以为讲了学生就会了，自己喜欢的学生就一定喜欢。教师与学生之间总是有差异的，这种差异恰恰造成教学工作的盲区，而克服盲区的最好办法就是了解学生的学习背景。

教学的依据首先不是由教师来决定的。学生学习新课，原有知识、经验是什么？能力在什么水平上？兴奋点和障碍在哪里？学生之间会有哪些差异？……离开这些，教室上课怎样精彩都没有意义。所以，以学定教，学生的学习背景是教学的依据。

建构主义学习理论认为，任何学科的学习和理解都不像在白纸上画画，学习总要涉及学习者原有的认知结构，学习者总是以其自身的经验（包括正式学习前的非正式学习和科学概念学习前的日常概念）来理解和建构新的知识和信息。

学生学习不是简单被动地接收信息，而是主动地建构知识的意义，这种建构是无法由他人来代替的。即学习不是被动接收信息刺激，而是主动地建构意义，是根据自己的经验背景，对外部信息进行主动的选择、加工和处理，从而获得自己的意义。外部信息本身没有什么意义，意义是学习者通过新旧知识经验间的反复的、双向的相互作用过程而建构的。在这一过程中，学习者原有的知识经验因为新知识经验的进入而发生调整和改变。所以，建构主义者关注如何以原有的经验、心理结构和信念为基础来建构知识。

教师的教学必须重视对学生和对学生学习背景的研究了解，因为学生学习不是一个被动的学习过程，他们总是带着以往的学习经验、知识基础、学习态度来参加新的学习，去建构新的知识结构。

重视学，就要采用多样的学习方式，让学生积极参与教学。正如学习金字塔理论所揭示的，教师在教学中采取多样化的教学方式，让学生动口、动手、动脑，多种感官参与活动，会大大提高学习效率。

学习金字塔理论是美国缅因州的国家训练实验室的研究成果，它最早是由美国学者、著名学习专家爱德加·戴尔于1946年提出的。学习金字塔共分以下七级（有七种学习方式）。

第一种，听讲（在塔尖），学习效率最低，两周以后学习的内容只能留下5%。

第二种，通过阅读方式学到的内容，可以保留10%。

第三种，用声音、图片的方式学习，学习保持率可以达到20%。

第四种，是示范，采用这种学习方式，可以记住30%。

第五种，小组讨论，可以记住50%的内容。

第六种，做中学或者实际演练，学习保持率可以达到75%。

第七种，教别人或者马上应用，可以记住90%的学习内容。

爱德加·戴尔提出，学习效果在30%以下的，都是个人学习或被动学习；而学习效果在50%以上的，都是团队学习、主动学习和参与式学习。

把课堂评价落细、落小

什么是评价？评价是对事物估定价值。简言之，评价是一种判断，是一种界定，是一种激励，是一种导引。

评价是一把"双刃剑"，同样是学生的一种行为，这样的评价学生就受到鼓励，从此扬起奋进的风帆，朝着既定的目标而不懈地努力；而那样的评价，学生就遭受伤害和打击，从此萎靡不振，不去做本该会做的事。

评价是心灵碰撞，必出于真诚，发自内心。学生对教师的评价是敏感的，如果学生感觉到教师的评价是由衷的，就容易接受，并产生震撼、受到感染。

评价是行为导向，需有针对性。笼统、抽象地评价学生的课堂学习活动，内容含混宽泛，不仅给学生造成模糊不清、似是而非的印象，而且对学生的行为发展帮助不大。所以，教师的课堂评价应适时，具有明确性、针对性，如针对学习内容的评价，针对学习习惯的评价，针对学习方法的评价，针对情感态度的评价，等等。

评价是语言艺术。不能滥用"好"字，尊重学生不能仅用"好"字体现，激发学生的学习热情也不只能依赖一个"好"字，问题的解决岂是一个"好"字了得！我们需要的是正确的评价，心灵的沟通，知识的升华。

评价用语有亲切性，教师发自内心说的每一句话都要为学生着想，让学生感到亲切可信。

评价用语有激励性，让学生受到感染，激发动力，获得自信。

评价用语有导向性，让学生在交流中学会学习，养成良好的学习习惯。

评价用语有幽默性，让学生在轻松愉快中接受教育、获得知识。

评价用语有哲理性，能使学生在学习过程中潜移默化地受到美育、德育熏陶，获得做人求学的深刻道理。

评价用语有多变性，灵活多样，随机变化，让学生耳目常新、喜闻乐见。

评价方法应富有变化、巧妙、灵活、多样化。如调动体态语言。信息的总效果=7%的文字+38%的声调+55%的面部表情。课堂上，教师正确运用表情以及手势等其他体态语言传递信息，能表达教师对学生的激励和信任。教师亲热温暖的举动能给学生身心带来愉悦，教师灿烂的笑容是开在学生心中永不凋谢的鲜花。

引导学生自评，教会学生互评。防止这几种心理定式：以教师自我为中心，以优等学生为中心，以整体划一的答案为中心，以单一教学目标为中心。既要改变教的垄断，也要改变评的垄断。

候答中的停顿。教师提出问题后，不论学生回答快慢与否，教师要等待足够的时间，不马上重复问题或指定别的同学来回答，以便为学生提供一定的时间来思考问题；学生回答问题后，教师在评论问题的回答情况或提出另一个问题前，也要等待一段足够长的时间，才能评价学生的答案或再提出另一个问题，这样可以使学生有时间详细说明、斟酌、补充或者修改他们的回答，从而使他们的回答更加系统，又不至于打断其思路（学生的思维活动经过长达 3~5 秒之久的分隔后，会突然迸发出来）。

循循善诱、启发诱导的导答。面对学生的启而不发、导而不答，教师可以把问题化大为小、化整为零，分解难度来引导回答，换角度提示来引导回答等。

正确对待学生回答的理答。教师的理答越是积极主动，越是持肯定、欣赏的态度，学生越是能主动、积极地参与其中。不能因为答得幼稚而不予理睬，不能因为答得离奇而随便敷衍，不能因为没有达成预期的"标准答案"而责怨。理答一是诊断，二是鼓励，或肯定，或鼓励，或建议，或希望，体现激励机制。

评价应坚持不懈，体现连续性，则其作用莫大焉！

困境中的课程评价可否自拔？

一个拥有一百万字阅读量的学生，同一个只有两万字阅读量的学生，他们的知识、感悟的拥有状况和水平是完全不同的，然而这些不同很难用外部以及间接测量的方式反映出来。客观性、可比性的要求和实际操作的复杂性，又决定了我们不能直接测量阅读。这样一来，在考试中后者完全可能因熟悉考试方法而与前者相去不远或甚至更好一些。

长期以来，课程评价成为应试文化的奴隶，课程评价等同于纸笔测验，把学生的学习量化和等级化，课程评价指向与初衷背离，它不仅自身存在着难以消弭的等级危机、专制危机、控制危机，而且还引发了人的身心危机和自由危机。这样的课程评价不仅不能发挥其对课程价值的监督和反思作用，反而成为控制和束缚学生生命的枷锁。

课程评价实质上屈从于高校选拔方式和高考的评价方式，评价重心关注结果，忽视被评价者在各个时期的进步状况和努力程度，没有形成真正意义上的形成性评价，评价还存在以偏概全、以点带面的现象，造成对被评价者的不公平，失去评价促进发展的目的。评价内容过多倚重学科知识，特别是课本上的知识，忽视实践能力、创新能力、心理素质、态度和习惯等综合素质的考查。评价标准过多强调共性和一般趋势，忽视个性差异和个性化发展的价值。在现行评价过程中，考试分数是衡量学生的主要标准，有时甚至是唯一标准。考试分数虽然对被评价者来说有很大的刺激作用，能形成力争上游的学习风气，但是过大的压力会加大学生内部矛盾，造成学生两极分化，好学生骄傲自大，差学生忧虑自卑，不能达到促进学生全面发展的教育目的。

在课程评价中，评价主体自上而下依次是政府部门评价学校，学校评价教师，教师评价学生，学生成为被评价的对象，被排斥在评价主体之外。课程评价主体是直线式和单一化的，评价少了全面性而多了片面性，少了民主性而多了独断性。

走出课程评价的困境，需要改变以分为本的课程评价意识，转变过于注重甄别与选拔的课程评价功能，转向以人为本的课程评价意识，充分发挥课程评价的发展性和教育性功能，让课程评价把反思课程现状和优化课程文化作为其内在发展机制和根本使命。

课程评价主体多元化和指标多元化，才能将课程评价变成由教师、学生、学校管理者以及学生家长共同参与的分析与评估过程，实现课程评价的民主化；从过分强调量化评价逐步转向对质性的分析与把握，把量化评价与质性评价结合起来，充分尊重评价对象的个性发展，全面、真实、深入地再现评价对象的特点，更清晰、更准确地反映教师和学生的发展事实，才能实现课程评价的科学化；综合多种评价模式，充分考虑学生、教师、学校和课程诸方面的综合因素，多方面采集和收集信息，进行分析和综合，总结经验，才能实现课程评价的时效化。

课程评价从本质上讲是一种价值判断的过程，它是依据一定的标准来衡量课程与教学的计划、活动及其结果的价值和作用的。课程评价中一直存在着理想与现实、实然与应然、此岸与彼岸之间的张力，这种张力构成了推进课程发展的原动力。课程评价是衡量学校课程的水平现状、诊断课程目标的达成度、检查课程决策和课程实施的精准度的重要环节，它对课程活动具有检查、反馈、定向和指导的作用。课程评价若能协调课程中的两极张力，便可实现课程发展的文化自觉。通过对课程中现实问题提供反馈，指明学校课程的理想价值和未来趋势，比照现实课程与理想课程之间的距离，课程评价能够实现学校课程的文化发展和文化创新。

写作是如何"练"成的

据《光明日报》报道，从今年 9 月开始，无论是学电子工程，还是环境科学，所有清华大学本科新生的课程表上都将增添一门共同的必修课——"写作与沟通"。这是清华继"会游泳才能毕业"后再出新规，也受到教育界肯定。因为近年来，大学生写作能力差的报道频现：语病不断、缺少逻辑等。

大学生写作能力差的一个原因在于中小学阶段的写作教育没跟上。中小学的写作基本上是为了应付考试，就像八股文一样，更多是某种固定的套路的训练。

语文教学是一个行动概念，实践性是它自身就存在的，语文课程是一门学习语言文字运用的综合性、实践性课程。

语文教学实践性的本质是什么？是语言实践。语言是一种特殊的符号，语言实践是人类一种特殊的实践，它赋予人以存在感。

语文教学实践的内在动力在于实践主体的精神活动。精神价值高于物质价值，"思维者的精神是物质在地球上最美的花朵"（恩格斯）。所谓阅读和写作的知识如果没有与实践主体的精神对接，那就等同于路边的石子。知识只有经过实践主体的参与，融入主体精神之后，才能实现其价值。所以说，语文教学的实践性特点决定了学生只能在阅读中学会阅读，在写作中学会写作。

但是，反观中小学写作教学，我们在教什么？

我们把写作知识作为写作教学的主要内容，但写作知识的学习并不是写作教学的主要内容，更不是教学的目的和重点。

我们把写作方法和技巧作为写作教学的主要内容，但方法和技巧本身并不是写作能力，也不是写作素养，真正的作家几乎都不是作家班培养出来的。

我们常常把阅读课上成写作课，也把写作课上成阅读课。

我们把展示佳作作为写作教学的主要内容，但优秀的习作只是个别学生的专享，而教学的重点应该关注那些写得一般的、写得不好的学生。

我们把习作评判作为写作教学的主要内容，但其实只是关注写作的结果，而没有关注写作的过程。

我们把应试的套路训练当作写作教学的主要内容，把评改标准和评改方式，或者说把应试作文格式训练，作为写作教学的主要内容，而不是着眼于能力培养。

那么，写作教学，我们能够教什么？

写作过程是一种极为复杂和丰富的过程，要让学生亲历写作的过程，体验写作的过程，去经历体验和积累种种写作的感受。

写作是一种个性化的学习活动，主要体现在必须在自己的写作活动中形成自己的经验，既包括写作过程的发展，也包括写作方法和技巧的运用；既包括写作过程中各种知识积累和生活积累的调动，也包括思想的不断深化和情感的复杂运动。我们要更多地为学生提供良好的写作空间，以利于学生在体验写作过程时不自觉地形成写作经验，还要引导学生形成善于进行写作反思的品质。

要培养学生的生活意识，进行生活积累，就是善于把普通平常的生活"据为己有"，使之成为写作的材料、写作的源头、写作的动力、写作的灵感。对于写作来说，生活应该是一种原味的自然的生活。

感情和思想的积累更为重要。细腻的描写在于细腻的感情，这需要积累。思想的深度从生活中来、从阅读中来，归根结底从思考中来。思考才能有思想。思考的过程就是一个积累的过程。有了思考过程的积累，才会有思想的积累。

学生是写作实践的主体，学习是学生的自我活动（自我生成的过程），要用自己的身体去亲自经历，用自己的心灵去亲自感悟。

写作是一种过程，这是最重要的。在这个过程中，体验和感悟是其本质特征，学生可能会遇到各种各样的问题和障碍、挫折和挑战，它却是学习和成长必须付出的代价。

写作水平在很大程度上是思维水平的体现，写作训练同时也是甚至首先是思维训练。学会思考，形成自己的思维体系，其实不仅仅是为了写作，让下笔千言如流水为易事。更重要的是，对待任何学习，会思考是首要的也是最重要的。人生更需要思考，人必须学会思考才会变得独立与完整、才会变得强大。

教学何以给学生情感支持

社会支持指学生在社会中从家人、老师和朋友处所获得的帮助，以及对这种帮助的感受和利用程度，对学生的心智发展起到重要的维护作用。

情感支持是社会支持之一。父母的情感支持能给予孩子安慰、理解和亲密感，父母的评价支持直接影响孩子的自我评价，但有关调查显示，中国学生得到父母的情感支持较少，很多孩子认为父母不理解自己，父母不能听自己诉说烦恼，不喜欢和父母在一起，得到父母的肯定性评价较少，受到父母的否定性评价更多。

我国学生感受到的同伴支持也比较少。

老师是学生社会支持系统中的重要他人，但学生得到老师的情感支持并不充分。

情感不仅仅指人的喜怒哀乐，而是泛指人的一切感官的、机体的、心理的以及精神的感受。情感是人们心灵上的一种寄托，也是生活中不可或缺的一部分。

情感支持一般泛指感情上给予的一切鼓励、关心、爱护。有人说：温暖是什么？温暖就是在我哭泣时旁边递过来的手帕；也是在我饥饿时，妈妈做的一碗热腾腾的面。情感支持的表达方式多种多样，往往是在某个不经意间就感觉到了这种情感上的支持。

教师情感支持的本质就是教师在交互行为中对学习者情感的反馈，即教师在教育教学过程中，通过言语和非言语的行为所表现出来的对学生的关怀、理解、尊重等，包括积极关注、表达关心与理解、倾听学生困难、尊重学生人格、给予学生鼓励等。

情感支持是师生互动中教师情感表达的外显行为，主要指教师在课堂互动中建立积极氛围、敏锐意识学习需要并反馈、关注学生观点等。积极氛围主要反映师生互动过程中体现出情感联结、相互尊重与喜爱的学习意境，包括语言及非语言方面的交流互动。教师敏感性主要反映教师对学习者的情感需求、学习过程中给予学习者的支持的及时性，即及时发现学习者的需求并积极引导与支持学习者开展自主、探索等高阶学习。关注学生的看法更是体现教学过程中"学习者主体"思想，支持与鼓励学习者在学习过程中发表看法、积极思考、主动探究等。这三个方面是激励和提高学生动力的关键因素。

教学过程的本质是一个教师与学生以知识为载体的情感不断交互反馈的过程。但通常在具体的学习过程中学生对教师情感支持的感知与教师提供的情感支持的真实意图是存在一定差距的。有时，教师绞尽脑汁的情感支持付出，希望能激发学习者的共鸣，但并不能为学生所全部感知，甚至还有可能引起部分学生的"反感"。所以，最终在教学过程中能对学生情感产生影响的就是学生感知的那部分教师情感付出。

要营造积极的学习氛围。因为教学不仅包含着师生间知识的传递、认知的交互，更时刻伴随着情感的交融与共生。正如罗杰斯所说，教师的态度可以决定教学的成败，教师和蔼的态度、亲切的问候、真诚的信任和鼓励，是学生乐学的动力。教师应多积极地表达赞扬与期望，这样可以对学习者产生强大的驱动力，产生积极的暗示效应，满足情感需求，激发学习动机，从而给学习者带来愉快的学习体验，进而促成学习者学习行为的形成。

要提高教师的敏感性。对问题有预见性，并能采取相应的安排，能够意识到学习者的问题，给予及时的回应与帮助。因为及时反馈不仅能促进教师对学习者学习情况的掌握，更能让学习者的学习情绪得到正强化。同时，不仅要顾及整个学习群体的大问题，也要对学习者个性化有必要的关注，树立学习榜样，激发学习者的替代性经验来提高个体完成任务的信心；利用学习同伴，使学习者产生归属感，消除孤独感，从而提高学习兴趣。

要关注学生观点。教师精心设计和组织教学活动，让学生充分参与课堂，并利用学习共同体以促进学习者之间的交互，学习者可以通过表达自我观点来不断增强自我成就感，满足与老师、同伴间的知识、情感交流的需要，完成任务而渴望得到老师赞许和尊重的需要以及自我实现的需要，这也是对马斯洛的需要层次理论的现实回应。

海姆·吉诺特在《孩子把你的手给我》中写道："我总结出一个可怕的结论，我在课堂上起决定性的作用……作为一个教师，我拥有让一个孩子的生活痛苦或幸福的权力。我可以是一个实施惩罚的刑具，也可以是给予鼓励的益友，我可以伤害一个心灵，也可以治愈一个灵魂，学生心理危机的增加或减缓，孩子长大后是仁慈还是残忍，都是我的言行所致。"此言得之。

创造基于"教室实践"的课程

佐藤学先生的《静悄悄的革命》有道：

所谓课程，一言以蔽之就是"学习的经验"。"课程"一词的英语释义中也有"履历书"的意思，也是"学习的履历"。即是说，"创造课程"并不是制定"目标"或"计划"一览表，而是要实际创造学习的经验。课程并不是在办公室里或教研室里创造出来的，而是在教室里一天天地慢慢创造出来的。因此，即使课程在一学年一学期开始前就准备好了，但从本质上说，它是在一学年或一学期结束后作为"学习的履历"而被创造出来的。这样，课程"独立性"和"个性"也就不过是每天追求的"教学"与"学习"的"独立性"和"个性"而已。

"创造课程"可通过三种活动来进行：一是学习经验的"设计"，二是创造学习经验的"教室实践"，三是对这种学习经验进行"反思和评价"。毋庸赘言，这三种活动的中心是"教室实践"。因为课程是在教室中创造出来的。如果把这三种活动阶段性地加以区分的话就错了，因为在实际创造课程的进程中，是以"教室实践"为中心，同时进行"设计"、"反思和评价"的。"创造课程的能力"是教师专业能力的核心。

佐藤学先生如此言说课程，或许不算严密，但是明快，抓住了本质，且切中时弊。我们通常对课程的理解是静态的，他所谓的课程却是动态的；我们对课程的理解是理论上的、书本上的，他所谓的课程却是实践的；我们对课程的理解是预设的，他所谓的课程却是生成的；我们对课程的理解只是从教的角度考虑的，他所谓的课程却是从学的角度出发的。课程无论设置得多么好，如果不能转化为学生真实的学习经验，还是空的，或者是失败的，显然，佐藤学先生的课程观更实在，也更深刻。

2017 年版高中课程方案和课程标准的研发，即体现了课程哲学和课程思想的新发展。新的高中课程方案和课程标准是对世界课程哲学发展潮流的顺应。自20 世纪末开始，由于互联网的发展而带来的知识爆炸，使现代课程模式受到挑战，基础教育课程与教学变革在世界范围内发生。这种挑战直接指向学校课程理论和实践模式的滞后。因此，以学习者为中心、以人的发展为中心、基于人类真实活动构建课程体系的课程理论，逐步引领各国课程变革。我国从 2001 年开始的基础教育第八次课程改革核心思想，体现了世界范围内课程改革的理论发展。但随着经济社会发展，我国高中课程在人才培养方面还有很多不适应未来发展需要的地方，必须进一步从课程哲学和课程指导思想上进行提升。坚持"以人为本"，坚持"立德树人"，是新时代教育思想重要的哲学观，也是这次课程方案和课程标准修订的重要课程哲学基础。

这种课程哲学落实到"教室实践"，必须重构师生关系：教师不是教材知识的简单的搬运工，而是国家课程校本化、生本化的建构者，是学生学习资源的建构者；教师是学生学习和发展环境的建构者；教师的核心任务不是将知识体系传授给学生，而是教会学生学习，指导和引导学生学习，支撑学生学习；教师是学生道德成长的示范和引领者，教师不仅要教好书，更要育好人。

这种课程哲学落实到"教室实践"，必须改变学生的学习状态，变学生的被动学习为主动学习，充分调动学生学习的内在积极性；必须改变学生的学习性质，就是尊重学生的差异，变同质化学习为有选择的个性化学习；改变学生学习的结构，减轻学生过重的、单一的、单调的、被动的知识学习负担，增加学生长期缺失的社会实践、人文教育以及个性化学习的时间和空间等。

课程旨在关注学生作为一名生活者、学习者、体验者、感悟者。

学科教学必须凸显 "学科性"

——以语文学科为例

学科教学的组织与展开必须体现学科的本质和功能。叶澜先生说：每个学科对学生的发展价值，除了一个领域的知识以外，从更深的层次看，至少还可以为学生认识、阐述、感受、体悟、改变这个自己活在其中，并与其不断互动着的、丰富多彩的世界和形成、实现自己的愿望，提供不同的路径和独特的视角、发现的方法和思维的策略、特有的运算符号和逻辑；提供一种只有在这个学科的学习中才可能获得的经历和体验；提供独特的学科美的发现、欣赏和表达能力。学科教学必须给学生独特的经历和体验、独特的任务和要求。

只有抓住所教学科的精神特质，才能真正彰显这门学科对于学生的发展的价值。教师在教学活动中应充分体现任教学科的特点和需要，体现特定学科的精气神。

工具性和人文性是语文的基本属性，工具性与人文性实际上是通过不同的侧重来实现的，即当我们说语文的工具性时，把语文教学放在第一位；当我们说语文的人文性时，把语文教育放在第一位。但工具性与人文性并不是呈现出分立或对立的状态，而是以互相支持、互为表里的一体两面的形式出现的，否定了其中任何一面，则另一面也不会存在。"教学"的展开应是建立在能够体现"育人"目的的文本之上的，而反过来"育人"的文本本身也是要符合"教学"目标要求的。

语文之工具性与人文性统一的关键在于语用。语文学科区别于其他学科的特质，在于它以培养学生理解和运用祖国语言文字为核心指向与根本宗旨，语文课程的目标与任务就是提高学生的语言文字素养和语言文字运用能力。从这个逻辑起点和学科基点出发，可以认为语用性是语文课程的基本特点。

语文课程重在语用实践。学生的语用实践能力是在具体的言语实践中形成的，语文课堂应是学生语用践行的场所。正如叶圣陶先生所说："凡是一种能力或者习惯，不靠学习者自己运用心力去实践、去尝试，是无论怎样也难以养成的。"

语文课程是以汉语言文字运用为基本内容的语用活动，因此必须充分体现出汉民族文化精神和气派。语用教学的价值体现和实现，不仅是教学过程中的读、写、听、说等各种具体语用学习行为，更应传达民族的真善美、理想、信仰和情操，使学生在母语学习和语用的过程中，在精神上形成深沉的文化自觉，一种对文化的认同与归属的内在情感和信念。

语文课程的语用教学其实是民族文化阐扬、民族情感认同、民族精神培植的过程与行为。从某种意义上讲，掌握一个词语，理解一句诗词，阅读一篇文章，就是给人的心智打开一扇窗，为人的精神种下一粒种。学习和运用语言文字并非仅仅是知识积累、能力历练的过程，还是民族文化体认与自觉、民族情感及民族精神建构与成长的过程。

语文课程的语用内容来自广阔的社会生活，在一定程度上反映了人类文化精神世界的丰富性及其鲜明的时代特征。美国教育家华特指出：语文的外延与生活的外延相等。教学活动是人类生活的一部分，离开社会的教学活动是不存在的，而语文教学更离不开生活，生活中无时无刻不存在语文教学。

人在社会中生活，在世界中生存，语文教学必须在人与世界、人与社会、人与生活的关系中展开，即把语用根植于人与世界、人与社会、人与生活的关系中，关注世界的发展、社会的进步与人类的生存命运。就像陶行知先生所说，教育要通过生活才能发出力量而成为真正的教育。

学科活动是"有我"

——自主性的活动

以学生为本、以学生发展为中心的教育理念，立足于学生作为独立个体的发展和作为社会成员成长的全面需求上，凝聚在学生主动投入、积极探索的学习过程中，体现在为学生延续终身的学习与发展能力的全面提升，进而转化成社会可持续发展和进步的成果。为此，要把关注学生学习、促进学生发展作为学校一切工作的核心，作为学校一切顶层设计的出发点和落脚点；要尊重学生的发展选择权，调动学生的发展主动性，让学生在多样化的选择中发现潜能、发展特长、培育创造性；要遵循教育规律和学生身心发展规律，关爱每个学生，为每个学生提供适合的教育，促进学生全面而又有个性的发展，在教学过程中实现从以"教"为中心向以"学"为中心的转变，这实质上是教学理念、教学方式和评价手段的转变。

学科教学的实质就是学科活动，包括教师教的活动和学生学的活动，其中学的活动是根本。学科教学过程即学科活动（包括教和学的活动）的过程，正如数学素养是主体在经历的数学活动中产生的，它难以通过传授与习得来获得，其生成依赖主体对数学的体验、感悟、反思和表现。

完整的学科活动包括实践活动和认识活动，强调通过学生的外在活动（身体、双手）和内在活动（心理、大脑），经历学生的感性认识和理性认识，进行学科学习、促进学科核心素养发展。正如陶行知先生所言：真正之做需是在劳力上劳心。所以，学生在学科活动中是一种"有我"的活动，而不是"无我"的"被活动"，要突出学生的自主性。

其理据何在？一是人本主义教育理论家罗杰斯的"以学生为中心"的理念，即教师的教学应该以学生的学为中心来组织，师生关系是一种民主、平等的关系，是一种辅助者与学习的主体之间的关系。他提出：认真组织教材，便于学生自学；提出真实现实的问题，激发学生的学习动机；提供可选择的各种学习条件、情境和目标；允许学生自己确立各种学习目标、计划和内容；分组教学，学生共同学习，互相帮助，互相学习；让学生自我评价学习成果。

二是建构主义认为，正确的教学模式应该是以学生为中心，在整个教学过程中教师起组织者、指导者、帮助者和促进者的作用，利用情境、协作、会话等学习环境要素充分发挥学生的学习主动性、积极性和创造性，最终达到使学生有效地实现对当前所学知识的意义建构，并强调学生在学习中充分的自我的监控意识。

三是维果斯基的最近发展区理论，其原则是：如果学生要学习的内容在他们已有的发展区之内，就应该让学生通过自学来解决；如果学习的内容超出了他们现有的发展区，那么就需要教师从旁引导了，或者需要学生一定时间的自我摸索。

自主学习要有富有技巧的和人文化的教师。只有富有技巧，教师才可能以多种方式呈现教学内容，以多种方式组织教学，充分调动学生的学习积极性。只有富有技巧的教师，才可能对学生在学习方法上进行指导，并及时地发现学生在学习方法上的失误然后帮助其改正。只有人文化的教师，才能建立起与学生的民主关系，创设良好的课堂氛围，积极进行师生之间和生生之间的交流与合作。

自主学习具有能动性。自主学习在教学条件下进行，学生具有自主学习能力，学生对整个教学过程充满兴趣，学生主动参与了整个教学过程，学生对于整个学习过程中的认知活动能进行监控（元认知的参与和监控），并对认知策略做出调整，有时可能需要采用异步教学。

自主学习具有独立性。每个学生都是一个独立的个体，真正的学习都要基于学生自身的独立活动，他人不可替代。无论认识过程还是实践过程都强调学生的独立参与，活动的设计、组织以及总结、评价，学生都应该是主体，即强调个体积极、主动、独立、自我负责的学习，强调学生对学习的自我监控、自我管理。

学科情境是学科知识学习的载体

　　学科核心素养实际上就是一种把所学的学科知识和技能迁移到真实生活情境的能力和品格。要养成这种素养，意味着学生的学习应该是在一个又一个基于真实生活情境的主题或项目中通过体验、探究、发展来建构自己的知识，发展自己的能力，养成自己的品格。因此，发展核心素养的学习是人和真实生活情境之间持续而又有意义的互动，在未来的素养教学中，情境设计能力是每一位教师都必须具备的核心教学专业素养。

　　人类的知识生产都是情境性的。知识的客观化、外在化，是人类保存、传承知识的基本策略。知识在情境中生成和显现，任何知识要具有生命力，都必须作为一个"过程"存在于一定的生活场景、问题情境或思想语境之中。在知识的情境中，知识是活的。脱离特定的情境，知识就是死的。

　　学科情境就是学科知识产生、提出、发展的条件、背景、过程或故事，从教学的角度讲，它是促进学生学习、理解、消化、建构学科知识的具有社会化色彩的学习环境的概括。如果说学科知识是学科素养形成的载体，那么学科情境就是学科知识学习的载体。

　　所谓知识的情境化，就是指教师在教学过程中有意识地引入或创设一定的情境，把知识转化为与知识产生或具体运用的情境具有相似性结构的组织形式，让学生参与、体验类似知识产生或运用过程的情境，从而直观地、富有意义地、快乐地理解知识或发现问题乃至创造知识。

　　学习就是要让知识重回情境进入发生状态，把知识还原到情境中。孔子云："不愤不启，不悱不发，举一隅不以三隅反，则不复也。"在肯定启发作用的情况下，孔子尤其强调了启发前学生进入学习情境的重要性。也如怀特海所言："教育只有一个主题，那就是五彩缤纷的生活。"

知识是人在情境中与各种要素不断互动建构的过程和结果。行动、探究、合作、反思、自主等，成为学习的关键词。学习者在情境中，同时又参与构造情境。学习者对情境的构造，就是对知识建构的一部分。知识不是"100分OK"那样一次性习得，而是在不同情境中不断生长的，从而具有了配置新知识、新问题、新任务的迁移能力和变易能力。

情境增加了学习活动的生动性、趣味性、直观性，让学生在理论知识和应用实践的交互碰撞中真正理解知识、提升能力。情境是学生认识的桥梁，是知识转化为素养的桥梁。

情境是沟通生活世界与科学世界的桥梁。第一要注重联系学生的现实生活，在学生鲜活的日常生活环境中发现、挖掘学习情境的资源；第二要挖掘和利用学生的经验。陶行知先生有过一个精辟的比喻："接知如接枝。"他说，我们要以自己的经验做根，以这一经验所发生的知识做枝，然后别人的知识方才可以接得上去，别人的知识方才成为我们知识的一个有机部分。任何有效的教学都始于对学生已有经验的充分挖掘和利用。美国著名教育心理学家奥苏伯尔有一段经典的论述："假如让我把全部教育心理学仅仅归纳为一条原理的话，那么，我将一言以蔽之：影响学习的唯一最重要的因素就是学生已经知道了什么，要探明这一点，并应据此进行教学。"

情境是沟通知识与思维的桥梁。我们所创设的教学情境，应是感性的、可见的，它能有效地丰富学生的感性认识，并促进感性认识向理性认识的转化和升华；应是形象的、具体的，它能有效地刺激和激发学生的想象和联想，使学生能够超越个人狭隘的经验范围和时空限制，促使学生形象思维和抽象思维互动发展。

情境是沟通文字符号与客观事物的桥梁。教学情境应是能够体现学科知识发现的过程、应用的条件以及学科知识在生活的意义与价值的一个事物或场景。只有这样的情境，才能有效地阐明学科知识在实际生活中的价值，帮助学生准确理解学科知识的内涵，激发他们学习的动力和热情。有价值的教学情境一定是内含问题的情境，它能有效地引发学生的思考。问题是根据一定的教学目标而提出来的，目标是设问的方向、依据，也是问题的价值所在。问题的难易程度要适合学生的实际水平，以保证大多数学生在课堂上都处于思维状态。

知识只是素养的媒介和手段，知识转化为素养的重要途径是情境，食盐溶入汤中才容易被人吸收。素养本身就是在特定（真实也包括有价值的虚拟）情境中解决问题、完成任务的能力和品质。

学习方式必须要走到前台来

我们先重温前贤的教诲：

古希腊苏格拉底的产婆术，其目的是激发学生的思维，使之主动去寻求问题的答案。

古罗马时代，昆体良提出了"教是为了不教"的深刻见解。

德国著名的教育家第斯多惠认为，"人的固有本质就是人的主动性。一切人性、自由精神和其他特性都从这一主动性出发，都以主动性为核心力量。因此，主动性是教育的主观原理，教育最大的注意力应该放在培养学生的主动性上，教育的最高目标或最终目的是激发学生的主动性，培养独立性，使人达到自我完善"。

美国心理学家、人本主义教育的主要代表人物罗杰斯指出，"学生必须通过自由选择成长起来，别人的选择和过分控制只会削弱他的能力"。

文化教育学创始人斯普朗格明确断言，"教育绝不是单纯的文化传递，教育之为教育，正在于它是对人格心灵的唤醒，教育的最终目的不是传授已有的东西，而是把人的创造力诱导出来，将生命感、价值感唤醒，要通过唤醒而建立受教育者的主体性"。

联合国教科文组织在《学会生存》中强调："未来的学校必须把教育的对象变成自己教育自己的主体，受教育的人必须成为教育他自己的人，别人的教育必须成为这个人自己的教育。"

在课堂生态中，教师、学生作为两个最重要的要素，应该和谐共存、平等相待、互动互惠。在一个动态、开放的教学过程中，互相作用、互相交流，共同承担着信息的传递、分解和加工工作，实现课堂生态系统的可持续发展。

但现实中，我们的课堂往往缺少了"人"，即学生主体性的严重缺失，学生学习主动性被压抑，大一统的课堂内缺乏一种动态、天然流动的激情与灵性，缺少情感的交融，缺少师生之间生命价值的体认。教学以教师讲授为主，很少让学生通过自己的活动与实践来获得知识、得到发展；单纯进行书本知识的学习，很少让学生查阅资料、集体讨论；教师布置作业多是书面习题，很少布置如观察、制作、实验、读课外书、社会调查等实践性作业。

良好的课堂生态，对教学而言，意味着对话，意味着参与，意味着相互建构，它不仅是一种教学过程，更是弥漫、充盈于师生之间的一种教育情境和精神氛围；对学生而言，意味着心态的开放，主体性的凸显，个性的张扬，创造性的解放；对教师而言，是生命活动、专业成长和自我实现的过程。

学习是一个积极主动的建构过程，涉及意义、理解和解释世界的方式。教学是教师和学生积极投入的互动过程。教学上的收获不仅包括认知方面的，如概念、法则、原理等基本事实的掌握以及认知策略等，还应包括态度、情感和价值的提升。这就要求从单一、被动的学习方式向多样化的主动的学习方式转变。

学习方式就是学生在完成学习任务过程时基本的行为和认知的取向，是外在行为和内在心智的统一，是认知与情感的统一。

学习方式总是呈现出个体差异性，没有哪一种学习方式是适合所有学生的。

不同的学习任务需要采取不同的学习方式。比如，就掌握知识和技能来说，接受学习可能更为有效。自主、合作、探究学习是学生学习的方式之一，不是学习方式的全部内涵。

然而教师是教育活动的主要影响源，是教育实践活动的主体，引导和推动着教育目的的实现，从而影响着学生身心发展当然也包括学生采用什么样的学习方式。所以要想实现教学方式以及学生学习方式的变革，关键在于教师：适应新学习方式能力的提高，自身专业能力的提高，反思能力的提高。

走向整合的课程与教学

当下，课程与教学呈现出整合的趋势。

课程是由教学事件构成的一种生态系统，课程在本质上是一种教学事件。教学事件是美国教育心理学家加涅提出的一个概念，加涅将所有构成教学的事件称为教学事件，教学事件就是一个个的教学活动，以及这个活动的展开过程，其作用是帮助或支持学习者对所学内容的获得和保持。构成教学事件的主要因素是教师、学生、教材、环境。课程就是由一系列教学事件构成的一种生态系统。

教学是一种课程开发。教学不只是忠实地实施计划、教案的过程，更是课程创新和开发的过程。真实的课程发生在学校中，发生在课堂里，发生在师生互动中。在教学过程中，教师和学生应以开发者和创造者的角色出现，在互动的过程中对教材作大胆灵活的优化处理，跳出教材进行教学。教师和学生是课程的创造者与开发者。

当课程由专制走向民主、由封闭走向开放、由专家走向教师、由学科走向学生的时候，课程就不只是"文本课程"，而更是"体验课程"。即课程不再只是特定知识的载体，而是教师和学生共同探求新知的过程，教师和学生是课程的有机构成部分并成为相互作用的主体。教师与学生共同参与课程的开发，这样教学就不只是忠实地实施课程计划，更是课程的创新与开发。教学过程成为课程内容持续生成与转化、课程意义不断建构与提升的过程。这样，教学与课程相互转化、相互促进、彼此有机地融为一体。

课程就是学生在学校所获得的全部经验，是教师、学生、教材、环境四因素间持续交互作用的动态情境，是一种动态的、生长的生态系统和完整文化。所以，教学不仅是促进学生发展的过程，还是师生双方相互交流、相互沟通、相互启发、相互补充的过程，在这个过程中教师与学生分享彼此的思考、经验和知识，交流彼此的情感、体验与观念，丰富教学内容，求得新的发现，从而达到共识、共享、共进，实现共同发展。

在教学中，核心是人的发展，不仅是学生知识、技能、能力以至素养的发展，也是教师的专业化发展，学生与教师共同发展；要研究学生的差异，实施差异性教学；教师的教是为了让学生更好地学，要从学生的需求出发，在教学中体现学生的主体地位，更应该关注学生的学习状况；要在教学设计中揭示知识的发生过程，展示知识的思维过程，让学生通过感知—概括—应用的思维过程去发现真理，掌握规律，即强调探索过程，这就意味着学生要面临问题和困惑、挫折和失败，这是一个人学习、生存、发展、创造所必须经历的过程，也是一个人能力、智慧发展的内在要求；学习是学生内部自主生成知识结构，提高人生价值的过程，教学是学生在活动中主动参与、自主学习知识，获得发展的过程，要倡导学习方式的多样化，在实践中学习，在探索中学习，在合作交往中学习。

语文教学是文化行为

于漪老师说:"学语文就是学做人,伴随语言文字读、写、听、说训练,渗透着认知教育、情感教育和人格教育。语言文字不是单纯的符号体系,而是一个民族认识世界、阐释世界的意义体系和价值体系。它与深厚的民族文化联系在一起。"

语言不仅是工具,更是人的生命活动。因为语言文字是民族文化的地质层,积淀了中华文化的精髓。语言和思想、情感是同时发生的,它不仅是载体,实质上它就是意识、思维、心灵、人格的组成部分。语文应该是语言训练与人文教育的结合,学习语言也就是同时在用人类的精神文明、用中华文化的乳汁哺育他们成长。文化的传承就是把文化的有益部分转化为个人的主观精神。语文教学一旦文化参与减弱,一旦成为应试教育的附庸,便失去了活力。

语文教育的人文性有这样的含义:一是汉语汉字中所包含的民族的思想认识,历史文化和民族情感;二是引导学生开掘汉语汉字的人文价值,注重体验汉族人独特的语文感受,学习中华民族的优秀文化;三是尊重和发展个性,培养健全人格。通过语文学习,学生必然通过语言获得民族的文化意蕴,形成民族文化性格。

语文教育的目的在于文化的传承,语文是文化的一部分。语文教育的思想教育、人格培养只有通过文化的参与才能得以落实,语文教育才能为育人服务,育真正的人。

实现语文教学的目标——语言知识和语言能力,就要重视语言规则和文化规则的传授。语言规则就是语音、词汇、语法等语言系统内部各要素的规则。文化规则就是人们运用语言相互交往的行为准则，也就是人们在一定的社会文化背景中为了理解、表达、交际等目的而得体运用语言所必须遵循的行为模式。在某种意义上说，一个人的语言运用中，文化能力的高低比其语言知识的多少更为重要。运用语文教材，通过语文教育，形成文化教育，培养文化意识，形成文化底蕴，进而生成文化教养，这正是语文教学的任务。

语文教学应该通过语言知识的传授，向学生揭示隐含在语言文字背后的文化因素。通过对隐含在母语中的深厚的文化内涵的深入细致的学习，就可以了解本民族的文化传统、风俗习惯、社交准则，从而开阔其文化视野，培养其对母语文化的直觉语感领悟能力和敏感度，并能运用母语准确地表达和理解，得体地进行人际交往。

语文教学需从字、词、句、篇抓起。汉字是表意文字，见形知义，方方正正，中规中矩，字义中渗透着民族的文化意识。汉语句句属对，平上去入，入诗入文，音调铿锵；篇中情致意趣、理念思想、风俗习惯都浸染着我们民族的文化底蕴。所以要从积累文字、积累词语到情感积淀、审美积淀。有知识迁移之说，唯独语文，很多是不能迁移的，熟读、背诵、摘抄，大量阅读，即积累语言，也积累文化。

语文教学还要重视语感培养，巩固、发展积淀下来的文化底子；重视悟性培养，意会式的、跳跃式的、整体式的直觉思维，"涵咏功夫兴味长"；重视学生文化心理结构的建设，培养学生哲学观念、价值体系、行为准则等。

苏霍姆林斯基说，"人只能由人来建树"。语文教师必须有深厚的文化底蕴，教学中有较强的文化意识，积极引导学生的文化实践。语文教师本身所具有的文化素养应成为语文课堂中文化教育的课程资源。

语文本来就是文化的载体，让文化在语文教学中传承，是语文教学的本义。文化只有融入学生的精神世界才是有意义的。马克思说，生命如果不是活动，那又是什么呢？唤醒、点燃、开发和发展学生的眼睛、耳朵、肢体等多种感官的潜在能力，在充满情趣的诵读、感受和品味中，沉醉于语言文字的神奇，浸淫于中华文化的浑厚，驰骋于文学作品的绮丽，在语文实践中，文化的种子深埋在学生的心灵深处。

教与学：我和你

有人说，教育即关系。

最好的我和你的关系应该是生态的，即我和你是流动的，是变化生长的；是相互转化的、相互作用的，是相互依存的、互联互生的。生态的关系才是和谐的关系，我们应该用生态的思维来审视我和你的关系。所以，好的课堂应该将整个教学过程作为我和你深入交往、充分互动、协同成长的过程。

在社会学意义上，课堂不仅是教育活动场所，而且是社会活动场所。课堂教学作为学校教育最重要的手段，更多地综合了社会对个体的需求和期望，在课堂这个具有最简单的社会功能的场所，使你不断地完善社会角色。

课堂互动是一种双向的教学过程，是课堂社会中的基本的形态，我和你、你们以及你们之间的人际互动过程，是一种意义发现与意义赋予的过程。

在这种互动中，我作为已经成熟的社会个体，其智力、理解力和身心发展都比你更有优势，代表一定的社会力量，而你作为需要我指导并进行社会化的个体来说处于一种被指导和影响的地位。

教学是集约化、高密度、多元结构的沟通活动，在这种活动中形成了多种多样的、多层面的、多维度的沟通情境和沟通关系。

教学活动中的我和你不仅形成了我和你之间一对一的关系，也形成了你们之间一对一的关系、我和你们群体之间的关系、你和你们群体之间的关系等多重的网状关系，而教学活动就是在这种网状关系之中进行的。所以，教学首先是被作为社会过程来理解的。

在教学中，我和你作为成人和成长中的新一代，作为各自在现代社会中生存的个人，在沟通与沟通关系中进行心灵的碰撞，从而提供了发现世界、发现自我乃至相互发现的契机。现代社会要求于人的交互主体性学习能力及其他一切素质，唯有在实践沟通与合作的关系中，借助于活动才能得以发展。

学校应当是我和你两类主体交互作用形成的学习共同体，学习共同体的中心使命是使所有的你都有接受优质教育的权利。教育目标应为你的健全人格形成而设定，即为你的教育需求、社会需求、情感需求、身体需求、道德需求而设定。因此，学习共同体首先是合作文化的环境，每一个成员之间应有更多的合作与关怀。通过人人参与、平等对话、真诚沟通、彼此信赖来发展合作精神，激发道德勇气，共享知识经验，实现自我超越。

教学就是在沟通文化的创造过程中为每一个你的发展奠定人格成长与学力发展的基础。

我和你的关系是沟通中的相互作用的关系，我和你是交互主体性的伙伴关系。你既是受教育者，又是我的沟通伙伴。

教学是由我指导的过程，但你必须处于能动的、愈益自觉的学习主体的地位。教学过程的中心既不是单纯的你，也不是单纯的我，我必须把你置于主体地位并提供主体地位的天地，使你成为学习的行动者。

课堂教学需要且必须有价值引领

这个学期，我们学校教师"共读一本书"活动，主要是阅读余文森教授的《核心素养导向的课堂教学》。每2个星期精读一章，并写1篇心得体会，每2个星期一次的读书报告会上随机抽取（抽签）6人作交流。这是用行政的办法逼着教师去读书，虽然手段等而下之，但动机良而纯之、目的高而上之、愿望美而好之。

我读该书第三章"基于立德树人的教学"的心得体会，即课堂教学需要且必须有价值引领。

课堂教学中的价值教育是教育本身蕴涵的应有之义，但长期以来，它却被强势的知识教学遮蔽，没有得到应有的重视和有效的落实。

任何一种有价值的知识，它既是出于真的追求，同样也具有善的期待，还带有审美意蕴。每个学科对学生的发展价值，除了一个领域的知识以外，从更深层次看，至少还可以为学生认识、阐述、感受、体悟、改变这个自己生活在其中并与其不断互动着的、丰富多彩的世界和形成、实现自己的意愿，提供不同的路径和独特的视角、发现的方法和思维的策略。唯有如此，学生的精神世界的发展才能从不同的学科教学中获得多方面的滋养，在发展对外部世界的感受、体验、认识、欣赏、改变、创造能力的同时，不断丰富和完善自己的生命世界，体验丰富的学习人生，满足生命的成长需要。

赫尔巴特在《普通教育学》中否定了"无教学的教育"和"无教育的教学"的存在，在他看来，教学和教育不可分离，德育是智育的最终目的，智育是德育的必要前提。

叶澜教授指出，传递知识不是教师工作的全部，更不是终极目标。人的发展与成长才是教育不可替代、独特的目的。知识只是人发展成长的手段与工具。这一观点突破了赫尔巴特将教育根本目的仅归于德行养成的局限，将教育的根本目的归为人的成长与发展。知识本身并不是教育的目的，知识教学对于学生成长与发展的重要意义在于学生能够利用所学知识满足自我发展需要，即利用知识实现成长与发展。而成长与发展的需求、方向、手段、途径都应当是正当的，所以知识教学必须伴随价值教育，使学生能够在正当性价值原则的引导下利用知识实现健康成长与发展。

任何教学都不应仅仅为了获得学科的若干知识、技能、能力，而应同时指向人的精神、思想情感、思维方式、生活方式、价值观的生成和提升。学科教学要有文化意义、思维意义、价值意义，即人的意义。

每个学科不仅具有自己的符号表达、知识体系和思维方式，也都有自己内含的价值性和道德意义。学科教学最大的价值教育资源就是学科知识本身。

教育的本性在于深入人的价值系统和精神世界，开发人的精神力量，以及通过对人的现实关切，实现某种超越性关怀。从人作为教育主体和价值主体来看，教育与价值具有同一性。要想通过课堂教学让学生学习到完整的知识并发展成为完整的人，价值教育就应当成为课堂教学的应然选择。当人的全面发展成为教学的本位价值时，一个完整、健全的人需具备的所有素质的发展就成为教学价值的应有之义。

教书与育人不是两件事，在教学中，教师实际上是通过教书实现育人。教师是社会的代表，教师在一节课上体现什么教育价值元素，取决于教师对教学内容的准确理解，取决于教师对价值体系内容的把握，取决于教师的生活经验、人生感悟、文化修养、精神境界，取决于教师对教育规律和人的发展规律的深刻理解，取决于教师对人的生活尤其是精神生活的关注。一个好的课堂，应当是充满正能量的课堂，是将精神和人格引向高尚的课堂。

人类基本价值教育、民族优秀传统价值教育和社会主流价值教育应是中小学价值教育的主题和内容。

价值教育需要认知、体验、实践三种互为基础、相互促进的教育活动。教师要充分挖掘学科知识特有的价值教育资源，对现有教学内容进行重组和加工，使知识恢复到鲜活状态，并精心设计教学，创设适合学生接受的情境，辅之以合理点拨，进入学生的道德和心灵世界，有机进行价值引领。

同时，还有以师生、生生的教学交往活动为载体的过程性价值教育。师生和生生在教学交往活动中构成了一个微型社会模型，课堂上良好的师生交往、生生交往、组际交往等，承载着平等、尊重、合作、互助、理解等价值观；启发式、个性化的教学方式，承载着独立思考、独立判断、尊重个性的价值观；自主、探究的学习方式，渗透着自主、主动的价值观；教学过程中教师对学生的评价、对随机事件的处理等，都反映了一定的价值观。

在师生和生生的教学交往中，还可以生成一些价值教育要素，如在语文教学中，讨论父母对子女爱的描写，这种教学交往活动就生成了关于孝敬的过程性价值教育要素，学生在交流父母关爱自己的行为和感受的过程中，对其他学生进行了关于孝敬的认知和体验教育。

所以，教学不仅是授受知识、开启智慧，更要点化和润泽生命，帮助学生过有意义的精神生活。

课程改革其实是课堂革命且是
教师的自我革命

我脑海里始终印记着一些余映潮先生的教学设计的片段。如《小石潭记》品读教学设计：对课文进行整体赏析，主要方法是对课文进行全面的咀嚼、理解，然后从课文中或找到一个"点"，或发现一条"线"，看其在技法上、在表达效果上的特点或作用。请学生从"小石潭记"这四个字中任选一个字，结合课文内容，分别用"小"、"石"、"潭"、"记"来说话，说说课文哪些内容能够分别表现这四个字。学生自定内容，自由赏析。又如《记承天寺夜游》的一次背读练习。活动：朗读、背诵课文；活动过程：请学生将课文进行变形，把原为一段的课文变形为两段、三段、四段。两段：记叙、描写，议论、抒情——叙议结合，先叙后议，议论抒情，意味深长。三段：记叙，描写，抒情——文脉清晰，思路明朗，层层推进，表达方式井然有序。四段：起，承，转，合——写事件背景，写寻友情景，写美丽月景，写非常心境，情思荡漾，一气呵成。请学生根据课文结构所表现出来的规律进行背读。

余映潮先生的教学设计充分体现了诵读、品析、积累、运用等语文课堂的教学要素，突出了让学生在大量的语文实践中掌握运用语文的规律。也就是语文教育不是将知识作为重点，而是借助知识在真实情景中培养学生的语言能力。教师用语文的方法教语文，学生用语文的方法学语文。

但从余映潮先生的课例反观许多教师的教学，只是停留在知识层面，有完整的知识系统却没有真实的教育生活，没有"人"的发展。许多学生只是带着有限的知识理解离开课堂，至多是把一个新知识加入大脑，而不是置身于自己的问题世界。

基于核心素养的教学，不是简单的学科知识学习和技能训练，而是强调个体怎样学会学习，强调在解决问题的过程中感受进步、体验到成长、享受生命的尊严，掌握学习方法，养成良好习惯，增强学习的兴趣和内驱力，促进生命个体的社会性发展，让生命走向完善、趋于完美。

在我国古代，"学"与"习"两个字一般是分开使用的。"学"表示获取知识，提高认识；"习"表示有实践意义的行为。《论语·学而》中说："学而时习之，不亦说乎？"可见孔子将"学"与"习"联系起来，关注学习过程中知与行的统一。用现代心理学来解释学习：学习是有情境性的；学习是学习者主动建构内部心理表征的过程，强调学习过程中学习者主动性的发挥；学习过程一方面是对新信息的意义建构，另一方面又包含对原有经验的改造和重组；学习既是个性化行为，又是社会性活动，学习需要对话与合作。

2017年版高中各学科课程标准附有学业质量要求，具体说明学生在学习完相应内容后应达到的行为表现度，比如语文：能够不断扩展自己的语文积累，自觉整理在学习中获得的语言材料和活动经验；在梳理的基础上，尝试专题研究，发现其中蕴涵的语言运用规律，并能够用自己的语言加以解释等。

课程标准不是静态的规定，教师在教学中要考虑知识学习与过程的关联，把学习知识的过程变成学生主动运用技能的动态活动过程。围绕学科核心素养，针对学科重要知识创设情境，引发学生的主动学习，这样才能防止学生最终获得的知识不系统、无法迁移。

课改的根本正是由学科本位、知识本位，向素质本位、学生发展本位转变。但课改的落地在于课堂，需要进行课堂革命以重建课堂，而最后的指向是"校本"，是教学现场的教师，是具体学校的具体教师的自我革命。因为任何一所学校都是具体的、独特的，它所具有的复杂性是其他学校的经验不能说明的，是理论所不能充分验证、诠释的。在一定程度上，只有深入一所学校具体的生活场景，了解它的运作机制，认识其人际关系、规范、制度等，才能找到解决问题的办法。也就是说，在这所学校的基础上，发展、形成起来的"个别化理论"，才能更为适宜、贴切地解决它的问题，提高它的水平。

教师首先要成为学习者。教师通过自己的学习带动学生的学习，是教师教育生涯的最积极、最有意义的活动。教师要有开放的心态和改变的意愿。教师学习最重要的是阅读身边的同伴经验、阅读优秀的名师经验、阅读理论经典，让自己成为有思想的实践者。

每一堂好课都是不可重复的。课堂改进是一种艺术，一种慢的艺术，教师需要付出勇气、智慧和心血。教师成长的个人化知识必须经由自我反思、自我感悟。所有教育现场中的"不知道"，都是我们最需要去学习和研究的领域。每一位教师的发展和成长过程、路径都是独一无二的，它是一个生命体持续不断追求进步的过程，需要来自教师自觉地发展自身。

教师要向学生学习，读懂学生才能理解学生，继而才能真正做到引导和教育；教师要用整个心灵去感受学生，才有可能真正走进他们的心灵。

教师要成为"学习伙伴"，与学生共同学习。作为教学的组织者、合作者、引导者，需要提供精选的学习素材，采取适切的学习方法，以实现高质量的学习；应注重倾听，并引导学生互相倾听，以真诚的师生交往营造良好的师生关系，以形成真正的学习共同体。教师要以一个真正的学习者的姿态出现在学生面前，没有所谓的示范，也就不存在通常意义上的指导，也就无法在共同学习中真正实现教育的目的。

课程内容情境化之浅释

核心素养是个体和复杂现实情境持续互动中逐渐形成的。学校教育的功能就在于选择或创设合理情境，通过适当活动以促进学习的发生。它要求教师能创设符合学生经验、彼此连接的真实任务情境，让学生形成问题，展开体验、合作或建构式学习。

为迁移而教，是课程教学的核心目标。对知识情境性地把握，是从知识的灵活迁移和实际运用表现出来的知识特性。

建构主义学习理论认为，情境、协作、会话、意义建构是学习环境中的四大要素。可见，在建构主义课程的设计与开发过程中，非常重视情境的设计，其任务是把"非情境"的学习内容变得"有情境"，这一过程就是课程情境化设计。

课程情境化设计，是指在教学过程中，教师有目的地引入或创设具有一定情绪色彩的、形象化的生动场景（实体的或虚拟的），引起学生一定的情感体验，更好地理解学习内容，以促进学习迁移。

所以，论及情境化设计，一般认为其在课程教学中的必要性有三点：有利于激发学生兴趣，使学生乐学、爱学；能引起学生的情感共鸣，使学生能主动经历学习过程；能加强知识与生活的联系，增强课程学习的实践性。从课堂教学的客观效果看，这种说法无疑是正确的。但如果仅仅如此理解课程情境化设计的价值和意义，又显得肤浅。

事实上，学生学习知识的过程本身是一个建构的过程，无论是对知识的理解，还是知识的运用，都离不开知识产生的环境和适用范围。也就是说，学习中的建构过程总是与知识赖以产生意义的背景及环境关联在一起的，即知识与学习总是具有情境性的。

在以应试为目标的教学中，学科教学走入一种定式：过分依赖学科纯形式化的逻辑结构和概念命题系统，知识的逻辑过程完全等同于课堂教学过程，学生所学的知识与现实分离开来，甚至省去了一些必要的过程，仅就解题的技巧进行强化训练，学生不知道知识从哪里来，又能到哪里去，严重阻碍了学生学科素养的提高。

学生对知识的理解、掌握、运用等学习活动或学习行为要有情境支撑。教学在情境中展开，学生是情境化学习。所以，教师要对课程内容进行二次开发，联系生活，适当增删、拓展、重组、改造，将课程情境化，为学生习得和运用相关知识呈现情境化课程资源：以知识灵活迁移、实际运用为目标，以包含有实际问题的情境为载体，以教师作为课程的创生者。

课程情境化设计，诸如故事法、案例法、角色扮演、分角色朗读、辩论、做实验、演示、表演、探究的、历史的、经验的、叙事的以及基于技术支持的微观、宏观、宇观的情境创设（如 VR、AR）等，应该坚持学生立场，以学生发展为中心，立足于学生的学。也许，我们要从电子游戏中学习一些东西。

课程：从"正确地做事"到"做正确的事"

雅斯贝尔斯说："教育是指向人的，而人绝不明白他是什么。没有一个人知道自己是什么和自己能干什么，他必须去尝试。教育只能根据人的天分和可能性来促使人的发展，教育不能改变人生而具有的本质。但是，没有一个人能认识到自己天分中沉睡的可能性，因此，需要教育来唤醒人所未能意识到的一切。每一种教育的作用也并非事先所预料的，教育总是具有无人事先能想到的作用。"怀特海认为，学生是有血有肉的人，教育的目的是激发和引导他们的自我发展之路。他们都认为，每一个人都有自己的天性和潜能，教育的关键作用就是引导学生发现和认识自己的潜能，从而使自己得到适合自己的发展。从两位大师这里，我找到了"教育就是唤醒"这句口号的完整出处。

学生都是千差万别的，如何发现他们身上"沉睡的可能性"？这需要相关外部条件的激发，课程堪当其任。

人是生活的人，人的生活是人的生命的展开过程。在生活中，人的生命真实、具体、鲜活地存在与发展。学习是学生的主要生活。所以，课程就是在学校指导下，学生所经历的全部经验。

每一所学校，学生所获得的知识都是不一样的。课程不仅要解决学生学什么的问题，还要解决怎么学的问题。我们的知识教育是很扎实的，但被动接受知识造成疏于思考的习惯，创新能力、实践能力、持续学习的兴趣和愿望不足；强调分科教学，学习线性展开，传递的信息脱离具体的情境却要求学生有能力将这些信息转化并运用到实际生活情境中去，是不现实的；过于注重学术性课程的学习，忽视了学生经验、体魄、人格、意志的培养。

国家三级课程管理制度的建立为学校创生课程提供了空间，要实现从"正确地做事"转到"做正确的事"，创造性地规划、设计学校的课程体系，既是机会，也是前所未有的挑战。课程愿景、课程方案、课程组织制度，这一切的出发点和归宿都是"为了每一个学生的发展"。

我们的培养目标就是造就有文化教养、有实用价值的公民，使学生学以致用，为未来的职业和生活做准备，最终实现个人成功。学生在学校教育中获得的内容，正是他们未来面对这个世界，迎接未知挑战所需要的东西。所以，要为学生构建一种自由、多元、整体性的学习经历。

学校课程至少应给学生三样东西：道德，做人的根基和方向；情意，人生活的动力源；能力，做人做事的支柱。

课程也应让学生生动成长。和谐成长，获得全人类的教育、知行合一的教育；个性成长，是发掘潜能的教育，是扬长教育；可持续成长，教会学生适应性学习，即运用自己所掌握的知识和技能，根据学习经验将它们加以整合并建立新的连接，学会迁移，适应新环境，正如大脑的运转不在于脑神经元的数量，而取决于这些神经元之间相互连接的程度，教育的长期价值不仅在于它所积累的知识和能力，更在于它如何整合这些知识和能力，在它们之间建立新的连接。

语文阅读教学摭谈

阅读教学中的"阅读"具有特殊性，一是学生是相对不成熟的读者，需要通过"学"逐步提高为较为成熟的读者；二是因此需要教师的教。所以，阅读的真正效果是学生的各抒己见，哪怕是错误的，此时的错误正是帮助学生正确理解的时机。

因之，阅读教学要以阅读文本为本位，以学会阅读为本位，以学生阅读为本位，以语文活动为本位，以语文方法为本位。

抽掉人文精神，只在语言文字形式上兜圈子，语言文字会因失去了灵魂而最终走进文字游戏的死胡同；同样，脱离语言文字的应用，架空文本奢谈人文性，就走入了另一个误区。那么，就要从一个标点、一个词语、一个句子开始，关注阅读文本的言语，认真聆听它的声音、辨别它的色彩、掂量它的轻重、触摸它的体温等，把文字摆在文章所营造的语境之中，反复审视、咀嚼、玩味道、涵咏，从这里出发，不断形成或更新自己的言语积累，培养自己的敏锐语感，走上正确的阅读之路。

在中学阶段，还是应该强调"还原性阅读"，即努力探究作者的本意。所谓个性化阅读，不是阅读结论的个性化，也不是阅读方法或过程的个性化，而是阅读教学智育结果的个性化。对教师而言，就是考虑和适应学生的个体阅读差异，并以此为起点组织有效的阅读教学。教师必须努力把交往、对话、合作等因素引入教学中，通过师生、生生之间的交往、对话和合作式学习，最大限度地满足每一个学生的阅读需要，帮助每一个学生达到阅读教学目标，促进每一个学生在原有基础上的发展。

当然，阅读教学的前提是教师对文本的感知、理解、对话和创造的过程。教师要管窥文本背后的文化背景，挖掘文本背后的教育价值，揣摩文本背后的言语智慧。在充分理解文本的前提下，还要丰盈文本的资源意义，正确解读教材在促进学生发展中应起的作用，充分挖掘文本作为例子时所蕴含的知识、情感的隐性资源，并充分利用这些资源，让它成为学生能力提高的一个具体凭借。

让我们的教学更有品质

在新课程下，课堂要关注学生的生活世界，关注学生的生命价值，关注学生的生存方式，关注学生的心理世界，关注学生的生活状态。教学，就要追求品质，其要义：一是原点性，为学生成长与发展服务；二是发展性，聚焦人的核心素养的提升。

首先，提升教学的生活品质。人本意识和生命意识，要求教学尊重学生的主体地位，重视学生的生存状态，提升学生个体的生命价值。

人之所以为人很重要的一个原因就在于人能过上精神生活。教育的本质是什么？雅斯贝尔斯认为，教育是人与人之间精神的承领，是对生命内涵的领悟，教育是属于人之为人的活动。本真的教育要求关照人的精神生活，进而提升人的生命价值，除了授人以生存的手段与技能，使人把握物质世界外，它还要引导人获得生存的意义与价值，使人建构自己的意义世界。

对学生而言，课堂教学是其学校生活的最基本构成，是学生人生中一段重要的生命经历，它的质量直接影响着学生当下以及今后的多方面发展和成长。因此，课堂教学要提升学生个体现有的生命质量。正如陶行知先生提出的"生活即教育"，他主张"关于生活"、"依据生活"、"为了生活"的教育，要求通过教育来提高落后的生活和不合理的生活，克服无序的生活，个体在接受教育的过程中的生活是"天天加增的，是高尚的生活、完全的生活、精神上的生活、永久继续的生活"。

教学是当下的生活，从生命意义上来把握教学，就要将教学视为学生的生活过程和生命形式，从而使课堂教学凸显人的地位，展现人的生命价值。

教师几十年的课堂教学生涯也是其精神生命的主体，道德的教学一定是让教师在课堂上持续生长、发展并实现其人生价值。

归还教学的内在价值，追寻对教师和学生有意义的教学，就是每一个教师和学生在课堂上享受尊严与幸福。

其次，提升教学的创造品质。有品质的教学一定是创造着的教学，让教学变成研究。教师的研究不是指向新理论的生成或新规律的发现，而是立足解决自己面临的实际问题。教师在教学中注意发现问题，确认问题的存在，然后制订研究计划，实施一系列研究活动，在这个过程中，教学实践活动渗入研究活动成分，通过研究来提升自己的教学质量和水平。

再次，提升教学的关系品质。生活世界不仅是"人的自我生成之域"，也是一个"关系世界"。关系世界是一个以"我—你"关系为基础的两个或两个以上主体之间的关系，即"交互主体性"或"主体间"关系。课堂教学是生活世界的一部分，是教师和学生生活于其中的预设的背景，要求把教师和学生看成是存在于生活世界中的不同主体，把课堂教学看成是师生之间的交往行为，师生之间是主体间的关系，是平等、民主、对话的关系，教学活动是师生为实现教学任务和目的，围绕教学内容，共同参与，通过对话、沟通和合作活动产生相互影响的过程。最能体现这种教学关系的是对话。对话不仅是一种教学平等、教学民主的追求，也是一种教学认识方式。

学生不是空洞地进入课堂对话情境的，他们总是以已有的知识经验（已有学力）为生长点，在具体的教学情境中，不断滋生出新的知识和经验（教育下的增长）。此时，需要教师通过启发学生提出问题，并通过设计多样化的学习情境，共同确立一定数量的有价值、有意义的问题，创设平等自由、互相合作的学习氛围，引导学生通过持续的概括、分析、推论、假设等思维活动，主动构建知识的意义。提问应该是师生、生生交流的过程，应是教师引导学生进行知识的回忆与建构并与学生共同完成对知识的探索的过程，问题解决也就意味着意义的建构。

教师也正是在学生的质疑、与学生的讨论、向学生学习的过程中不断获得发展的。

让学科思想观照教师的教和学生的学

学科，主要由基础知识与基本概念体系、学科思维方式与行为方式、学科情感态度价值观等要素构成。学科思想是在学科实践过程中所产生的对教师的教与学生的学具有观照价值的核心思想观念，它体现了学科的精神实质，内隐于学科知识体系之内，统摄着学科方法，凸显着学科价值，流动于教师的教和学生的学的过程中，观照着深度教学的达成。

学科思想无形地隐匿于学科知识中。学科知识可以从符号表征、逻辑形式、意义三个维度分析。学科知识通常以特定的符号表征形式呈现，这种知识是零散的事实，具有高度概括性和抽象性；学科知识背后隐含的逻辑形式和意义表示知识获取的过程、方式以及知识所蕴含的使人求真、求善、求美的力量，它们体现了知识发展的脉络和知识负载的情感态度价值观。教师对学科思想的把握会在不同程度上形塑他们的知识观、学习观、教学资源观和学生观，进而影响他们对学科知识理解的深度、广度，对教材、师生关系的处理和他们自身在课堂中的具体行为。

比如，在语文课程实施中，要理解并贯彻这样的学科思想：语文课程是一门学习语言文字运用的综合性、实践性课程，要指导学生在语文活动中进行语文学习；语文课程目标应在语文课程内达成，将课外资源纳入课程；语文课程目标有内容目标、活动目标、能力目标三种类型，语文课程以能力目标为主；语文课程内容是相对于语文课程目标而言的，学生达成语文课程目标的学习内容，即语文课程内容，主要是定篇（构成学生语文素养的经典名篇）、语文知识（构成学生语文能力的关键知识）、语文经历（中小学阶段需经历的语文实践活动）三个方面；语文课程内容、语文教材内容和语文教学内容三者既有区别又紧密联系。语文课程目标是较长时段（一个学段或几个学段）才能达成的目标，语文教学目标联系具体学习材料，通常是在一个课时内达到的目标，课程目标为教学目标指引方向，但不能以课程目标替代教学目标，教学目标指向课文的教学点、写作和口语交际的学习元素，学生一课一课地达到教学目标，不断积累语文学习经验，逐步达成学段的语文课程目标。学生的语文知识是实践的、语感状态的，语文教师的语文知识是系统的、理性状态的，语文教师要凭借系统、理性的语文知识通过教学活动形成学生良好的（有文化的）语感。语文基础知识包括语言文字、文章、文学和阅读、写作心理学等知识，语文学习领域知识包括识字与写字、阅读、写作、口语交际等语文活动的知识，语文教学主要是语文学习领域的知识，因需（依"教学点"）而教学语文基础知识。

在评价一堂课上得好不好之前，先要讨论这堂课上得对不对：教师知道自己在教什么，对所教内容有自觉意识，所教的是"语文"的内容；教学内容与听、说、读、写的常态一致，与学术界认识一致；想教的内容与实际在教的内容一致，教的内容与学的内容趋向一致；教学内容与语文课程目标一致，教学内容切合学生的实际需要。

所以，语文课程实施中要以语文课程标准为指引，具体联系语文教科书和学生这两个方面，落实好"备课备两头"。如阅读教学中，抓住课文关键处，分析学生阅读时的疑难点，在两者的关联中确定教学目标和教学内容；写作教学中，具体分析写作任务的能力要素，估量学生完成写作任务的困难所在，在两者的关联中确定写作教学的目标、内容和重难点。

教的活动是教师的行为，学的活动是学生的行为，教的活动与学的活动要发生有教学价值的关联，教师的教是为了帮助学生的学，要以"学的活动"为基点：学生需要学什么，学生怎么学才能学得好些。教学设计主要是设计学的活动，即学生在课堂上做什么。教学的有效性指向学生的学习成效。

语文课成功与否，不仅看教师如何教、学生如何学，更要看教学的成效：是否解决了学生的问题和困难，学生在语文学习的某一点上是否学有所得，多数学生是否超越了他们原有的水平。不能离开教学目标和内容追求学习方式和方法，要根据具体的教学目标和内容，着眼于学生能学、易学，选择适当的学习方式和方法，并在教学过程中，根据学生的学习状态和学习进程，做相应的调整或调节。

　　工具性与人文性的统一，是语文课程的基本特点。语文教师的责任是教学生能读明白课文，是课文（作者、作品）在教育学生——学生真切地理解和感受课文，受课文（作者、作品）思想情感的教育。思想教育的价值是经过严格审定的语文教科书选文自身所具有的价值，获得与课文相符合的理解和感受，也就获得了思想教育。教师施行的教育重点是在学习过程中积极、丰富的学习体验——教师与学生分享自己的阅读感受或发表对课文思想内容的评价，无须对课文额外延伸或拔高。

耦合到教学深处

生活中，我们常常看见一个热情健谈的人和一个气质忧郁的人成了好朋友，两个差别很大的人之间似乎相互深深吸引。心理学的解释是，每个人都有显性和隐性人格，也叫"影子人格"。除了外在表现出来、大家都能看见的显性人格之外，还有一个恰恰相反、藏在内心的隐性人格。一个看似活跃的人可能隐藏着抑郁的一面，一个平时温顺的人也有暴躁的一面。"心有猛虎，细嗅蔷薇"，人性中都包含着阳刚和阴柔的两面。一个人强调和表现理性、内向、安静的时候，可能无意识地把自己感性、外向、活跃的部分人格，压抑到潜意识里，变成隐藏的影子人格。当我们遇见一个和自己的影子人格相同的人，心里就会有一种亲近、喜欢的感觉，因为他正好表现出了自己缺少的、被潜意识压抑的那一部分。

这种人际吸引，其实是人际互动效应，也即人际耦合效应。"投之以桃，报之以李"，耦合抑或互动，就是个体之间存在的相互作用、相互影响的关系。群体中个体之间相互作用而彼此影响从而联合起来产生增力的现象，就是耦合或互动效应。互动是构成社会的基础，社会结构最终是由个人的行为和互动所构成和保持的。在一个群体中，个体之间的耦合越紧密，互动作用就越大。学习的本质也是一种互动，包括人际互动、社会互动，也包括自我互动即内部的我与自己对话。人际耦合或互动的反应是情感因素左右的，赋予积极的得到的也是积极的反应，"近朱者赤，近墨者黑"是也。

在整个学校组织中，存在着互为异质的两大群体，即教师和学生。教师是文化的传递者、社会代表者，学生是文化学习者、社会未成熟者，这两个群体之间的顺利互动，才能达致共同的目标——学生全面而有个性地发展。

随着课程改革的演变，课程作为学生的经验，更突出了教学活动过程本身的价值，这必然要求把课程作为教师、学生、教材、环境交互作用的动态情境，课程由此变为一种动态的、生长的"生态系统"。课程实施中，教学是师生的交往，是师生的对话，是师生的互动，是师生的合作，是师生的理解。对话与合作已然成为一种精神，一种教育理念，一种对人的素养的要求。

尽管学校的章程、制度已就教师和学生的权利与义务、考核与评价、奖励与惩罚做出了明文规定，但师生之间、生生之间对彼此却还有隐性的期望，以获得友情、安全感、归属感、尊重、自我实现等价值目标。耦合或互动就是个体之间情感共同体验的过程。所以在教学中，师生、生生之间应形成学习、交往、价值共同体，彼此了解，互助互动，实现情感交融、信任建立、期望匹配，洋溢着成就感、赞赏、上进心、责任心等激励氛围，自我认同和自我效能感得到强化，有高凝聚力，达到人际关系最佳耦合。正如彼德·圣吉在《第五项修炼》中所说，当团体真正学习的时候，不仅团体整体产生出色的结果，个别成员成长的速度也比其他的学习方式要快。

美国迈阿密大学黄全愈教授提出过"三脚架理论"："三脚"是学校教育、家庭教育、社会教育，再由这"三脚"支撑起一个中心——自我教育，三个支撑点的教育应围绕自我教育来设计开展。大而言之，学校、家庭、社会也需要耦合，而不是缺位、背离。

让古典诗文浸润心灵

　　新修订的高中语文课程标准，把古诗文背诵推荐篇目增加至 72 篇，引发人们对加重学业负担、加大高考难度的担忧。这其实是一种误读。

　　学生语文素养的来历，一是理解和感受课文所传递的思想情感（优秀作品的理解和感受，素养积淀）；二是学习如何阅读所形成的语文知识（阅读方法的掌握、阅读能力的提高）；三是学习过程中语文学习经历的体验（对语文和语文学习的情感态度价值观）。语文课程落实立德树人根本任务，主要的就是课文传递的教育——学生真切地理解和感受课文，受课文（作者、作品）思想情感的教育。思想情感教育的价值是经过严格审定的语文教科书选文所具有的价值，学生获得与课文相符合的理解和感受，也就获得了思想感情教育。古典诗文是构成文学文化素养的经典名篇，按定篇教学，其教学价值是：理会古人情怀，赏析古文章法，感受文言美感，了解汉字本义。

　　为什么要学古典？人生活在现在，但也生活在未来，还生活在过去。现在和未来也会成为更远现在和未来的过去。所以，人性的一个基本特点便是怀念。中国人有尊重传统的美德，也正是人性的美德。学校教育应以对古典的弘扬来捍卫我们民族的伟大文化。我们越是怀念，中华文化之根越是牢靠，并让我们今天得以吸收自己民族文化无比丰富的养分。

　　什么是我们民族的灵魂？一个民族的文化才是一个民族的灵魂；中华文化是中华民族的灵魂，这才是中华不灭的灵魂；中华文化是世界上最优秀、最有持久生命力的文化之一，因而，中华民族有着自己高尚的灵魂。人创造了文化，也可以说，人以文化的方式存在；人构造文化，也就可以说，人通过文化而构造了自己。中华文化是中华儿女生存的根据。

几千年的文明之中留在今日的文化，常常是经过了岁月的洗礼，是留存于今日的精华。这些精华既经历了文人墨客的无数解读，又与生生不息的平民百姓生活融在一起，度过千年风霜而形成永恒的经典，其强大生命力既扎根于中华大地，又以其永久的光芒照耀我们。因而，我们习读古典，就是在习读一种永恒。

还有，今天的人与两三千年前的人相比较，谁可能更像人？物质再丰富，科技再发达，我们依然要从孔子、老子那里寻找智慧，从古典诗文里寻找心灵的慰藉、精神的归宿。教育就是教人做人的，积极方面说，教育是让人变得更理智、更高尚，消极的方面说，教育正是防止人变得不像人。当我们能够无比珍惜中华经典乃至容纳西方经典时，我们就找到了做人的根基。

从语文教学来说，阅读是为丰富和扩展人生经验，是读者自愿、自主地与文本对话，阅读之后，对话仍在继续。叶嘉莹先生说："中国古人作诗，是带着身世经历、生活体验，融入自己的理想和意志而写的。"对学生而言，学习古典诗文，可以对话古人，可以帮助他们去了解历史、体验人生、浸润身心、提升修为，把传统文化融入现代生活中来。

古典诗文的教学原则是以古对古，注重诵读，强化体式，落在理会。所以，古典诗文正确的打开方式是浸润式的涵咏，背诵不是目的，背诵只是手段，熟读、理解、品味、赏鉴之后自然成诵。古典诗文美在章法、美在技法、美在语言、美在情韵，这些"有意味的形式"蕴涵着丰厚深刻的人文内涵和情感思想。叶圣陶先生提倡"美读"，古典诗文非诵读难尽其味。

虔诚地吟诵先人的经典，感受他们的心魂、思想、情智，让平平仄仄的韵律从学生的口中吐出来，点点滴滴的情韵浸润他们的心灵。接千古之思，领万类之情，让浮躁的心灵找到一方栖息的情感世界。

语文 "学习任务群" 试解

《普通高中语文课程标准（2017 年版）》课程内容分为 18 个 "学习任务群"。它们涵盖了高中学生语文学习、日常生活、未来工作以及文学活动所需的各种言语实践活动类型；涉及的言语实践话题和情境、语言学习素材与运用范例、语体与文体等，覆盖了口头和书面文本、古今 "实用类" "文学类" "论述类" 等基本语篇类型。所以，18 个 "学习任务群" 是《普通高中课程方案（2017 年版）》 "一个中心"（促进学生全面而有个性的发展）、"三个适应"（适应社会生活、适应高等教育、适应职业发展）、"一个基础"（为学生的终身发展奠定基础）的普通高中教育的任务在语文学科的具体体现。

语言能力是在社会情境中，以听、说、读、写等方式理解和表达意义的能力，以及在学习和使用语言的过程中形成的语言意识和语感。"任务" 是学生在语文学习过程中为达成课程目标在多样的语言运用情境中开展的言语实践活动。每个任务就是一个学习项目，同一主题、互相联结的多个学习项目有机融合在一起就构成了任务群。因此，基于任务群的学习实际上是一种以与学生语文核心素养的生成、发展、提升相关的人文主题为统领，以项目学习为基础，整合学习情境、学习内容、学习方法、学习资源，以自主、合作、探究的学习为主要方式的言语实践活动。

"任务群" 包含知识问题的任务、知识技能的任务、知识应用的任务，改变了惯常的教学结构的线性和平板，以及教学思维的点状化、割裂化，去除了 "了解病" ——大量了解有关知识，而不是直接学习如何去做，化解了 "要素症" ——周而复始地专注于学习要素，却很少学习和实践有关整体的东西，建立立体式全息视域下的思维，让学生在具有挑战性的游泳任务中学会游泳，切合了语文学科综合性、实践性的课程性质，即引导学生在真实的语言运用情境中，通过自主的语言实践活动，积累言语经验，把握祖国语言文字的特点和运用规律，加深对祖国语言文字的理解与热爱，培养运用祖国语言文字的能力，同时，发展思辨能力，提升思维品质，培育正确价值观念，培养高尚审美情趣，积累丰厚文化底蕴，理解文化多样性。

在"学习任务群"教学中，任务既是教学的起点，通过情境、目标、活动等引导学生的学习行为，又是教学的终点，通过过程、结果、评价等检验学生的学习目标达成情况。它有三个显著特征：突出学生的主体地位和作用，突出学生的经历和经验，突出学生的言语实践和能力。这是对语文课程能力目标为主的践行。

综上所述，"学习任务群"下的语文学习，是由教师组织、引导，并创设特定学习情境，学生在指向性任务驱动下，利用必要的学习资料，运用有效工具和方法，学生通过阅读与鉴赏、表达与交流、梳理与探究的自主、合作学习，进行意义建构的过程。

说说 "课程理解"

　　任何课程改革方案，都具有理念的创新性、概念的抽象性、逻辑的复杂性等特征，因而在课程实施中，就需要教师能有效解读课程改革方案，要求教师按照课程改革方案实现对课程各个要素的理解，这种理解主要依赖于教师现有的知识、对课程的态度以及实现对课程各方面解读的能力。

　　教师的课程理解，从教师的发展阶段看，主要表现为教师对课程本身的关注点的变化，即"我对课程的理解"到"我在课程中的理解"。

　　教师的课程理解意味着教师以课程主体身份对既有课程教学经验以及外部教育改革理论和政策要求予以理性审视，进而根据教学实际做出符合学生发展的教学改进。这需要课程主体的自我觉醒，主动体察自己作为主体参与课改的需要、潜能，体认自己作为专业人员的身份获得，践行从"我怎样教"的技术层面走向"为什么这样教""什么是适合我的更好的教学"的价值追问。

　　现实中，教师的课程理解并非尽如人意。许多教师认为，课程开发是课程专家的事，他们更愿意忠实执行课程方案；大多数教师认可学科课程标准具有科学性与合理性，但对课程标准没有进行深入研究与分析，所以难以对课程标准形成自己的认识，也就在课程实践中很难有对课程的自我理解；大多数教师认可教科书，对教科书进行了深入研究，但只关注教科书内容，并把它作为主要的教学材料而不是材料之一；大多数教师把行为目标作为关注的焦点和教学的最终目标，但忽视表现性目标和展开性目标；大多数教师把课程内容当作教学内容，并在教学中只是以教科书以及教参中的内容作为唯一的教学内容；大多数教师认可无论评价主体、评价标准还是评价结果使用都应当是多元的，但现实中考试第一；大多数教师认为课程标准、教科书难以改变，教学就只能按部就班，没有"二次开发"的意识和能力。

很多教师仍习惯于从教学技术与方法的角度去思考如何能更高效地进行教学操作。可教学问题既是一个技术层面的操作问题，更是一个价值层面的选择问题。所以需要基于教学情境的反思批判与创造生成的积极行动。

教师要能以课程主体身份对习以为常的课程教学实践和教学行为自觉地进行批判反思，走出教材忠实执行者角色的桎梏。教师要在对日常教学行为的批判反思中，逐渐养成根据具体的教学情境和学生的身心特点等教学实际处境进行教学，因时因事地对自己的教学进行具体的调整等习惯。

教师要以课程主体身份对外在变革要求进行批判认识，结合自身具体的课程教学实践进行改造创新。改革理念往往具有普适性，教师教学实际则具有具体针对性，从理念要求到教师教学实践有一定落差，要有适当时间、空间准备。也要走出"方法崇拜"的心理，对诸如自主、合作、探究等，需要重新发明创造，使之适应自己所面对的独特教学情境。

教师不能只沉浸在自己的世界中，要借助聆听"他者"的声音来完善自己的课程理解。专家、同行、学生都是教师重要的"他者"。专家的理论，是教师课程理解向教学行为转化的重要营养来源，以避免自己陷入唯经验主义的教学惯习。教师的教学工作既具有个体性，又有集体性，教师同行的学习、教学、研究共同体，相互合作、支持、分享、促进。学生是教师最好的"检验师"，教师根据学生的反应，进行教学行为修正。"他者"，从陌生人视角反观自己的课程教学生活，使自己对课程教学的看法产生新拓展，使自己的理解更理性。

课程本质涉及的内容有：人的因素，学习者和教育者；教育环境，即一切进入教育过程的因素的总和；教育结果，指向学生全面而有个性的发展。课程的重心在于实际发生的过程，中心在于学习者，是学习者与教育情境相互作用的动态过程。课程是教育过程本身，所有实际发生的课程都是具体的。所以，教师的课程理解首先关乎"做正确的事"，其次才是"正确地做事"。

课程内容结构化之浅见

　　《普通高中课程方案（2017 年版）》及各学科课程标准正式发布，亮点纷呈，可圈可点。仅就课程内容而言，重视以学科大概念为核心，使课程内容结构化，并以活动主题为引领，使课程内容情境化。如生物学必修课程提出四个大概念，其中之一是"细胞是生物体结构与生命活动的基本单位"，围绕这个大概念的学习，又提出了四个教学活动，通过活动促进学生对概念的理解和掌握。

　　现就课程内容结构化略陈浅见。

　　课程的核心是内容。内容在教学中占据重要地位，教学目标的确定离不开内容，教学方法的选择更要依托内容。课程内容结构化即课程内容建立起结构性联系，在新旧知识之间、新知识各构成部分之间、新知识与学生生活世界之间等相互联系，形成对知识的整体性认知。

　　课程内容结构化的理由在于：一是结构化的知识是能力形成的基础。知识是能力的基础，能力是知识的表现形态，二者是内容与形式的关系。但不是所有知识都能助升能力，也不是知识越丰富能力就越强，结构化的知识才能对能力的形成起促进作用，因为它有较严密的逻辑性和较丰富的关联度，能较好为知识灵活运用服务。二是结构化的知识强化了知识的整体性。任何知识都不是孤立、片面存在的。当学生认识到知识与知识的联系、共通性、互补性，既可使学生形成整体性、系统性知识，也可使学生把知识融会贯通，真正纳入自己的知识框架，与原有的知识经验结合为一体。

　　落实到教学上，就要引领学生在自主学习的基础上提炼升华，在合作学习的基础上分享研讨，在探究学习的基础上概括总结，促使学生对知识整体把握、整体认知。基本策略在于高结构设计，低结构实施。

有人说教育是农业而不是工业，意味着教育就像农业生产需要一个缓慢发展的过程，需要一个较长的周期；还意味着对学生要差别化对待，不是齐步走。从这个意义上说，教育教学过程本身不能是高结构。但教学是由教师组织的有目的、有计划的学习活动，是一种指向性很强的学习活动。所以，教学需要高结构设计，即教师依据课程标准和"学习任务群"（就语文而言）对课堂教学目标有清晰定位与把握，对课堂内容呈现的时序和组织形态有完整考虑，对课堂上学生可能出现的各种生成性问题有充分的准备，教师既要关注学生的认知规律，也要注重学科知识的有序性和内在逻辑联系。

具体的教学实施则要求教师尽可能采取低结构的、开放式的教学，体现在对民主课堂氛围的营造，充满支持性和启发性的课堂教学环境的建构，教学过程中对学生主体的尊重，对生成性问题的灵活把握，等等。

课程内容的结构化，就是改变知识学习的"碎片化"现状，形成一条有内在联系、螺旋式上升的学习链条，使知识呈现出整体的、网状的结构。

课堂管理：先从课堂环境设计做起

即使是一个优秀的老师，也不可能使学习有趣。学校教育是有限制的——出勤是强制性的，课程是必修的，班级设置没有个性化而言，考试也让人悬着一颗心。更合理的目标是激发学生的学习动机，这样学生就会发现学习活动有意义，进而参与其中。

学生把问题带到学校来是不可避免的。有些学生的问题很严重，也许老师根本帮不上什么忙。但这并不意味着老师可以放弃。你或许不能改变学生与家人的关系，但是你可以建立积极的师生关系；你或许无法让学生控制不稳定的家庭生活，但是可以给他们机会，让他们在学校中控制自己的时间；你或许不能改变学生的生活，但是可以使他们在学校的生活尽量有意义。

当学生有问题的时候，创建安全、有序、有爱心的课堂环境就更加重要。因为，管理和教学是互补的，而良好的课堂管理是良好教学的前提。

基于这种思考，我校这两年突出了教室环境设计——班级文化环境创设，学生身心受益，也启发了我的教育思考。

教室不仅仅是教学的地方。首先，教室要保障安全，并增强心理安全感。这是所有人造环境最基本的功能。教室应该像家一样，为学生提供避开恶劣天气、噪声、炙热和酷寒以及有害气体的保护。在诸如化学实验等课程教学上，身体的安全尤为重要。教室还应是一个舒服的好去处——提供心理安全，所以要把柔和的因素融入教室环境，暖色调、明快风格以及多样的质地也能帮助创造安全与舒适。也要合理安排教室空间，比如，通过让学生选择座位来提高心理安全感，很多学生希望坐在朋友附近，但有的学生却喜欢坐在屋角、靠近窗户或坐在前排。

其次，教室要满足社交功能，促进师生之间、学生之间的交流。比如，安排课桌，必须仔细考虑你需要学生之间有多少互动。聚集在一起的课桌可以增加社交活动，因为个体之间距离很近，可以进行眼神交流，可以共同参加活动、进行小组交流等。如果想强调合作学习，这种安排是合适的。马蹄形、圆圈形，与不同的学习任务各得其宜。成排的课桌，减少了同学之间的互动，使他们更容易聚精会神于自己的功课。行列也把学生的注意力引导到老师身上，适合以教师为中心的教学活动，但只是中前座位的学生与老师互动多。所以，老师要尽可能环绕教室走动，和坐得远一些的同学进行眼神交流，和坐在后面和边上的同学交流，定期调换座位等。

再次，教室要让学生和老师心情愉悦，因为美观、令人愉悦的环境可以影响人的行为，诱人的环境对学生的集体凝聚力、学习参与都能产生积极影响。

教室还应是促进学生成长的地方，应该吸引学生去观察、思考、分析与发现。理想的教室最好是学科教室，比如，在语文教室里，满是小说、文学选集、报刊以及各种参考资料等。

最后，教室要能展示班集体的个性。班名、班徽、班训、班歌、班规班约、班级愿景等，让教室从自然环境升华到道德境界、审美境界。

初三（1）班——
破云班的学生乘坐大海中的孤舟，扬帆起航，冲破迷雾，向着理想的彼岸前进！前进！

也谈"任务情境(驱动)型"作文

高考作文改革体现了立德树人的鲜明价值取向。以 2017 年全国 I 卷、II 卷作文题为例,作为典型的"任务情境(驱动)型"作文,创设生动的情境,是学生语文核心素养和母语表达力的重要载体,一方面为写作提供了背景,一方面也是写作得以发生的资源条件和生活场景。I 卷的 12 个"中国关键词"、II 卷的 6 句经典诗文,试图使之产生促发表达意愿、激起思考冲动、暗含审美可能、潜藏文化张力、通达学生个性化母语表达的功用。材料情境的创设,从往年的"生活哲思",进一步扩展到当代中国、国家改革、文化传承等方面,它旨在引导学生思考和体会其中所蕴含的复杂而丰富的思想和情感内容,并将自身思考和感悟孕育成为心理语言,最后将心理语言外显为优质的母语表达,以此引领学生从自在的个体成长为自觉的主体,成为有思想、有能力、有积极态度和正确价值观的现代中国人。

任务情境(驱动)型作文,一般要求具体问题具体分析,要有对象意识和读者意识,就事论理或融理于事,不能架空所给材料和离开事件过度泛化说理,要综合材料的内容及含义进行阐述,要抓取整个事件,抓取核心事件,抓取、分析、细致理解中心事实、核心人物,对充满材料内部的争议性、多解性,学生要参与其中,表明观点,条分缕析,入情入理。这预示了一种趋势,即构建真实的写作交际环境,在出于交流需要而发生的写作行为中提升学生的表达力。I 卷明确强调学生的阅读对象是"外国青年",写作目的是帮助其"读懂中国",这为提升学生的母语表达力提供了更加意味深长的解读空间。只有源自学生的真实的写作需要、交际情境、写作意图,才可能源源不断地产生蕴涵真实、富有真情的母语表达，方能扭转既往虚情假意、千篇一律、大而无当、空洞无物的母语抒写。

任务情境（驱动）型作文，还要求针对、评析所给事件，体现内容的指向性；要求学生有积极健康的心态，表达正能量，体现情感的导向性；要求学生具有分析事件的思辨能力，体现论说的思辨性；要提出解决现实问题的想法或方案，体现策略的操作性。无论Ⅰ卷还是Ⅱ卷，都召唤着学生基于自身既有经验基础上的主动理解和解释，最终形成个性化的国家社会图景和文化视界。指向性的任务，引发情境（个人、家庭、社群、国家、全球）、情感、情绪（自豪、疑虑、不解、纠结）以及价值观、思考过程、思维方式（质疑、分析、综合、批判、创造）等。

壹是皆以修身为本

幸福既是一种教育理想，也是一种教育实践，通过对个体内心幸福体验的唤起，来克服知识教育中个体物化的、无意义的存在状态，恢复生命的完整性和超越感，使个性变得丰富而舒展，使人格变得正直而强健，使学生成为既拥有美好前景，又跳动着健康脉搏的幸福生命体。

道德总是代表着主体的价值追求，关注着人的价值、地位、生命意义、理想选择等内容。它有三重意涵：能够使人与社会可持续发展；协调社会关系；直指影响人行为实践的精神意识。德育就是从道德的这三重意涵衍生而来的。

建设课堂好生态

最高人民法院日前发布未成年人权益司法保护和犯罪特点司法数据分析报告。报告显示，2009~2017年，我国未成年人犯罪数量连续9年持续下降，但农村地区未成年人犯罪发案率达到82.06%。

相较于成年人犯罪，未成年人犯罪有其特殊性。一般而言，成年人犯罪受社会和个人因素影响较大。但未成年人犯罪的直接影响因素是家庭和学校的规制能力，尤其家庭是关键因素。

该报告的另一组数据可能更值得关注，即2016年和2017年两年审结的未成年人犯罪案件中，来自流动家庭、离异家庭、留守家庭、单亲家庭和再婚家庭的未成年人排名前五。这说明，家庭的完整性对未成年人犯罪的规制能力至关重要。

当前广大中西部地区的农民家庭普遍以"半工半耕"形态存在，流动和留守家庭占相当大比重。很多父母之所以进城，直接动力是为给子女提供更好的教育环境。发展中的农民家庭承担着买房、教育、医疗、结婚、养老等多重功能，但在总体资源有限的情况下，一旦子女学习成绩不好，一些父母出于理性选择会调整家庭目标，将教育投入转移到攒钱买房、结婚等上面去。而父母的子女教育动力下降，未成年人所受规制就减少，出现越轨行为的可能性就增加了。

但在这里，我们不讨论家庭教育问题，而是探讨教师怎样帮助有严重不良行为的学生方面。

学生存在严重的问题时，建立一个安全、有序和人性化的课堂就显得更为重要了。我们可能无法改变学生与其家庭的关系，但是可以尽力建立起积极的师生关系；我们也许不能控制学生不稳定的、混乱的家庭生活，但是能给他们创造机会，让他们做决定并控制自己在校的时间；我们也许不能对充斥在他们生活周围的负面事实做些什么，但是能够建立起鼓励合作和有凝聚力的课堂环境。

在课堂里，一些学生处于危险之中——学习成绩差、心理和情绪混乱等。他们来上学时，他们的问题也随之而来。教师作为处于青少年文化中的成年人，需要对典型的青少年行为形成很好的概念。这就能够使我们觉察到学生的行为的反常和变化，这可能正是问题出现的标志。

我们经常以学生的个人品性来解释他的不好表现（例如，"他既无礼又刻薄，因为他来自离异家庭"）。这样的解释可能有一定的合理性，但是这无法帮助我们找到合适的改善方法。因为我们不能改变学生的家庭环境或者基本的性格。另外，如果我们采取生态系统的角度，就可以看到，有问题的行为在一定程度上只是人际交往的一种稳定的模式。换言之，整个教室构成了一个生态系统，在这里，每一个人的行为都会影响其他人，并受到其他人的影响。这意味着我们能够通过改变生态系统而影响那些有问题的行为。当你想要事情改变的时候，你必须要改变一些事情。

孩子不成器不是天生的，也不是永远的，那些孩子之所以有着这样或那样根深蒂固的毛病和问题，只是教师和家长和学生自己头脑中的既定认识，让他们放弃了对美好未来的追求。

苏霍姆林斯基说过，"我们极力去做到使孩子在集体中充满一种幸福、欢乐、和谐气氛"。于是苏霍姆林斯基总是给孩子们营造快乐的机会，"当学年快要结束时，我跟孩子们去远足旅行，到田野去，到森林里去，河岸上去……对我来说，跟孩子到南方的灿烂的星光下过夜，煮粥吃，讲述神话故事，确是一种幸福……"

学生的成长，有两点极其重要：亲身体验性和群体交往性。

有理、有利、有礼、有节的惩罚

关于惩罚教育，苏联教育家马卡连柯有过这样的著名论断：合理的惩罚制度不仅是合法的，而且也是必要的……适当的惩罚，不仅是一个教育者的权利，也是一个教育者的义务。

很多人也对美国前总统林肯在幼年时所受到的惩罚教育赞叹不已：林肯十二岁时曾打破别人家的玻璃，他的老师杰克对林肯的行为不是听之任之，也不是简单地指责，而是借给他 15 美元赔偿受害者，并要求林肯一年之内一定还他钱。林肯为偿还老师的债，拼命地打工，最终还清了债。杰克老师的惩罚非常高明：他让小林肯在不知不觉中学会了承担，学会了负责。

合理、适当的惩罚是必要的，是让一个人健康成长必不可少的营养剂。但是，惩罚的目的不是伤害学生，而是帮助他们改正行为。它不是要镇压学生而是要培养他们。如果学生明白了这一点，他们就会接受惩罚。但是如果行为还没有改正的话，不管是什么都不是一个很好的惩罚方法。

教师实施惩罚的方式，诸如强制性的单独谈话、从群体中隔离出来（在教室一个孤立或与其他同学隔绝的地方）、取消某些权利、赶出教室、写检讨书、留堂、联系家长、选择有逻辑后果的惩罚（如一个学生的作业很潦草，他就要重写）等，其有效性取决于师生关系，如果教师与学生已经有了积极的关系，惩罚就比较有效。惩罚方式灵活多样，可以使学生产生不同的压力体验。通常不宜采用严厉冷酷的批评，更应坚决避免"体罚"、"财罚"、"脑罚"、"辱罚"等。

惩罚必须及时，紧跟在违纪之后马上进行，不要等这种错误行为加重后再惩罚。初次犯错误有悔改表现的学生不适宜惩罚。学生动机良好而出现过失，另外，犯错误没有认识其行为危害，或者抵触情绪较大时，惩罚也应暂缓使用。

对教师来说，如果你真的对学生感到气愤的话，可以推迟讨论，你就有机会冷静下来，考虑一下你想要说什么。你还能把学生的品质和行为区分开来。

私下里冷静、平和地实施惩罚是个好办法，也许你想大喊大叫，但你的声音越温柔、站得越近，你就越有可能具有影响力。因为学生很重视在同学面前有面子。公开的惩罚固然可以将某一个学生的不良行为当作"典型"的好处，但是其缺点是会产生怨恨和尴尬。如果事件影响不大，私下惩罚比公开惩罚好。

教师实施惩罚要一视同仁。如果不能保持一致的实施规则，学生就会感到困惑，就会开始试探规则的限度，不良行为就会加剧。但这样可能会束缚教师：如果一个总是很勤奋的学生忘了做作业，像对那些经常忘记作业的同学一样给他的家长送去通知就是不合理的。而且，对一个人来说有效的方式，对另一个人就不一定是有效的，如对急着要去踢足球的学生来说，留堂可能就是一个负面的方法。

为了摆脱这种束缚，教师可以建立一种有级别的后果。如初次，口头警告；二次，记名字；三次，和老师谈话；四次，叫家长；五次，送校长。

有时，教师会因为一两个人的不良行为而惩罚整个班级。这样做的目的是让其他同学对于他们没有犯错而接受惩罚感到气愤，同时也对同学的行为产生压力。但这只会惹怒学生，离间整个班级。

美国（23 个州）、瑞士、法国、英国、新加坡、澳大利亚、韩国等国家，对惩罚有明确的细则。在新加坡，对违规学生，还有施以鞭刑的惩罚，这一惩罚之所以能推进，是因为不是把惩罚的权力直接交给教师，而是由学校根据规定和对学生违规行为调查的结果实施。英、美等国也很少由教师自行决定怎么惩罚，而是会有规范的程序，也就是说，对学生的惩罚是由一个司法机构（学校内的司法机构和社会的司法机构）进行调查、审理决定的，这就避免了因为惩罚学生，把教师推向风口浪尖，也使对学生的惩罚更可能公平公正。

现在禁止体罚的国家有德国、荷兰、芬兰、波兰、奥地利、日本等国。但自2007 年以来，日本社会开始公开讨论恢复体罚的必要性。

壹是皆以修身为本

教育是如何让人保持美好的人性，幸福地学习、工作，进而幸福地生活。好的学校就是好的生活，有充满爱的人际关系，给人带来非常愉悦的体验，提供让大家爱学习的气氛和环境，让人认识学习的意义和价值，并使人沉浸到进步的状态里，驱使自己不断努力。这样的学校或这样的生活，就是回归教育或者学习的初心，即"学以为己"。

《论语》说"古之学者为己，今之学者为人"，在古人看来，"为己"含义是讲你学到的东西首先要去修养自身、陶冶自己的品格和德行，而不是去追求外在的名利。荀子说"君子之学也，以美其身"，意思是君子通过学到的东西让自己本身的格调、品位能够提高一点；他又说"小人之学也，以为禽犊"，意思是小人学到的东西是为了跟别人做交易。

《太平御览》说："古之学者得一善言以附其身，今之学者得一善言务以悦人。"意思是古代学者学到一个好的东西，首先考虑怎么身体力行，而现在有些学者得到好的东西是想着怎么取悦别人，追求功利。《颜氏家训》说："古之学者为己，以补不足也，今之学者为人，但能说之也。"

什么是为学之本？修身是为学之本。

《大学》有言："大学之道，在明明德，在亲民，在止于至善。""明德"包含"格物、致知、诚意、正心"，这属于内修的境界和内涵。"亲民"就是讲外治，包括"齐家、治国、平天下"。连接内修和外治的是什么呢？这就是修身，即"壹是皆以修身为本"。

如何修身？《大学》言之："知止而后有定，定而后能静，静而后能安，安而后能虑，虑而后能得。物有本末，事有终始，知所先后，则近道矣。"

"定"即"志有定向"，始终如一地做一件事。《礼记·中庸》说"君子素其位而行，不愿乎其外"，真正有所作为的人就是把当下的事做好，而不是心有旁骛。庄子也说："虽天地之大，万物之多，而惟吾蜩翼之知。"要做一件事，就把这件事情看作自己的生命，而不能用其他的事情跟它做交换。

"静"即心不妄动。老子《道德经》说："为学日益，为道日损。"就是说学习各种知识而不断地积累，不断对自己有所增益，能够更多了解这个世界；而如果真正要体会这个世界的道、规律，有的时候你每天要做减法，即把自己内心的一些杂念、欲望去掉，你才能真正静下来。

"安"即所处而安，踏踏实实地做事，收摄精神，不令驰散。

"虑"即处事精详，要能够深思熟虑。《论语》说："君子有九思，视思明，听思聪，色思温，貌思恭，言思忠，事思敬，疑思问，忿思难，见得思义。"

"得"即得事之宜，能够有待人处事的最恰当的方式，做人得体，做事得当。

修身是一种自觉。

康德认为，人有两重性：一重是自然方面，一重是自由意志方面。自然方面的属性受因果必然性支配，例如，人需要衣、食、住、行，这是客观自然条件决定的，不以人的主观自由意志为转移。但是人还有另一方面，就是独立自主、自我决定的方面。

人的行为有其自由自主的空间，即使一个行为有其外在的条件，但仍然是人自己内在地由己意引起的。通过自由意志，人从自然的必然性规律中解脱出来。正因为人有自由意志，所以人才对自己的行动应该负责。

黑格尔说："道德的观点是'关系'的观点，'应该'的观点或'要求'的观点。"即理想与现实之间、主体与客体之间，尚存在着一定的距离，尚未完全融合为一，故精神的自由仍有一定的局限性，所以道德是自愿的强制。

培养志趣并永葆志趣

有"油腻的中年男人"的戏谑，但日常生活中，确实有些中年人言谈粗俗、不修边幅、满嘴酒气，整天无所事事，一副看破红尘的样子……从一个曾经意气风发、青春帅气的少年变成如今这个样子，究竟是社会还是自己的责任更大一些？

社会固然存在不良风气，生活难免压力重重，但路是自己走的，脚上有了泡不能怪路，还要从自己身上找原因。不少中年人随着工作和生活的稳定，早早进入了心理倦怠期，曾经的人生理想、做人准则早就被消磨得一干二净，日常所思所想无非眼前安逸，平时消遣更是酒色财气。

中年人的精神状态折射的是社会的前景，中年人如果群体性精神萎靡、气质庸俗，绝非社会之福，对后辈会产生不良示范效应。但似乎不待示范，"平庸"可能是当下很多青少年的标签。

他们无权利意识，从吃饭到穿衣，从玩耍到兴趣班，统统没有决断权，从未行使过权利，也就没有权利意识，自然也没有责任意识。

他们情商低下，不懂得换位思考，不顾及他人感受，说话做事不合常理不得体，被包办的生活是学不会设身处地为他人着想的。

他们没有格局，日复一日的考试、分数、排名，难免让人变得势利、格局狭窄，没有了修身齐家的自觉，更没有了治国平天下的志向，抱负、理想、信念、情怀，不仅稀缺，而且陌生。

他们无趣乏味，只有分数，只求功名、功利、世故、物质，没有了人情冷暖，没有了朝气热情，压抑志忑，暮气沉沉，不要说伸张正义、捍卫真理，连撑起自己都难。

他们思想无力，没有观点，没有见解，没有幽默感，没有有力量的表达，习惯于人云亦云。

他们求知欲损失，过度的应试，反而成了学习的叛逆者，没有独立性、求异性、批判性。

明代思想家李贽曾说："富莫富于常知足，贵莫贵于能脱俗；贫莫贫于无见识，贱莫贱于无骨力。"能知足、能脱俗，有见识、有骨力，贵在培养志趣并永葆志趣。

志趣，作为人的一种个性品质，其内涵有两方面：一是志向、理想；二是与志向相关的稳定的爱好和执着的追求。

高尚的志趣包含着理想与道德的追求，人生事业的追求，这种追求和"趣"密切联系，"趣"是推动个性发展的有利条件。一般规律是，学生对某一方面产生兴趣，就会大大提高学习效率，出现特长，带动全面发展。在发展兴趣特长的过程中，学生会不断积累经验、深化体会，不断感悟时代需要而领悟人生价值，不断受先进典型人物鼓舞而找到人生榜样，不断受舆论评价而养成良好的行为习惯。在这诸多方面合力推动下形成的高尚志趣，有更深的情感性、更多的趣味性、更大的稳定性。高尚志趣在个性发展的指向与推动方面，有着更直接的实践价值。高尚志趣催人奔向高尚，平庸志趣使人走向平庸，卑下志趣叫人落入卑下。

孔子说："为仁由己，而由人乎哉！"快乐并不是挣扎一番、追逐一番才能得到的东西，它就在身边，就在你脚下。快乐和善恶无关，它是超越了善恶的东西，不是善恶的结果，而是蕴涵在善恶之中。有人企图以"为善"作为快乐的途径，其实这种观点是苍白的，它仅仅是把"善"当成了手段，而不是目的。

孔子一再告诫我们：仁义并不是手段，它本身就蕴涵着幸福。

孔子还说："知者乐水，仁者乐山。知者动，仁者静。知者乐，仁者寿。"在孔子看来，知者和仁者都是有道德修养的人，他们仁民、爱人、乐山、乐水，他们既快乐又长寿。

孔子一生的理想，就是要培养既有仁者胸怀又能治世的理想君子，这种人才仅仅能治世是不够的，还必须有乐山乐水的伦理情怀，将人间和谐与自然和谐自觉统一起来，去实现"老者安之，朋友信之，少者怀之"的儒家社会理想。

孔子让他的弟子们谈论自己的志向，只有曾皙的回答最让他满意。曾皙这样说："暮春者，春服既成，冠者五六人，童子六七人，浴乎沂，风乎舞雩，咏而归。"这是对志趣最生动的诠释。

孔子说"三十而立，四十而不惑，五十而知天命"，但而立、不惑、知天命，肯定不是什么都不做自然而然就会达到的人生境界，那是依靠不断学习、不断思考、不断总结，持续精进，最终达成的。

志趣之保鲜，格物、致知、诚意、正心、修身、齐家、治国、平天下，其为必由之路乎？

德育，要把资源用对了

以课程实施作为界定课程资源的出发点，我们可以把课程资源认为是课程设计、实施和评价等整个课程编制过程中可资利用的一切人力、物力以及自然资源的总和，包括教材以及学校、家庭和社会中所有有助于提高学生素质的各种资源。课程资源既是知识、信息和经验的载体，也是课程实施的媒介。

以教学作为界定课程资源的出发点，课程资源就是在教学过程中教师和学生用来完成学习活动的各种学习条件。

以学生发展作为界定课程资源的出发点，凡是有助于学生的成长与发展的活动所能开发和利用的物质的、精神的材料与素材，都是课程资源。如图书资料、音像资料、风俗习惯、文史掌故、名胜古迹、自然风光、与众不同的人和事（如独特的个性、超常的表现）等。

从德育而言，凡是资源都有可能被德育工作所用，在工作方法上，我们不应强调资源的道德价值，而应强调资源的教育价值观。事实上，任何资源对德育而言都有好坏两个方面。资源在道德价值判断有"好"与"坏"，在教育功效上有"有用"与"有害"，这两者是不同的。在德育工作方法中，资源在价值观上的"好"并不一定都能带来正面的教育影响，资源在价值观上的"坏"也不一定能够给德育带来负面影响。一些看上去与德育毫无关系的人、事、物，可能都是德育的重要资源，问题是我们是否具备这样的资源系统性的眼光。

同一种德育资源，在不同的德育情景中其功效是可以互为转化的，甚至起完全相反的作用。曾经有效的德育资源在下一次的教育活动中可能不再有上一次一样的效果，因为教育对象变了，教育情景变了，教育的功效可能也会因之而改变；曾经没有效的德育资源可能在另一次的教育活动中能够产生最佳的效果。德育资源的功效总是与教育情景相匹配。要灵活地掌握好丰富的德育资源，使之发挥最大的功效，唯一的方法是熟悉各种德育资源和受教育者的身心特点，牢牢记着德育的目标，根据德育的目标和教育情景的变化而不断地对德育资源进行调控。

德育关注的是人的社会性素质，更多的是属于社会意识形态的问题。凡是有人群的地方，就有社会性的问题，就会存在人际关系的协调问题，就会存在如何调整自身个性以适应社会需要的问题等，这些社会问题就是最为丰富的德育资源。因此，德育资源不存在发达城市多，落后地区少的问题。我们要学会站在德育的目的——培养受教育者具备社会性素质的角度看周边的人、事、物，这样就会发现身边无穷无尽的德育资源，并将之用于德育工作中，促进学生的成长。

今天，德育资源的多样性和开放性，给我们带来了巨大挑战。人类信息，包括社会意识形态正通过信息技术进行最为广泛的传播，不可能通过物资管理、区域管理进行控制，我们要以"活用"、"开放"的态度，学会了解各种资源的特点，善于挖掘资源的德育价值，发现新的德育资源亮点，使德育工作更具成效。

德育的误操作

现代人本主义教育思想使我们对教育问题有了更深入的认识。

从广义上说，进步主义、要素主义、永恒主义、存在主义等教育思潮以及教育人类学、法兰克福学派和以马斯洛、罗杰斯为代表的人本主义教育思想等都可以称为现代人本主义教育思想。从狭义上说，现代人本主义教育特指 20 世纪 60~70 年代，在人本主义心理学的直接影响和作用下形成的一种教育思想，主要盛行于美国。这一教育思潮的核心是"以人为本"，强调发展人的潜能和树立自我实现观念，主张教育是为了培养心理健康、具有创造性的人，并使每个学习者达到具有满足感与成就感的最佳状态。主要观点为：以承认人的价值以及人的主体作用为前提；教育目的观是人格心灵的唤醒，学习如何学习，强调人的情感、自尊的发展；教育内容观是有价值的知识；教育方法上强调实践和创新。

人本主义强调人的主体价值、发挥人的潜能以及强调教育的实效性，因此要求德育改变过去以灌输为主的方法体系，强调以体验为主，以体现人的主体精神。

德育应从受教育者的实际生活出发，关注受教育者现实生命的需要，让受教育者通过生活感受道德的现实价值，切实提高其社会生活能力。德育是帮助受教育者形成社会性素质，使之能够获得和谐、美好的生活，社会也因此而得到和谐发展。德育要在社会生活、学校生活和家庭生活的每一个细节上。德育不仅让学生掌握规条，更重要的是使之具备判断能力、选择能力和自我控制与调节能力，使之在不同的情境中能够正确地调整自己的行为。德育要通过开放式的活动引领学生自主理解道德的概念，给予学生练习、体悟和反思道德行为的机会，在生活中培养学生的道德主体性。

但在现实中，德育往往是误操作：

道德、德行被知识化、认知化了。量化的道德评估标准使德育变成了学科课程，情感、意志、尊严等人之为人的因素变成了一堆数字，有关道德知识的成绩变成了品德的标志。

德育成为政治的工具，把道德的协调性社会功能转化为灌输社会管理者意志的工具，变成了养成服从性人格的工具，使道德和德育都失去了原有的特性和社会功能，德育目标不清晰，德育内容不明确，德育方法更像管理方法，实效性必然更差。

道德与德育价值被架空。我们把"利他"、"奉献"、"自我牺牲"等视为道德的核心，是一种只有义务没有权利的道德，是一种不尊重个人正当利益的道德，是一种不公平的道德。德育应使人明白，只有通过利他才能真正达到利己的目的，只有利他才是公平合理地利己的正当途径；而且，做一个有道德的人，做一个与人为善和乐于施善的人，是快乐和幸福的。德育应还原到培养社会普通公民的位置上，目的是让所有受教育者具备良好的个性品质，能够在社会生活中积极处理各种社会关系，使生活更加美满幸福。

唯文件是从，上级文件说做什么就做什么，不考虑学校自身的条件与可能。

当前流行什么口号、崇尚什么口号就将之作为德育目标。

缺乏明确的德育目标，学生不出乱子，德育工作就算做好了；或者草草制定一个文本，挂在墙上，印在工作手册里，但这个目标并未真正在实践中应用和推行，也没有被教师和学生深入认识和理解，只是将之作为任务或评估的标准遵从，德育被僵化为教条。

经常变换德育目标和德育内容，德育工作缺乏一定系统性和连贯性。

头痛医头，脚痛医脚。比如，把学生发型作为德育工作来抓，只重视了道德品质的外在表现形式，而忘记了德育最重要的是要形成学生具有价值意义的个性品质，使德育工作狭窄化，本末倒置。

孟子"四端"说，于我心有戚戚焉

孟子认为，每个人生而具有向善和为善的本能，他把这种本能称为"端"，即起源、开端的意思。"恻隐之心，仁之端也；羞恶之心，义之端也；辞让之心，礼之端也；是非之心，智之端也。"其一，"四心"即恻隐之心、羞恶之心、辞让之心、是非之心，人皆有之，它先天地存在于我们每个人的身上；其二，"四德"即仁、义、礼、智，是人的美好道德。前者使人区别于动物，成为人的规定；后者使人获得道德的规定。这两者互相结合，"四心"对应"四德"，"四心"乃"四德"的开端，扩而充之"四端"就成为"四德"。

孟子认为道德根植于人之本心与本性，人不仅具有自然生命，同时还具有精神生命和道德生命。若从自然之性出发，并不能真正表达人性，不能反映人的本质，人性应该包含更多的社会意义在内，道德属性才是人的本性，彰显人之所以为人的价值。人性本善，每个人都有实现自身善性的权利，每个人在实现和完善自身道德中具有完全的责任。

孟子认为，当一个人意识到自身的善性之后，如果不加以存养和发展，这种善性也会慢慢消失。他反复强调要反求诸己，在个人的内心世界下功夫，需要道德主体不断展开内省和自修，体悟本心之善端，从而通过道德反省来提升自我的道德涵养，即尽心、存养、扩充、求放心。孟子曰："仁者如射，射者正己而后发；发而不中，不怨胜己者，反求诸己而已矣。"

孟子强调的是人性的自足性，但并不意味着他因此低估后天努力的重大意义。一个人要进入自己的主体不仅取决于他的意愿，还取决于行为上的努力，这种努力的过程也就是对种种伦常善端真切的体认与一丝不苟的践行。这种过程孟子称为"反身而诚"。"反身"就是找回失落的自我，从而回归到真实不虚的"诚"的存在状态。专注于内在自我，回复到本来面目。"尽其心者，知其性也。"即竭尽了人的本心就知晓了人的本性。

孟子曰："持其志，无暴其气。"唯有稳固的道德意志才能推动个体时刻以仁、义、礼、智为道德导向，从而避免道德本心的遮蔽或丧失。"自暴者，不可与有言也；自弃者，不可与有为也。言非礼义，谓之自暴也；吾身不能居仁由义，谓之自弃也。"唯有彻底舍弃了自暴自弃的心态，坚定地以仁、义为方向（居仁由义），一个人才能真正把先天禀赋的仁、义、礼、智发扬和扩充出来，才能真正成为自己道德生活的主宰。

孟子曰："仁，人之安宅也；义，人之正路也。"人要扩充本心，"四端"只是心灵的开端，人们必须将它们扩而充之，使之成为发展了且完成了的心灵。道德主体要坚持正道而行，把仁、义、礼、智之道德精神转化为现实的道德行动，即"尽性"的修养。在道德实践的过程中，孟子尤其推崇具有凛然正气、正道而行的大丈夫人格。这种道德人格要求个体坚持仁、义、礼、智的道德本心，选择正确的道德行为，担当起社会的道义，所谓"居天下之广居，立天下之正位，行天下之大道。……此之谓大丈夫"。这种凛然的大丈夫人格，不仅要求个体做一个道德挺立的人，还要求个体把自身的仁、义、礼、智之心放之于社会生活，为社会树立道德标杆。

孟子认为，圣人之所以为圣人，并不是因为他具有比普通人更高的道德禀赋，而只是因为他先体悟到了自身的道德本心，先完成了尽心、知性而知天的过程罢了。曹交问："人皆可以为尧舜，有诸？"孟子的回答是肯定的，答曰："子服尧之服，诵尧之言，行尧之行，是尧而已矣。"这体现出一种以道德本心为基础的人格平等观念，所谓"圣人，与我同类者"。

德育的社会价值与个体价值

　　道德总是代表着主体的价值追求，关注着人的价值、地位、生命意义、理想选择等内容。它有三重意涵：能够使人与社会可持续发展；协调社会关系；直指影响人行为实践的精神意识。德育就是从道德的这三重意涵衍生而来。

　　在中国古代，德育的主要内容就是"礼"。所谓"礼"，主要指社会行为规范以及相应的仪式与行为。儒家认为，社会成员遵守符合其身份和地位的行为规范，便"礼达而分定"，才能达到孔子所说的"君君臣臣父父子子"的境界，贵贱、尊卑、长幼、亲疏有别的理想社会秩序便可维持，国家使可以长治久安。所以，德育是为了实现"礼"，通过"礼"的实现来达成社会的和谐与发展。与之相配合，德育最主要的内容就是倡导"三纲（君为臣纲、父为子纲、夫为妻纲）五常（仁、义、礼、智、信）"。

　　从中国古代德育至少可以看出德育的两大特点：

　　其一，德育最初是作为实现社会理想状态的手段而存在的，目的在于通过"礼"实现政治理想——和谐的社会状态。这一点与道德本义是一致的。人类的社会属性，使其必须在和谐的人际关系下才能够使所有人各有所取，形成最稳定和最安全的生活状态。如果说道德是以社会规范为主的社会意识形态，那么德育就是以培育个人具备有关社会意识形态素质的活动。

　　其二，德育实际上实现了社会目的与个体生活之间的良性互动。古代德育将道德教化与社会管理紧密相连，社会通过道德教化培育着社会生活中最为活跃的中坚群体，使之具备与政治相适应的观点、态度、思维方式与能力，从而使之与社会管理相呼应、相配合，从而形成和谐的社会局面。

所以，德育的本质就是通过培养个体的良好社会适应性，从而实现个体和社会的协调发展。德育的本质与德育的目的应该是一致的，所以，所有德育工作的最终目的都应该以社会与个人的可持续发展为本。

那么，德育的最终目的是促进社会的和谐发展，培育人的素质只是德育自身最大的功能而已。这就像吃饭，吃饭的功能是保证身体的营养供应，但最根本目的是使人能够健康地可持续发展。

现实中，我们往往只强调道德素质的培养，却不深究这些素质在学生漫长的人生道路中应该如何发扬和转化，以及这种素质在社会现实生活中具体起什么作用。

比如，我们把维护课堂纪律或班级纪律看成是学校管理的必需而不是学生成长的必需。把纪律看成管理问题，就会强调灌输、奖惩等外在制约方式，就会只注意学生此刻是不是听从了纪律，而不是关注学生内在品质的形成。把纪律看成是未来社会成员必备的社会素质，就会更注意学生内心的认同，就会注意从知、情、意、行方面引导学生认识纪律与社会生活之间的关系，养成学生持久的品质。

还比如，我们批评学生迟到，把不迟到作为德育目标，而不是把培养善行与良好个性作为目标，我们强调对学生现实行为的评价，又特别强调当下的意义，而忽视学生行为的未来影响。

再比如，有些学生有一定心理问题，有一些违规行为，如果只强调对违规行为的教育而不注意心理问题的解决，就会贻误学生成长。

德智融合才是好课

师职的终极使命是育人，立德树人是教学的最高价值。

然而，在学科教学实践中，知识教育和道德教育常常是分离的。这是因为：

一是目前整体的社会评价观念仍然是以知识为主，以智力培养为主，家长的评价也主要在于孩子的智力发展和考试成绩，这使学科教师在教育改革的过程中势单力薄，心有余而力不足。这种社会评价观念压抑了学科教师的道德教育责任。

二是在旧有教育观念下，学科教师的主要职责就是"教知识"，由此形成了一种以知识为中心而不是以个人为中心的知识教育模式。素质教育以至核心素养下教师角色的转换与旧有观念难免产生冲突，从而导致教师无法把握好知识教学与道德教育之间的关系。

三是学科教师基于自身利益的考虑，在道德教育和知识教育的取舍中，总是会先抛开道德教育。因为知识教育是提高学生学业成绩的最直接的方法，而学生学业成绩的提高会直接促进学科教师的个人利益和个人声望的提高。因此，知识教学带来的效益是最直接、最显著的，而品德教育只能成为学科教学中锦上添花的点缀，因为相对知识教学而言，道德教育无法带来太多实际利益。

四是专门的道德课程往往比较强调道德知识的传授，倾向于进行知识化、概念化的道德教育，教育方式效果不佳，违背了道德教育的基本规律，束缚了受教育者的主体建构。因为每个人都有自己的价值观，并且每个人都按照自己的价值观行事，同时价值观是不能也不应该被传授和灌输给某个人的。

五是道德教育一旦专门化，其他学科教师出于自身利益的考虑，为达到知识教学的高效率，可能在学科教学过程中完全忽视道德教育，把道德教育完全让给专门的德育教师和德育课程。这种转让在某种程度上承认了德育的专门化和学科化地位，但也成为其他学科教师推脱道德责任的最好借口。

实际是，道德教育并不是专属于某一学科领域，它需要学校中所有教师、所有学科共同参与，通过知识教学潜移默化地帮助学生形成良好的道德品质。在学科教学中融合道德教育，从某种意义上说是教师身份的回归，学科教师不再是"知识传授的工具"，而是真正意义上的"完整教师"，道德教育成为每一个学科教师的使命。

当然，学科教学融合德育不能一味说教。下面有这样一个生动的教例。

写作课上，一名学生就"一切都会过去，一切都不会过去"写了一篇散文：先写小时候父母告诉他人生的意义在于奋斗，他却看到一心进取者和知足常乐者各有各的幸福；再写上学后老师告诉他人生的意义在于奉献，可他读了《哦，香雪》，觉得平等的双赢比单方面付出更有价值；最后感慨无论是奋斗还是奉献，人生命中的一切都会过去，只有人类对人生意义的寻找永不会过去。可这样一篇语言、思想都不错的作文却差点打到四类卷，因为老师觉得：找不到人生的意义太过消极。而更多的老师却认为，为什么一定要求学生放大找到人生意义的结论，而不能展现不断寻找、思考、再寻找的过程呢？

还有一个生动的教例：科学课上，从简单的牙齿说起，却落在科学素养和家庭责任心的培养上，即可口可乐中哪个成分对牙齿损害最大？醋和可口可乐哪个酸性更强？老师引导学生课前调查龋齿发生率，找出导致蛀牙的可能因素，又通过实验，将可能因素聚焦到可乐所含的酸性物质，实验证实醋的酸度为 3.54，可乐的酸度为 2.44，酸是导致龋齿的原因，并通过口腔酸度变化图理解了饭后漱口的科学意义，让学生为自己和家人制订护齿计划。这三个教学活动前后连接、层层推进，既有直观的实验现象，又有理性的图表分析，在发展科学思维、提高科学能力的基础上，让学生感悟到牙齿健康的重要性，并将之让家人受益。

以上两个教例，也是核心素养导向的学科教学的生动范例。核心素养导向的学科教学，也蕴涵着对知识教育和道德教育分离的矫枉纠偏的意义。

2017 年版高中课程方案和各学科课程标准最大的亮点之一在于核心素养体系的建构。核心素养是基于学生成长和发展的现状及人类未来生存的需要，对中国学生未来必备品格和关键能力做出的精准分析和概括。核心素养反映了未来社会发展对于人才的需求和期望，可以引领学校和教师明确人才培养目标和策略，帮助学生明确未来的发展方向和学习路径。

中国学生发展核心素养是党的教育方针的具体化、细化。为建立核心素养与课程教学的内在联系，充分挖掘各学科课程教学对全面贯彻党的教育方针、落实立德树人根本任务、发展素质教育的独特育人价值，各学科基于学科本质凝练了本学科的核心素养，明确了学生学习该学科课程后应达成的正确价值观念、必备品格和关键能力。

从教学目标和教学过程的层面看，要准确理解和理顺学生整体核心素养与各学科核心素养的关系，学生发展的整体核心素养处于宏观地位，学生发展的学科核心素养处于中观地位，具体教学中教师自主建构的课堂教学目标处于微观地位。各学科教师在设计和实施教学时，这三个层次必须贯通，才能有立德树人的落地。

关键是，立德也即德育，主要靠的是立人者的行为示范。教师在学生的发展过程中，应该是伙伴、学友，与学生一起在教学交往、道德活动和生活过程中同时获得进步和发展，包括道德的进步和发展。

"学会道德"及其他

不随地吐痰，不乱扔垃圾，不在公众场合高声喧哗，不讲脏话……学会安慰人、鼓励人、理解人、谅解人，乃至学会说"谢谢"、"对不起"……这些内容为德育所重视吗？它们值得被重视吗？当然，这是德育的 A、B、C，这是尊重和维护人的尊严所不可缺少的基本道德。这才是德育真正要下功夫的地方。

我们常把智育与德育看成两回事。智慧确实有理性智慧和实践智慧，比如，科学家的发现、发明主要是理性智慧，教师的教育、教学就主要是实践智慧。但应该还有一种道德智慧。因为道德也是需要学习的、需要训练的。比如关心，有人比较会关心，有人就不太会关心；有人会尊重，有人不会尊重甚至无形中伤害别人。

道德智慧与理性智慧、实践智慧是不可分割的。比如敲门过重、过响、过急，为何不礼貌？因为这会影响屋内人的情绪，还有强加于人的意味。这是基本的心理知识。比如教师大声呵斥学生，不仅是不尊重学生，也是不懂得教育心理。所以，道德也有智慧问题，道德智慧与知识学习有关。真正聪明的学生，应当道德上也很聪明。

在学校，有些学生始终没有学会说话，或者说不会使用自己的声音。在操场上可以大声喊叫，在课堂回答问题、讨论问题和朗读、默读各有规范，课间应悄声细语。对此，这些学生可能也有认知，但没有养成行为规范。道德是不完整的。

道德活动无非是一个心理过程，包括了道德认知、道德情感、道德意志、道德行为。那么，学校里，在教学之外的德育还有什么？或者，还有哪些游离于教学之外的德育？学校里，德育就在教学之中。一个教师只要一举手、一投足，就反映出自己对待知识、对待学生的态度、理念、情感等。物理是纯粹的科学，可是它也能陶冶人，教人善，教人美。所以，德育工作者也是教学工作者，教学工作者如果懂得道德心理并付诸教学，可以取得很好的德育效果。

教育之于个体，是心灵的；教育之于学校，是文化的。此二者都是精神的。所以有人说教育最终表现为哲学或者说教育达至最高即哲学。说到底，教育是人的，人创造的，为人的发展而创造的。

教育的内涵是真、善、美的有机统一。真，是客观事物的规律性。人们对真的认识是为了自觉地按照客观规律实现自己的本质力量，造福人类，促进社会发展。所以是功利和道德的统一，是善。既符合真又符合善，还有生动具体给人以愉快的形式，就是美。美以真为前提，凡是美的事物都是遵循自身所固有的规律而存在的。善是美的灵魂，美必须蕴涵善。

"三纲八目"的人生大格局

高中语文"古诗文背诵推荐篇目"中有《大学》这么一段话："古之欲明明德于天下者，先治其国；欲治其国者，先齐其家；欲齐其家者，先修其身；欲修其身者，先正其心；欲正其心者，先诚其意；欲诚其意者，先致其知；致知在格物。物格而后知至；知至而后意诚；意诚而后心正；心正而后身修；身修而后家齐；家齐而后国治；国治而后天下平。自天子以至于庶人，壹是皆以修身为本。"

《大学》开篇即言："大学之道，在明明德，在亲民，在止于至善。"这就是后人所说"三纲领"：明明德，亲民，止于至善；"八条目"：格物、致知、诚意、正心、修身、齐家、治国、平天下。"三纲领"是教育纲领和培养目标，"八条目"是实现"三纲领"的具体步骤。

"三纲八目"构建了一种人生图式，其内在的逻辑理路是：以止于至善总揽，明明德、亲民为两个子纲，两个子纲下统格、致、诚、正、修、齐、治、平八个德目，以修身为核心，依序递进，前几个德目重心落在明明德，后几个德目重心落在亲民，围绕道德主体——人来逐级展开道德目的，往内推是格、致、诚、正以明明德，往外推是齐、治、平以亲民。格、致为心灵认知阶段，诚、正为心灵内化阶段，齐、治、平为人生外化阶段，以修身为中枢环节，内外合一，知行合一，明明德与亲民，直至止于至善。格物、致知要尽己知，穷事理，知何可，何不可，知何为善，何为不善；诚意、正心就是坚定自己善的意向，正心去邪；齐、治、平是人生外行，古者家、国、天下一体，天下国家，天下之本在国，国之本在家，家之本在身。明明德以内修而至"内圣"，革新其民以外治而至"外王"。"穷则独善其身，达则兼善天下"是对这种人生图式的简明诠释。两千多年来，一代又一代士子把生命的历程铺就于这一阶梯，从而铸造了中国士子的人格心理。

"三纲八目"所阐述的教育范畴，基本属于自我教育。"三纲"的起点是明德，就是使人天生具有的明德，依靠人自觉的主观力量而发扬光大，这就要在心性修养上下功夫，是一个自己教育自己的过程。这揭示了道德活动的独特本质：修身养性。人是道德活动的主体，道德在本质意义上是主体自愿，人应充分发挥自己的主观能动性，努力发展自己的自控意志，以养成良好德行。

修身养性的方法是涵养省察，即强调道德的自律性，注重对内心的体察，对心性的感悟，对本源的追求，并知行并进，相资为用，经由长期的自我完善，不断升华。就像每天太阳的升起都告诉我们，人需要不断更新自己、敞明自己的明德，这样每时每刻才是有意义的，这样的人生才是光辉明亮的。

在今天，对每个人内在情思和良知的发掘并未过时，更应强调个体内在心性的光明和价值担当。学生是自身品德形成和构建的组织者，外在的道德规范体系和道德需要只有通过学生自愿（进而是自觉）地实践，取得认同，内化为他自身的道德需要，才能真正起到外化指导道德行为的作用。

亲民是使人明明德的过程，而教育的最高目的是止于至善。在价值与理念层面，善不只是传统中国的至德，也是人类的崇高美德，犹如亚里士多德所说，人的每种实践与选择，都以某种善为目的。因为，人是有而且必须有道德，道德是人作为顶天立地的主体存在的正当性所在，也即人之为人的根据。止于至善就是要达到最高的善，抵达人生最完善之境，否则就不能停止追求。

"三纲八目"的教育学意义是：重人本，尊重人的尊严，尊重人的价值；重德教，主题就是道德理性；重自律，贵在道德自觉和道德实践；重躬行，把道德意识化为道德行动，身体力行。

从"三纲八目"的修身养性来反观当下的德育，明显的弊病是：脱离学生的年龄、心理实际，脱离学生的知识、思维和意识发展水平，采取高调宣讲、单向灌输的手法，无法有效地为学生所认同，难以激发其强烈的道德情感和道德需要，收效甚微；忽视学生自身的实践活动，将复杂的德育过程简单等同于课堂教学中的说理、讲解，片面重视道德知识的掌握，把个体品德的形成与发展看成道德教育"外烁"的结果，因而对学生日常学校和家庭生活中多样化的道德实践关心不足，忽视道德修养的巨大作用，导致知而不信、言而不行；把学生单方面看成被塑造的客体，把德育当成工具，没有看到学生作为道德实践活动的主体，能在既有的社会规范基础之上，经过自己的理性思维，独立地做出道德判断和道德选择，自主地调节自己的道德行为，并在道德实践中完善自身的品德。

德育的路径：知行合一

德育是我们最重视的。问题在于：我们真重视了吗？我们如何重视？看看德育的现状吧。

先说"德育首位"。德、智、体、美，同存于教育之中，同作用于受教育者，事实上是分不开的，只是在思辨上分开。教育是整体的，人也是整体的。相比而言，做人比做事更重要。但这是相对重要性问题，不是首位和第二位和第三位的问题。做人的重要性离开了做事就没有意义了。做事做得越多越好，做人就越有意义。做人做得好的人，肯定把做事看得很重，甚至认为一件事没做好，就是做人也没做好。德育的重要性在与其他教育活动的关联中才能更好地理解。一旦把它们孤立开来、割裂开来，其重要性就说不清了。事物存在的现实的基本方式是合。德育并不是额外的一种教育。用不当的方式强化德育，结果是使德育弱化。恰如从事德育工作的人认为自己只是从事德育工作的，那可能意味着他是用智育的方式做德育工作，即只关注道德认知，把德育当作一门学术课程了。

《现代汉语词典》对"道德"的释义："社会意识形态之一，是人们共同生活及其行为的准则和规范。"《教育大辞典》对"道德"如是解释："社会意识形态之一。一定社会调节人与人、个人与社会、人与自然之间的行为规范和行为准则的总和。是通过社会舆论、风俗习惯、榜样感化和思想教育等手段而形成的是非、善恶、荣辱的标准。"《哲学大辞典》说道德是指"以善恶评价为标准，依靠社会舆论、传统习惯和内心信念的力量来调整人们之间相互关系的行为原则和规范"，是"社会意识形态之一"。简而言之，道德是关于善的行为准则。按照如上界说，许多不涉及或主要不是关于善恶标准的问题就不属于道德问题，相关的教育也就不属于德育。但现实中，德育内容过于宽泛，甚而"时事教育"也被纳入德育。结果是，德育的边界被模糊、混淆，德育成了一只什么都可以盛的"筐"，除了盲目还是盲目。

德育的内容被泛化了，同时又被窄化了。道德行为是整体的、统一的、持续的、一致的，道德认识、道德情感、道德意志和道德行为是彼此联系、不可割裂的整体。但在我们的德育中，要么是"重知轻行"，把"知道"作为施教的终点；要么"重行轻知"，以杂乱无序的活动代替德育。德育课程与德育活动各自为政，导致"知"无序、"行"无据。

有一般道德，有职业道德；有日常行为中的道德，有特定行为中的道德；有基础性道德，有高层次道德，如社会道德、政治道德。我们常常把政治道德的教育摆在最前面，而忽视基础道德，导致德育出现怪现象：小学讲共产主义，中学讲礼貌待人，大学讲不乱扔垃圾。古人讲"修身、齐家、治国、平天下"，信有以也。

问题提出来了，解决的办法还是有的。路径之一，就是"知行合一"。

"知行合一"思想贯穿儒学之始终，王阳明乃集大成者。其含义为：知中有行，行中有知，知行一体两面；真正的知必须付诸实行，没有行的知就不是真知，"致良知"就是将良知贯彻到日常生活的各种实践，实现知行合一；以知促行，为善去恶，防微杜渐，自觉自律。王阳明用自己的行为给世人做出了示范：心中有良知，行为有担当。"知行合一"的知，既是对事物的认识，更是良知。是非之心加担当精神，是为良知。以良知为灵魂的知行合一，才是真正的知行合一。

所以，德育的知行合一就是行为规范的生活化，落细、落小到如自习课不磨蹭、不说闲话、不发呆、不做闲事；心理环境生活化，至如微笑文明、问候文明等；物质环境生活化，创建教室文化、走廊文化等，让每一面墙会说话；施教生活化，日常生活、切身事例，从小处入手，从实处着眼，积土成山，积水成渊，久久为功，积善成德。

生态文明教育：把学生作为现实的绿色消费者

教育部颁布的《中小学德育工作指南》把"生态文明教育"列为德育的五大内容之一："加强节约教育和环境保护教育，开展大气、土地、水、粮食等资源的基本国情教育，帮助学生了解祖国的大好河山和地理地貌，开展节粮节水节电教育活动，推动实行垃圾分类，倡导绿色消费，引导学生树立尊重自然、顺应自然、保护自然的发展理念，养成勤俭节约、低碳环保、自觉劳动的生活习惯，形成健康文明的生活方式。"

市场化、城市化，由此带来的社会关系、社会心理的深刻裂变以及社会流动的加大、社会群体的分化，就是从熟悉的乡土社会转变为陌生人社会。正如"陌生人社会"概念的提出者弗里德曼所描述的："在当代世界，我们的健康、生活以及财富受到我们从未而且也永远不会谋面的人的支配。""当我们走在大街上，陌生人保护我们，如警察；或陌生人威胁我们，如罪犯；陌生人扑灭我们的火灾；陌生人教育我们的孩子；陌生人建筑我们的房子；陌生人用我们的钱投资。打开收音机、电视或报纸，陌生人告诉我们世界上的新闻……如果我们得病住进医院，陌生人切开我们的身体，清洗我们，护理我们，杀死我们或治愈我们。如果我们死了，陌生人将我们埋葬。"这一深刻社会关系的变化以及由此而来的情感体验，需要我们重新审视人与自然、人与社会、人与人的关系。

从起源上看，人并不比自然中的其他物种高贵，人不但是社会的人，还是自然的人。但宇宙原本自己无知、无识，它却演化出了人这么一个有意识地反过来去理解探究宇宙的物种。随着人类征服自然界的能力越强，成果越大，人的欲望就越烈，人类离自然界也就越远，人的自然本性也就丧失得越多。同样，个人从社会中得到的权利和保障越多，那么个人受到社会的约束和限制也就越多。这就是人类为了生存而面对的一个无法避免的矛盾的现实。所以，从某种意义上来讲，自然和人类的发展过程本身就是一个不断地自我异化的过程，不断为自己创造对立面，不断走向自己反面的过程。人类堕落成为自然界的问题儿童。所以，生态危机实质是人性危机，人的异化是深层原因。

那么，生态教育就是顺应自然的人性教育。即将生态价值观内化为人的精神属性和自我精神需求，让心灵和自然相通，强化人的生态意识，提升人的生态素养，培养人的生态自觉，成为一个自觉理性地维护生态平衡、生态安全、生态公平和生态正义的高尚的人。我们不仅要关注外在自然生态环境的"物质环保"，更应关注人文意义上的"精神环保"。

所以从本质上讲，生态教育是生态伦理道德教育。既然是生态伦理道德教育，就更强调实践性，就更强调日常生活中一言一行的践行。在学校应以研究性学习、社会实践、志愿服务等综合实践活动为载体，跨领域、跨学科统整，基于项目式学习来培养学生的环保素养。

生活中中小学生是现实的巨大的消费群体，更是绿色消费的潜在的主力军。教育既是唤醒，但也应是规约，绿色消费应是家庭、学校对学生的行为的规范。

环保专家把绿色消费概括为"5R"：节约资源，减少污染；绿色生活，环保选购；重复使用，多次利用；分类回收，循环再生；保护自然，万物共存。从具体行为来说，就是树立可持续发展的环保意识，从心理上接受并用实际行动支持绿色消费，选择未被污染或有助于公众健康和自然环境的绿色产品；关注相关废弃物的处置，不造成环境污染；崇尚自然、追求健康、注重环保、节约资源和能源，节水、节电、节油、节气，尽量少产生垃圾，消费适度和减量、合理和平衡，拒绝购买高污染、高能耗产品，而不仅仅是"消费绿色"。

"忠恕"于今说"共情"

"知我者,谓我心忧;不知我者,谓我何求。"(《诗经·国风·黍离》)不被人理解,是苦心孤诣者最大的痛苦,但又有多少人能等到那个"知我者"呢?"人生天地间,忽如远行客。"(《古诗十九首·青青陵上柏》)这是心灵漂泊者的孤独。世事无常,人生难测,聚散离合,到头来终究是一个人面对这个世界。"前不见古人,后不见来者。念天地之悠悠,独怆然而涕下。"(陈子昂《登幽州台歌》)人在天地里不过一粒,在历史中不过一瞬,逝者如斯,天地悠悠,这是历史的孤独。"千山鸟飞绝,万径人踪灭。孤舟蓑笠翁,独钓寒江雪。"(柳宗元《江雪》)这种孤独是一种境界。"昨夜西风凋碧树,独上高楼,望尽天涯路。"(晏殊《蝶恋花》)人生之路,往往要一个人走;理想的路,往往伴随着孤独。这是求索者、追寻者的孤独。"拣尽寒枝不肯栖,寂寞沙洲冷。"(苏轼《卜算子》)世人都会喜欢道德高尚坚持原则的人吗?不,这是君子的孤独。

这样的刻骨铭心的孤独,我们可以有真正"同情的理解"吗?恐怕很难。一是我们对以上先贤各自生活的具体历史语境毕竟有隔膜。二是这种高蹈独步、超迈绝尘的孤独,我们不可企及。但是,这是他们在精神领域的寂寞。在俗世的生活里,他们的"朋友圈"应该是很大的。因为他们是"世事洞明皆学问,人情练达即文章。"古代士大夫,奉儒守官,大多是"忠恕"之道的践行者。

孔子曰:"吾道一以贯之。"曾子解释:"夫子之道,忠恕而已矣。"即尽心为人,推己及人。但"忠恕"两言,为何"一以贯之"?原是一个问题的两面:积极为"忠","己欲立而立人,己欲达而达人"是也;消极为"恕","己所不欲,勿施于人"是也。这是基础道德,于今仍然可以作为做人的基本准则。

然而"忠恕"之道的现代践行，从教育言之，应以"共情"能力培育为基础。所谓"共情"，一者情绪共情，即分享别人的情绪，以及对应他们的行为状态；二者认知共情，是思考或理解他人情绪感受的能力；三者共情关心，或同情，是赋予我们采取行动、帮助他人摆脱困境的动机。总的来看，这三个成分是维系我们社会生活的基础元素。因为每个人都活在自己的主观世界里，很多时候，人与人的观点都不一样，每个人都希望坚持自己的观点，让别人认同自己。当我们不认同对方的观点，对方也不认同我们的观点时，矛盾就产生了，甚至触发敌意。因为做不到共情，我们会看到各种各样的病态的关系模式：对抗、冷战、疏离、僵化……共情是关系的催化剂。每个人都是一个孤独的星球，我们的所思所感，都是独特的，但不被他人理解，我们会感到无比孤独和寂寞；如果被人精准理解，我们会认为自己得到了重视与关心，我们对别人是有意义的。假如我们遇到这样的人：与他交流时，他全然关注你，仿佛你是世界上最重要的人。这样一个人，就是一个善于共情的人。共情让我们对自己采取更珍视和关心的态度。

　　共情是一种能力。共情也是可以习得的。我们需要训练：对他人想法的共情能力，对他人情绪的共情能力，用关心和尊重的态度表达对别人的理解。好的共情是：看到对方的情绪和需求，表达自己的感受，表明自己解决问题的诚意，给双方一个调整的空间。

　　共情的关键在于言说，正如管理大师德鲁克所言，一个人必须知道该说什么，一个人必须知道什么时候说，一个人必须知道对谁说，一个人必须知道怎么说。要者：因事而宜，因人而异，因时而变，因势而应，因情而发。

　　当然，共情并不总是好的。共情和善行之间没有必然联系，在某些情况下，共情还会引起情绪的困扰（比如经常面对灾难和死亡的业者）。同时，共情自身也带有偏见，它偏向于我们亲近的人，对其他人却并非如此。还有，和你曾伤害过的人或者观点不一致的人换位思考，真正理解他们的感受很困难、很痛苦、很不舒服。但是，有了共情心，我们总归会更有善意、更多尊重地待人，我们的生活因此会更加和谐美好。

　　人，无往而不在复杂的关系中。费孝通先生在《乡土中国》里以"差序格局"来形容中国社会结构的基本特性，即以"己"为中心，像石子一般投入水中，和别人所联系成的社会关系，不像团体中的分子一般大家立在一个平面上，而是像水的波纹一般，一圈圈推出去，越推越远，也越推越薄。孔子最注重的就是水纹波浪向外扩张的推字。他先承认一个己，克己复礼，然后顺着以己为圆心的同心圆的伦常，就可以向外推了，从己到家，由家到国，由国到天下，是一条通路。《中庸》里把五伦作为"天下之达道"，即从己到天下是一圈一圈推出去的，所以孟子说"善推而已矣"。即使我们已经从"熟人社会"走到了当下"陌生人社会"，我们的共情教育，怕是还要从这里出发。

仪式的教育力量

岁末盘点，这一年举行的各种仪式还真不少，大到开学典礼、休学典礼、升旗仪式、入团仪式、成人仪式、毕业典礼、颁奖仪式、公祭（悼念）仪式，小到早午晚上学、放学校门值守和上下课的问好，仪式成为学校教育的重要载体。

那么，仪式是什么？它就是使某一天与其他日子不同，使某一时刻与其他时刻不同。朱永新先生说："仪式、节日和庆典……使有意义的事情或者伟大的事物能够拥有一种伟大的时刻，获得神圣、庄严与尊重。"仪式意味着重大事件的开始或结束，象征承诺、宣誓、庆祝、改变甚至升华。比如，入团仪式宣告自己作为一个组织成员行使权利、义务的开始，成人仪式宣告从此这个人需要为自己的行为负完全的法律责任。

标志性和程式性，使仪式具有一种象征感，是内外兼修的过程，有衣着、形体、言语的外化要求，也有秩序、规则、纪律的内外体验。所以，我们要精心设计每一次仪式活动，重要的是有心的介入，能传递一种价值观念和情感，增强仪式的庄重感和认真感。比如，精心组织开学典礼，让学生深切感受到自己又站在了新的起跑线上，既有追求新目标的激情和冲动，又有接受新考验的信心和决心。

学生成长需要关键事件。所以既要让仪式保持隆重、热烈，又要让仪式涉及具体教育情境中的人、事、物，只有这样才能触动学生的灵魂，引起心灵的共鸣。比如，周一升国旗仪式，升旗手、护旗手着装规范统一，步调整齐划一，神情庄重严肃，令人羡慕；国旗下的讲话师生瞩目，尽显风采。我们由各班推荐光荣升旗手、护旗手，推选思想表现、文明礼貌、学习努力、助人为乐等各方面表现突出或某方面特别出色的同学担任，并在升旗仪式上介绍他们的先进事迹。这样的升旗仪式既有荣誉性，更有激励性，意义丰满，能增强教育的叠加效应。

教育目的的实现必须依靠设置一定的情境，采取一定的方式和方法，教育活动中仪式感的营造能有效增强教育的影响力和感染力。让优秀作文的作者登台朗读，学生取得成绩后的颁奖仪式等，都会让学生产生认同感、愉悦感，进而固化、强化学生成长过程中的每一个闪光点，每一次进步。

写到这里，灵光一闪，想到了黛玉葬花。或者，我们的庸常生活，也是需要一些仪式来装点的，比如，净手读好书，焚香听音乐……于是有了情调、情趣、品位、品质。

在大尺度下看孩子的教育及成长

史蒂芬·霍金在《霍金讲演录——黑洞、婴儿宇宙及其他》中说："但是在某些情形下，我们认为可以做可靠的预言。宇宙在非常大的尺度下的未来，便是其中的一个例子。"是的，在大尺度下观照——无论宏观、中观、微观——事物，这是一种很好的理念或方法。

今年（2017）4月20日，在我国第二个航天日，我们学校邀请航天员刘伯明给师生做报告，在提问环节，当有学生问他从太空返回地球后的最大感受时，他毫不犹豫地回答：人的渺小。这个回答既出人意料，又在情理之中。他在宇宙背景下从太空俯视地球上的人类，只有渺小了。

就是地球上能幸运地诞生人类，那也是多么微茫的际遇。地球的形成已历经46亿年，地球诞生后8亿年才出现简单的生命，而人类的出现则不过250万年，即太阳系诞生约50亿年后才繁衍出高度发达的文明。太阳系的母恒星——太阳的质量大一些或小一些，地球也不会演化出相对复杂的生命。人类生活于地球，要有一个完美的磁场，屏蔽大量高能带电粒子以免受高剂量辐射的伤害；要有大气层的保护，除大气压外，还要有合理的大气成分和比例，提供人类呼吸所需的氧气和植物生长所需的二氧化碳，其中的臭氧又过滤掉对人体有害的紫外线；要有液态水和适宜的温度；要有一个岩石质的表面。

连人类自身的生产都是那么偶然，其必须满足的条件为：女性卵巢排出正常的卵子（一个月经周期排出一个卵子）；男性精液正常并含有正常的精子；卵子和精子能够在输卵管内相遇并结合成为受精卵（每次射精有几千万精子，只有一个与卵子结合，概率是几千万分之一）；受精卵顺利地被输送进子宫腔；子宫内膜已充分准备适合于受精卵着床。

著名心理学家埃里克森有一个"人生中的八个危机"的观点：0~1岁信任对不信任；1~3岁自主性对羞愧和怀疑；3~6岁主动性对内疚感；6~12岁勤奋对自卑；12~20岁同一性对角色混乱；20~40岁亲密对孤独；40~65岁繁衍感对停滞；65岁以后自我整合对失望。他认为："人在其生活道路上面临八个危机或冲突。每一次的冲突都有其出现的时间，它是由人们在一生中某个特定时间所体验的生物成熟与社会要求决定的。人必须妥善地处理好每一次冲突，才能为圆满解决下一个冲突做好准备。"（《社会性与人格发展》，第45页）这就是说，人是一辈子都需要成长的。

那么，面对孩子的教育及成长，放大尺度来看，就要顺应孩子的成长规律，就是不超前、不滞后，要像做农活，按节气来，不做错位的教育。然而，当下的教育，无论家庭教育还是学校教育，弊病之一是错把认知能力的培养当成了孩子可以面对未来的唯一"法宝"，甚至窄化成知识教育乃至应试能力教育。超前或过度的教育种种现象不断上演。所以，弊病之二是情感、价值教育则滞后或漠视。而全人性的素质教育，必须关怀孩子的综合素养，诸如沟通与交流能力、团队合作、信息技术素养、语言素养、学习素养、独立自主、数学素养、计划组织与实施、自我管理、创新与创造力、问题解决能力、主动探究、社会参与和贡献、公民意识、尊重与包容、科学素养、多元文化、健康素养、国际意识、生活管理能力、自信心、生涯发展与规划、冲突解决能力、可持续发展意识、反思能力、适应能力、情绪管理能力、环境意识、艺术与审美能力、法律与规则意识、安全意识与行为、国家认同、实践素养、伦理道德、人文素养、价值观等。这些才是孩子迎接未来挑战的关键能力和必备品质。而且，一个人越是在幼年时，他发展的越是他生命内核的东西。年龄越大，发展的越是外围、枝节的部分。各种差异大多源自幼年，之后滚雪球一般逐渐增大。这就是人成长过程中的马太效应——好的越来越好，因为时间没有停止下来，一切都是环环相扣、都在持续积累中。所以，如果拉大尺度，从孩子的一生着眼，就要在恰当的时间做恰当的教育。

警惕啊，我们的教育，一方面让孩子丧失童年、少年；另一方面又没有让孩子真正长大！

导之以德，齐之以礼，日用而常行

没有最好的教育方式，只有最好的父母榜样。父母在教育儿女上有两点需要把握。第一，父母的行为。即要用行动去影响孩子，而不是用言语去说教。孩子的行为不是被教导出来的，而是被影响之后模仿出来的。第二，情感连接。情感主要是通过上一代对下一代的感染形成的，比如，父母对长辈的孝敬就会影响下一代。

《说文解字》云："教，上所施，下所效也。""育，养子使作善也。"陶行知先生亦言："教育是教人化人。化人者也为人所化，教育总是互相感化的。互相感化，便是互相改造。"家庭生活的点点滴滴，既是"教"他"化"他的源头活水，也是为孩子所"化"的潜在契机。

家训历来都是"述立身治家之法，辨证时俗之谬，以训子孙"。《朱子家训》一面强调规范社会个人主体的道德义务，一面倡导营造和谐的人际关系，在重视个人基本道德修养的基础上，要做好社会个人主体道德建设。其提出将道德教育融入日常生活之中，即道德教育的实践途径就是从生活中的每一件小事做起，把每件小事都做得完善，从而追求自身道德品质的卓越，可谓极具特色的道德养成实践教育。

很多人常将《朱伯庐治家格言》与《朱子家训》混为一谈。《朱伯庐治家格言》一开头便说："黎明即起，洒扫庭除，要内外整洁……"这个格言，由于简单易懂、易行，所以流传甚广，以致很多人就将《格言》当作《朱子家训》了。其实，朱伯庐是明朝中期人，是朱子的后人。有人将《朱子家训》比作宪法，而将《朱伯庐治家格言》比作民法施行细则。

《朱子家训》重视童蒙道德养成教育，强调由"明德"进而"为学"的修养功夫。一是道德教育要与社会生活相结合，遵循由认知转化为实践的道德践行路径。《朱子家训》中所揭示的仁、慈、孝、友、恭、和、柔、礼、信、敬、尊等德目，规定了社会成员个体不同的社会角色和应尽的道德责任，旨在构建一个和谐求善的理想社会图景。由此说明，道德教育不是高高在上或停留在文字层面的空谈，应该落实到社会实践并融入个人日常生活之中，乃朱子所言"日用常行之道"。二是强调自我修养的重要性，倡导从他律走向自律的道德教育规范。天命之理是万物本然之性，而顺应天性就是所谓的事物各自顺应自然之道。追求圣贤之道就是通过教育和自我修养而达成天命本然之性的过程。其中，个人的能动作用是不可忽视的，这包含至少两条途径：一是个人修养上的用功；二是家庭、学校和社会等对个人道德的教化和培育。

　　《朱子家训》的文字非常简洁洗练，虽只有短短三百一十七字，却将《大学》的"三纲八目"全包含在内。《论语》《孟子》与《中庸》的精华也都体现在《朱子家训》之中。它和一般儒家经典一样，不是拿来念的，而是要我们去身体力行的。

　　"五经""四书"等儒家经典，莫不是古圣先贤深有存省，然后身体力行的结晶。你如果把经典只当作一场说话，那你永远进不了圣学的大门。必得躬亲实践，才能切实领悟圣人的心得，如此我们的学养才会有所长进。诚如北宋大儒张载所说："书须成诵。"这里所说的"书"，就是儒家经典。张载认为，要先把儒家经典记诵熟读，这是成德的第一步，但不能只停留在记诵熟读的阶段。要记诵熟读经典，就是为了日后能随时随地就经典所揭示的义理予以细思、深思、精思。只有把经典中所蕴含的义理吃透了，真心诚意地认为这些义理放诸四海而皆准，再把这些义理用来作为我们立身行事的准则，也就是以儒家经典来作为我们内心立意与行为决定的最高指导原则，如此，人才能真正与经典融混为一体。这样的经典才是活的，才能对我们的修己治人提供切实的指导。

　　富兰克林（1706~1790）是美国历史上人品道德最为人所称颂的政治家。要是没有富兰克林，美国独立建国的历史肯定要改写。因为有富兰克林这样品德崇高的政治领袖，使他内能团结开国先贤，外能团结法、英等强权。

　　富兰克林之所以能成为道德完美的伟人，得益于他早年立下的一个宏愿：要求自己在道德方面能够完美无缺，立志要做一个完人。他设计了一个改善德行的方案：首先将书本上读到的、教堂里听到的、哲学家或宗教家列举出来的各种美德一一列出。每一种德行的界定力求明确，如"静默"，就界定为"不说于人、于己无益的话，不与人谈无聊的废话"。这样，他总共列出十三种德行：节制、静默、条理、决断、简朴、勤劳、诚挚、正直、中庸、整洁、宁静、贞洁、谦逊。然后，富兰克林就制订了一本类似范仲淹所作的"功过格"的小册子，每种德行占用一页，在每页上用红墨水画上直线，分成七个直行，每个直行是一天，合一星期。他又画出十三条横线，分成十三个横行，每个横行代表一种德行。每晚睡前反省，如果哪一种德行在哪天犯了过错，他就会在那个德行的横行与那一天所占的直行交叉的一格里记上一个小黑点。他决定每星期专注于一项德行，这样十三个星期就能完成一个周期，每年有五十二个星期，分为四个周期。当污点越来越少，就代表品德越来越好。如此努力了三四年，富兰克林的这本"功过格"几乎没有污点了，那意味着他已经几乎是完人了。

我们早就有了《朱子家训》，不必像富兰克林那样自己去摸索出十三种美德。现在的问题是，我们怎么通过日常践行来完善我们的品德？

让家庭教育回归生活

杜威说，教育即生活，教育即生长，学校即社会。陶行知则说，生活即教育，社会即学校。杜威是从生活的角度谈教育，陶行知则是从教育的角度谈生活。教育包含生活，生活包含教育，生活是教育的一部分，教育也是生活的一部分，教育中有生活，生活中有教育，你中有我，我中有你，互相渗透，互相包容。

家庭教育更多是融合在生活里的，从某种意义上说，生活就是家庭教育的全部，就在我们父母的日常生活中的一举一动、一笑一颦的行为表现里，而不仅仅是我们所苦心追逐的教育以及教育的方法。

教育的意义本来就在于尊重人性规律并因势利导。家庭教育应以生活教育为本，或者说家庭教育最大的优势和能力就是生活教育。但现实中，家庭教育却出现了一种反教育、反生活的倾向，很多父母只关注孩子的学习成绩，而认识不到生活教育本来是父母最擅长、最具能力、最具优势的教育。许多人把家庭教育视为学校教育的附庸，家庭教育不断地向学校教育靠拢，家庭教育中父母的主体地位和责任无形中被替代，重智轻德、重知轻能，影响了孩子的健康成长和全面发展。

能不能把孩子教育好，不取决于父母的收入、学历和社会地位，而取决于由教育理念、教育方式和教育能力这三个要素构成的教育素质。

家庭教育其实就是一种生活，一种态度。父母会生活，自己生活得有意义，对自己的生活满意，才会有更多的力量去影响下一代。

人的心理发展是一种轨迹的发展，当孩子出现问题的时候，病因往往已经持续一段时间了，就像糖尿病发病前往往有一段时间的不良生活史。家庭教育的价值在于在家庭生活中不断提升孩子的生命力和幸福力。父母要学会洞察自己和孩子的内心，看到孩子真实的自我，允许孩子有自己的体验，接纳孩子与你的期待不同，用富有同理心的、关爱的方式与孩子互动，建立良好的亲子联结，让孩子拥有丰富的生命体验和内在力量。

让孩子在家里远离家务，远离真正的家庭生活，而只埋首学习，这是对家庭教育最大的误读——这会让孩子讨厌生活。真正的家庭教育，应该是生活教育。饭来张口，衣来伸手，上学十几年又忙着追分，孩子就无法通过履行多种社会角色的责任和义务来建立亲情、友情、国情、民情等丰富的情感世界。而成功的人生意味着坚毅、自控力、热忱、社交智能、感恩、乐观、好奇心、求知欲，前提是心理健康，也就是能够处理生活中的压力、发挥潜能有效工作，为社会做贡献，有生存能力，快乐的个性，乐观的心态和处理情绪的能力。这一切都应融合在家庭生活中，即把育放在养中。

美国教育家帕克·帕尔默在《教学勇气：漫步教师心灵》中指出："真正好的教学不能降低到技术层面，它来自教师的自身认同和自身完整。"同样，真正好的家庭教育也"不能降低到技术层面"，真正优秀的家长必定是"自身认同和自身完整"的。如果家庭教育只剩下了"特长""技艺"的外壳，抽离了"做人""做事"的内核，与此同时，做父母的也放弃了自己的追求，把一切希望都寄托在孩子身上，家庭教育就是虚无的。

家庭中的一切活动无不具有教育属性，做父母的无论让孩子做什么，都要考量有没有"教育的意义"在其中。比如，报特长班，学特长的同时也是学做人，这是做父母的必须恪守的信条。有了教育意义，即使是与孩子一起玩积木、过家家，也是闪耀着教育的、人性的、灵魂的光辉的。

情感支持，家长何为

中国青少年研究中心四国高中生比较研究课题组近日发布了《中美日韩四国高中生心理健康状况比较研究报告》。本次研究发现，与其他国家的高中生相比，我国高中生在心理与情绪方面存在自我评价低、不良情绪多、亲子关系差、网络素养不足等方面的问题。例如，仅有六成多的高中生对自己现状满意，只有七成多喜欢与父母在一起，有半数多高中生最近情绪低落，还有四成多神经敏感、情绪不稳，有三成多高中生在休息日上网5个小时以上，并且有两成多因玩手机睡眠不足。这样的结论，应该引起家长的警醒。

良好的亲子关系与情感支持对青少年的心理健康有积极影响，父母应充分认识到这一点，并在生活中注重角色意识，不妨蹲下来放低你的高度，善于倾听孩子的感受和困惑，不把喋喋不休的唠叨当作"教育"。

父母尤其要信任孩子、接纳孩子，有耐心等待孩子成长，永远不要拿那些所谓的好孩子来和自己的孩子比较，没有绝对性的好孩子，你眼中的好孩子，他的家长也会有很多烦恼的事情。

父母还要提升沟通能力，学习亲子沟通的技巧，这样才能给孩子有质量的陪伴，构建和谐的亲子关系。学会去关注孩子，关注孩子的交往圈，关注孩子的心情变化，关注孩子生活中的每一件小事。孩子的世界和成人是不一样的，在家长眼中的小事，在孩子的心里已经足够大了。不要以为只要和孩子说话了就是沟通，但是如果父母只在意孩子的学习，对孩子的交友、兴趣、情绪等多方面关注少，在孩子看来只是"伪沟通"，这样的亲子沟通对孩子的心理健康并无益处。

在孩子做错事或面对失败时，多一些宽容，少一些责备，既然错误已经发生，失败已经造成，家长就应冷静处理，责备是不能解决事情的，并且还有可能导致孩子的自卑心理或逆反心理，本来只是一次错误或失败，因为家长的错误方式就造成了二次的伤害或永远的失败。

人心是相同的，正面的期许激发的往往是人性良善的一面。当你用负面的眼光看待孩子，孩子就会用黑暗面对待你；当你以信任的眼光看待孩子，孩子就会用光明面对待你。我们的最大发现是——人可以经改变态度而改变自己的命运。

人有两个最基本的需要：一是亲密：被肯定、被爱、被喜欢、是重要的……二是当自己：有选择权、可表达、声音被听到……

重要他人是指在个体社会化以及心理人格形成的过程中具有重要影响的具体人物，父母之于孩子即是生命中的重要他人。

日本的"三浦展报告"（《下流社会：一个新社会阶层的出现》，2007 年），显示了父母的生活习惯与孩子成绩之间的某些相关性：孩子的成绩与父亲的阅读量成正比，父亲越认真、越有条理、越有礼貌，孩子成绩就越好；成绩好的孩子，母亲通常是有计划且动作利落的人，比较有条理而且做事干练；成绩不理想的孩子，饮食状况比较混乱，较依赖便利店的食物。成绩好的孩子，个性主动、爱运动、朋友多；成绩差的孩子，个性被动、不擅长运动、朋友少、爱打电子游戏……

生活在和睦家庭里的孩子，每天都在上着最生动的"心理健康课"，他们知道怎样处理压力，怎样解决冲突，这些都是孩子在家庭生活中观察和学习来的。父母要给孩子尽可能多的积极记忆。父母每天对孩子的脸色、说的话、管教的方式、传递的眼神等，都会成为孩子的记忆，成为孩子心理健康的食粮。

家长与孩子一起成长

美国心理学家班杜拉于 1977 年提出了社会学习理论。班杜拉在研究中着眼于观察学习和自我调节在引发行为中的作用，重视人的行为和环境的相互作用。认为个人认知、行为与环境因素三者及其交互作用对人类行为有着重要的影响。

班杜拉强调观察学习在人的行为获得中的作用。认为人的多数行为是通过观察别人的行为和行为的结果而习得的。依靠观察学习可以迅速掌握大量的行为模式。

班杜拉重视榜样的作用。认为人的行为可以通过观察学习过程获得。但是获得什么样的行为以及行为的表现如何，则有赖于榜样的作用。榜样是否具有魅力、是否拥有奖赏、榜样行为的复杂程度、榜样行为的结果和榜样与观察者的人际关系都将影响观察者的行为表现。

班杜拉强调自我调节的作用。认为人的行为，不仅受外界行为结果的影响，而且更重要的是受自我引发的行为结果的影响，即自我调节的影响。自我调节主要是通过设立目标、自我评价，从而引发动机功能来调节行为的。

从道德教育来说，德育应是主客体交互式的，它更重视人这一实践主体，因为人是有感情的、有意志的，德行不过是人把握社会现实的方式。学生在特定情况下，综合加工来自各方面的信息，从而形成有个人特征的思想道德观念等，并作为学生个体稳定的特征保持下来，成为学生主体性的一部分。因此，道德是主客体交互作用的产物，它是个体的、主体的。

道德教育的最终目的就是要使学生形成一定道德信念支配下的自觉的道德行为习惯。只有当学生把社会、家长、学校、教师的标准要求内化为自己的标准，并利用这些标准进行自我评价、自我监督、自我调节时，学生才能形成较稳定的道德行为。学生是在对外界各种行为的榜样示范的基础上，通过他人启发逐渐建立起自己的道德观念，并通过亲身体验不断强化和巩固这些观念。最初，学生往往是以成人、教师、同伴等各种榜样示范的标准为模仿标准，因此他们的自我评价往往是榜样示范评价的简单再现。随着学生知识、经验的丰富，社会交往范围和视野的开阔，以及学生自我认知能力、思维能力的发展，他们开始有选择地接受榜样标准，按一定的社会要求和道德标准来控制自己的行为。学生就是通过这种观察、模仿、内化、实践的不断反复过程，逐渐走向社会化和形成自己的道德品质的。

榜样作用抑或观察学习是一种非常重要的学习方式，而且是人格形成的重要途径。人的学习分为几大类：第一类是通过个人自身的体验去获得知识，比如，孩子通过摔跤学会走路，通过与小伙伴耳鬓厮磨的交往学会合作分享或者自私自利；第二类是通过父母和老师的直接教导，由专人讲授而获得知识与行为准则；第三类就是个人的观察学习，通过观察身边的人而获得知识和行为准则，孩子通过观察父母、老师以及同伴而学习做人做事，看到他人做某事受到批评或制裁，孩子就会抑制自己不去做那件事，看到他人做某事受到称赞或奖励，孩子就会去模仿并做出同样的行为。

班杜拉和同事以及后继者曾做过一系列实验——"芭比娃娃实验"，结果证实儿童在观看成人攻击芭比娃娃的榜样行为后，会表现出更多的侵犯行为，其中以真人榜样的影响力为最大，其次是电影榜样，最后是卡通片中的榜样。

社会的开放性、复杂性对学生的影响越来越大。如广播、电视、报纸、书刊，特别是网络新媒体等充斥在日常生活中，良莠杂陈，正负交织，影响何如，很难审辨。

中国匠人间流行"偷艺"说，讲的就是一种高水平的观察学习，虽然没有人教，自己却因为经常在一旁"偷看"而学会了。善于"偷艺"的人就是观察学习能力强的人。

回想我们的三观，以及为人处世之道，其实多半来源于父母、家庭环境的耳濡目染，加上后天的观察学习。作为父母，你自己是什么样的人，怎样说话行事，就会传递怎样的价值观，进而深刻地影响到孩子。在家庭生活中，无论是看电视节目，孩子听街头巷尾杂谈，家长的一微笑、一撇嘴，是欣喜若狂，还是气愤忧伤，都是价值观的自然流露，都是在给孩子讲人生的一课。这里面，价值观是绕不过去的"坎"。

没有家庭建设，家长就不能与孩子一起成长。没有优良家风，就没有一起成长。世代相传、蔚然成风、价值为魂、与时俱进的家风，是一个家族多代人遵循一定的价值观，通过家规、家训、家学、家仪等内容，融入日常生活，成为一个家庭相对比较固定的、有特点的风尚。建设家庭，就表现在努力形成优秀的家庭风尚。

孩子的自律和独立人格是在和家长的互动中形成的，有什么样的亲子关系，就有什么样的孩子。家长要和孩子一起成长，前提是夫妻共同成长、互相帮助、互相激励，成为优秀的家长。因为孩子是通过父母的相互关系去了解人与人的关系，形成自己的价值观、人生观的。

家长自我教育，才能获得与孩子在一起的主动成长。正如列夫·托尔斯泰所说，"教育孩子的实质在于教育自己，而自我教育则是父母影响孩子的最有力的方法"。家长通过不断自我教育，才能提高自己的素养，也才有和孩子互动的资本，才能有效地引导孩子的自我教育。

家长与孩子在一起是容易做到的，而一起成长是复杂的。

生命教育：借庄子的钥匙打开一扇门

　　培养学生的安全意识和自我保护能力、防止自我伤害或伤害他人，这些固然是生命教育的题中之意，但绝不是生命教育的全部。虽然人的存在首先是一个物质性的存在，但生命的存在又不仅仅满足于物质生命的生成和发展，而是要追求生命的意义、价值、精神、信仰等形而上学的维度。如果人的自然生命是生命的长度，那么社会生命则是生命的宽度，精神生命就是生命的高度。因此，生命教育就要高度重视学生的精神生命、价值生命，培养立体的人，而不是"单向度的人"。

　　然而，在强大的竞争压力与生存焦虑下，亲子之爱往往是望子成龙或望女成凤，并把这种期待密不透风地传导给孩子，把成绩作为最重要乃至唯一的标准来衡量孩子，孩子的整个生活意义都被压缩在几张试卷上。孩子应该相信父母会包容自己的错误与失败，被老师严厉批评或体罚，天根本不会塌下来。这样的坎并不是每个孩子都能跨过去。旁观者觉得微不足道的风波，在一些孩子的心里可能是滔天巨浪。所以，处于心智与人格成长关键期的学生，最需要的是强大的意志与通透的心识。因为，每个孩子都是独一无二的特殊的存在，生来就有价值，用任何标准来衡量他，一开始就错了。只关注孩子的功课，孩子未来发展的格局就变小了。

　　由此，我想到，无论是作为教育者的家长、教师，还是受教育的学生，可能都需要喝一点庄子的"鸡汤"，就像人有时候不得已要有一点"阿Q精神"，有一点庄子精神也是必要的。

　　庄子的哲学，是出于浓烈的现实关怀，立足于人生所面临的生存困境——生死之限、命定之限、自我之限，试图在个人的精神领域寻找摆脱凡愁俗欲之路。

"吾生也有涯，而知也无涯，以有涯随无涯，殆已！"在庄子看来，以有限的生命去追寻无穷的知识和利益，是一种"机心"，即心为俗物所羁绊，为利益所牵累，就失去了独立人格和内心自由。"物无非彼，物无非是。""是亦彼也，彼亦是也。彼亦一是非，此亦一是非。"庄子强调"丧我"，即去除成见，打破自我中心，以平等心态看待世间万物之别，与万物相融通，"不知周之梦为蝴蝶欤，蝴蝶之梦为周欤"，从而达到"天地与我并生，万物与我为一"的至高境界，得到超越与解放的心灵，才能体会到"逍遥"之乐。

庄子的精神世界，不仅构建于自由无待之上，更将这种追求指向至美之境：超越道德至上，与无限自然同一。"天地有大美而不言。"只要有一种超然物外的审美情怀，则所见者莫非美。庄子讲了很多外丑内美的故事，有跛脚的、驼背的、豁唇的等，从另一个角度阐明了不为物役、不为己役的灵魂超脱之美，使这些世俗意义上丑恶的形象变成可爱的审美对象。

说到底，庄子从人是自由的开始，到寻求现实人间自由的绝望，最后回归到个人的精神自由。庄子的超越以不干预现实来对待现实，以逃避矛盾来冷却矛盾，为我们开辟了一片自由天地，使生命得以升华。而今，当物质强暴精神的时候，当肉体抛弃灵魂的时候，当自己与自己产生距离的时候，一种理想的人格和自由的精神，才能让我们心胸宽阔，无所滞碍，朗明透彻。

专业同一性与职业同一性

整体而言，上大学依然是中学生及其家长最普遍的教育梦。从 2013 年开始，中国人民大学中国调查与数据中心设计和实施了中国教育追踪调查。他们在全国范围内抽取了 112 所学校、438 个班级、约 2 万名中学生。到 2017 年年底，仍有近 80% 的样本学生被成功追访。调查发现，30.45% 的学生希望自己读到大学本科，16.21% 的人希望读到研究生，16.39% 的人希望拿到博士学位。34.67% 的家长期望子女最终取得博士学历，这比他们子女的选择比例还高出近 20 个百分点。

2018 年全国高考报名人数达到 975 万，这意味着起码有上千万个家庭关心高考。

高考意味着什么？或许言人人殊。但毋庸讳言，高考之于莘莘学子，仍是走向广阔人生的重要驿站。经过十余年寒窗苦读，考上心仪的大学，不仅意味着自此迈向新台阶，也为日后找准社会角色、实现人生价值奠定了基础。

2017 年有数据称，40 年来，全国共有 1.2 亿人通过高考进入了大学。高考改变了考生，也改变了国家，从里到外都在重塑着这个国家的气质。如果没有高考，没有人才辈出，我们的国家将会是何等模样？

但是，情况正在发生变化。中国人民大学的中国教育追踪调查发现 34% 的学生能够接受大专及其以下学历，甚至有 3.22% 的学生表示对学历无所谓。有过半数家长承认，子女的能力无法达到他们的教育期望。

与以往相比，当前考上大学越来越容易。有报告显示，一些地区的高考录取率连创新高，有的总录取率高达 91.91%。

高考虽然还是升学的独木桥，却不是人生的独木桥。近日也有媒体对 2 万余名"00后"高考考生以及考生家长和其他网友发起了问卷调查。结果显示，有半数的"00后"考生不认为"高考可以改变命运"，70.7%的家长认为，参加高考最重要的是"增长经历"。

有人说高考是广大考生的"成人礼"，跨过这道关，考生便走向成熟。这种成熟，不只是体现在身体、心理上的成熟，更包括人格的自我完善。

高考确实是人生中的重要节点，但它绝不是终点。甚至可以说，高考过后又站到新的起点上，只是起点位置不同而已。

更为重要的，对"00后"来说，努力高考是为了坚持自己的选择，实现自己的愿望，少有人背负父辈们的期望或者未曾实现的理想。对未来的定位，他们更能控制住自己。

20世纪60年代，斯坦福大学心理学家沃尔特·米歇尔曾做过一个著名的"延迟满足"实验，用以检测儿童的自控能力。实验者在儿童面前摆上美味的糖果，给他们两个选择：要么现在吃掉一块糖果，要么等上一段时间，然后得到两块糖果。后续研究发现，儿童延迟满足的能力与生活中各种正面表现都存在关联性，那些能够控制住自己、先完成任务再吃掉糖果的孩子，未来更可能取得优秀的成绩、养成良好的习惯，甚至保持更健康的体重指数。

时至今日，研究者们已经对一波又一波的儿童进行了延迟满足的测试和随访。那么，50多年来，当今儿童延迟满足的能力是增强了还是更弱了？

美国加州大学圣巴巴拉分校的研究者约翰·普洛茨科为了弄明白这个问题，收集了1968年到2017年间发表的30多篇关于延迟满足实验的研究文献。结果发现，今天的儿童在延迟满足实验中拥有更好的表现：在其他条件不变的前提下，每过一年，同龄的儿童就能将满足感的获得多延后6秒。

如果一个人愿意为"延时"成功、为远大梦想付出汗水，我们有什么理由去怀疑他未来的成就？所以，上大学选专业，不能出于一时的利益之选，而放弃自身的爱好。完全俯就"钱途"，其实是得不偿失的。有"前途"的根本在于是否喜欢甚至热爱自己的专业。要想知道一个专业是否适合自己，先得知道自己有什么智力特点、人格特质（性格特点）、兴趣爱好，这些问题搞清楚了，再去了解各个专业的特点，才有可能选对专业入对门。

现实中，有很多因为缺乏专业同一性而痛苦的大学生，也有很多因为缺乏职业同一性而觉得生活没有意义的成人。

专业同一性与职业同一性是一个连续谱，如果一个学生选择了他喜欢的专业，那么他离自己喜欢的工作就不会远了。如果一个学生能找到自己的职业兴趣所在，人生就更容易理顺，工作也会成为一件幸福的事。

有人说，如果你热爱你的工作，那么你余生中连一天都不需要"工作"。这是有关职业同一性的最完美的表述。

鼓励学生发现自己的兴趣所在，可以参考的方法是，在他平时学起来很轻松并且有兴趣的科目中，寻找相关的专业。

如果始终触碰不到自己的兴趣，我们至少可以学习去喜欢自己将要学习的专业。学习就是要逼着自己开辟新的痛苦领域，自我加码，自我抬高目标。

高考后，每个人又站在了不同的起点，又开始了新的龟兔赛跑，那么，是乌龟赢了还是兔子赢了？也许都不是，是努力的态度赢了，拼搏的精神赢了，奋斗的人生赢了！

"00后"首次集体"高考秀"

一年一度的高考大幕拉开，"00后"首次集体走上考场，堪可玩味者多多。

说到"00后"，很多人会想到二次元、早熟、个性、自我中心、玻璃心、熊孩子、离不开手机等符号，却很难用比较精确的词语去概括，因为所有的标签在面对鲜活的个体时，都会成为苍白的修辞。

"00后"出生在一个有爱、物质条件丰富的环境，他们的自信心更足了，这种自信来自从小接受的家庭教育，来自诸多课外班上练就的多才多艺。同时完备的教育让他们很理性，习惯去追求真理和规则。但他们的想法往往不能为父母所接受，所以他们是孤独的一代。

"00后"获取知识的渠道非常多，这使得他们的视野特别宽广，想了解什么知识，基本上能从网上找到。他们是移动互联网的原住民，自带网络基因。

"00后"的孩子现实感很弱。他们很多现实事务都被替代了，不断地被告知要好好学习。他们在现代化的网络世界里生活，现实感很弱。他们在虚拟的世界里体会到真实感，在真实的世界里有虚拟感。他们独立性弱，主要是家长平时包办得太多。

心理学上有一个概念，叫作标签效应。所谓标签效应就是，当一个人被一种词语名称贴上标签时，他就会做出自我印象管理，使自己的行为与所贴的标签内容相一致。第二次世界大战期间，美国心理学家招募了一批行为不良、纪律散漫、不听指挥的新士兵，然后做了如下实验：让他们每个人每月向家人写一封说自己在前线如何遵守纪律、听从指挥、奋勇杀敌、立功受奖等内容的信。结果，半年后，这些士兵发生了很大的变化，他们真的像信上所说的那样去努力了。这就是标签效应在实际生活中的证明。

可以看出，标签具有定性导向的作用，对一个人的个性意识的自我认同有强烈的影响作用。不过，作为一种心理学上的现象，我们也不应当过分夸大标签效应的作用。

从现实角度看，"00后"更有个性、更注重自我、更自信、更张扬等特征既是时代造就的，也是多元时代所需要的。"00后"成长于中国经济社会迅猛发展的时代，物质丰富、科技发达是这个时代最显著的特征，但中国幅员辽阔，区域差异较大，城乡差距明显，不同地区的"00后"也有着天差地别，更不用说更加细微、复杂的家庭环境、个性因素对一个人成长的影响了。

在今天，整个社会的开放、多元、自由程度与恢复高考的1977年比较已不可同日而语。虽然，教育资源发展依然不平衡、不充分，高考依旧是现阶段优质教育资源的最佳分配方式，它很大程度上决定着人生将以怎样的方式打开，但没有必要认为，一场高考并不是"赢得所有"和"输掉一生"的旋转门。将高考成绩跟成功概率画上等号，认为考得好坏跟人生成败是对应的，是对高考作用的过分夸大。人们对多样化价值追求、多元化职业选择的认同度也越来越高，很多人喜欢从心而行，职业发展秉持"兴趣导向"而非"成功之上"。而且成功也不会是单靠高考成绩，而是靠包括教育、知识、创新思维等在内的文化资本和其他条件造就。在时下这个创新、视野、资源的价值日益凸显的时代，留给所有人的创富窗口都是开放的。说到底，高考是人生路上的一道坎，但也仅仅是一道坎，类似的坎，在漫漫人生路上还有不少。所以，高考，对"00后"更是增加人生经历，或者诠释了一种奋斗方式。

通过高考才知道，人生道路漫长，高考才只是开始。

小米的雷军从小是"别人家的孩子"，规规矩矩、品学兼优，高考顺利考上武汉大学计算机系，当武大学子忙着游湖赏樱的时候，雷军在忙着赶课刷学分，他在机房待的时间比在宿舍还长。雷军只花2年时间就修完了4年的学分，汇编语言更是拿到了满分。

网易的丁磊高中成绩一直算是中等，他喜欢无线电，高考时以高出一本线1分的成绩考进电子科技大学，进了全校最小的系——微波通信。大学四年，他挂了一门课叫电子实验，据说那门课的考试有个题目叫"74LS163"——据说网易的域名就是这么来的。

读大学很重要，但从大学走向社会，更重要。

麦肯锡最近的一份报告就预测，今天 30% 的工作到 2030 年都将被自动化取代。问题是，人工智能发展的势头迅猛，我们无法确定哪些工作多年后会被自动化浪潮所吞没。如何在未来不被机器人淘汰？哪些事情是机器人擅长做的？哪些是我们人类独有的能力？对于机器人在社会和经济中所扮演的角色，孩子越能学着进行批判性思考，就越有可能做好塑造未来的准备。

比如编程原理教育，其实大部分实际编程工作最终会落到机器人头上，但学习编程的意义在于，预测自动化发展方向的最佳途径，就是了解编程擅长解决哪些问题，不擅长解决哪些问题。

比如艺术教育，它有益于灵魂熏陶和创造性思维培养，而相比那些常规、可预测的活动，或需要处理大量信息的工作，需要创造力的工作被自动化的可能性较小。

比如情商教育，在任何领域，没有什么比强烈的共情和良好的人际交往能力更能让你在面对机器人时技高一筹。

比如，自学能力培养，只有不断充电才能适应日新月异的技术变革。

最大化实现自我价值

高考新政，目前最受关注的是高中阶段高考科目的选择，并让高中选科与大学的专业发展顺利衔接。这彰显了选择性理念，高校根据自己的办学特色选择学生，学生根据自己的兴趣特长选择学科和专业。但现实中最大的难题是，学生不会选择，也不知道怎么选择，因为他们根本就不知道自己今后要干什么，适合干什么。

让每一位学生都能得到适合发展的教育，这才是好的教育。新高考"六选三"的模式把考试从"套餐"（文科、理科两条通道）变成"自助餐"（20种选择方式），学生可以根据自己的兴趣、优势和志向，在很大的空间来选择不同的考试科目，不再人为地被分为文理科，从而充分发展学生的个性潜能和学科特长，考自己所长，考自己所好，学习由"补短"转变为"扬长"。

但教育的现状是许多学生用12年来提分数，却只用几天来选择人生。大多学生在高考分数公布当天才去考虑报考什么专业，选择什么职业。他们不知道各个专业到底是什么意思，也不管专业是否合适，往往只认大学招牌；更不知社会上各种职业到底意味着怎样的工作状态，自己到底擅长什么，对什么感兴趣，终生的追求是什么。这是因为：一是高中学生普遍自我目标缺失，高考前学习的唯一目的就是上大学，学习是为了父母、为了老师，唯独没有考虑自己的个体需要，对自我兴趣、个性、价值观了解不够；二是高中学生的自我职业发展期望值过高，多数学生在填报志愿时，关注更多的是未来薪金和福利待遇问题，没有把个人发展空间或者未来的发展前景放在首要的位置。

当然，现行教育制度和人才选拔制度仍然以高考为最重要的标志，高考获胜就意味着成功。所以，学校工作主要围绕学科考试进行，基本不会关注到学生的生涯规划。

新高考招生改革方案，录取不分批次，实行"专业+学校"志愿，按专业（类）平行投档；高校确定和提前公布专业（类）选考科目范围和其他选拔条件，择优录取。这种"专业导向"的录取模式是对过去"总分匹配"模式的颠覆。这开始逼着学生对自己、对未来必须有一个清楚的认识。

生涯规划教育并不是要学生当下就确定具体明确的职业方向，而是让学生在认识自己和社会的过程中，逐渐认识到自己的兴趣和能力所在，学会把兴趣转变为学科优势、职业兴趣和事业追求，在选课和选专业方面能够有的放矢，使自己的学科选择、优势智慧、高考志愿实现最大程度的契合，激发个人的内在价值和潜力，有目标地学习、有计划地发展。

高中教育是基础教育，高中生必须修习国家规定的必修课程，同时，高中阶段也是学生发展分化、个性开始彰显的阶段，这就要求高中课程增加选择性，让学生根据自己的兴趣、禀赋、潜能来选择分级分类的课程。

为实现自我个体发展与未来职业相匹配，实现自我价值的最大化，高中学生应该建立自己的 GPS。

认识自我。只有认识自己，才能更好地完善自己，只有认识自己，才能更好地把握未来。

认识专业。认识专业是认识外部世界的重要一步，根据自己的兴趣特征来研究相关专业的基本情况、培养目标、培养要求及发展方向等。

认识职业。通过了解职业及职业环境，最后确定自己的职业目标及发展方向；通过不断修正与提升职业生涯的基本模式，最终实现人职匹配，使个人目标与社会目标相吻合，达到个人利益与社会利益的最大化，从而获得更多的人生成就感和幸福感。

我的未来在哪里

——关于职业生涯教育

又到一年高考季，指导学生填报志愿、选择专业，颇费周章，煞费苦心，每每被学生不了解自己、不了解专业、不了解职业而叹惋。

1970年，哈佛大学对当年的毕业生做了一次关于人生目标的调查：没有目标的人占27%；目标模糊的人占60%；有清晰但比较短期目标的人占10%；有清晰而长远目标的只占3%。

25年后，哈佛大学再一次对这批毕业的学生进行了跟踪调查，结果是：有清晰而长远目标的人，他们朝着一个既定的方向不懈努力，结果几乎都成为社会各界的成功人士，有的已是行业领袖、社会精英；有清晰但比较短期目标的人，他们的短期目标不断实现，成为各个行业、领域中的专业人士，大都生活在社会的中上层；目标模糊的人，他们安稳地生活与工作，但没什么特别突出的成绩，他们以生活在社会的中层为主；没有目标的人，他们的生活没有目标，过得很不如意，并且常常在抱怨他人、社会，抱怨这个不肯给他们机会的世界。

古罗马哲学家塞涅卡曾说："如果一个人不知道他要驶向哪个码头，那么任何风都不是顺风。"没有方向的人就像是一艘在大海中漂泊的小船，任何方向的风都不会是它的顺风，一直随波逐流，最后沉没于无边的大海……

将要参加高考的高中生就应该做好职业规划，选对适合自己的专业。如果选了适合自己的专业，以后的职业发展可能就比较顺，职业成功的可能性就更大。

作为职业生涯指导的主要实施者，学校需要肩负起提供指导和教育的责任，开展有关职业生涯的教学活动，以帮助学生了解自我，进行相应的知识和技能训练，培养社会意识、获得职业决策、管理职业生涯等的能力。

职业发展在个人生活中是一个连续、长期的过程，不可能一蹴而就。人的职业态度和要求等并不是到面临就业时才有的，而是在童年时期就产生了萌芽，并随着年龄、资历和教育等因素的变化，逐渐形成职业意识，职业能力得到不断提升。

职业生涯教育不能局限于某一教育阶段，而应贯穿教育过程的始终，渗透于教育体系的各个层面，基础教育阶段尤为重要，宜早不宜迟。

小学阶段应是职业了解阶段，主要任务是职业认识，通过教学等途径，学生在活动中树立职业观念，加深对职业的认识，扩大对职业的了解。初中阶段应是职业探索阶段，即学生通过职业探索熟悉职业分类，并做出尝试性选择。高中阶段应是职业抉择阶段，学生应对自己的职业有一定的方向，集中探索选定的目标职业。

职业生涯教育的主要目标不是局限于学生当下的需求，而是提供职业生涯探索和进行职业生涯规划，激发学习动机、提高学业成绩、获得就业技能，为继续教育和终身发展打下基础。

对学生来说，职业生涯规划最核心的事是认识自我、认识职业、认识教育与职业的关系，学会职业决策，从而根据自己感兴趣的职业目标，在学校有计划地从知识、技能和综合素质方面提升自己的职业竞争力，为自己定下事业大计，筹划未来，拟定一生的发展方向，设计出合理且可行的发展步骤。

不可否认，人的主观能动性是很大的，我们确实可以靠才华和资质把很多事情做好，但是很多人终其一生也没有释放自己的潜力，更没有享受由工作带来的乐趣。

史蒂夫·乔布斯在斯坦福大学毕业典礼上致辞时说："你的内心与直觉知道你真正想成为什么样的人，任何其他事物都是次要的。"要把自己成为最好的你，就应该根据自己的实际情况，现在就做出选择。选择未来实际上就是我与我们身处的社会环境之间的最佳匹配。

富兰克林说："宝贝放错了地方便是废物。"经营自己的长处能使你的人生增值，经营自己的短处会使你的人生贬值。成功的人不一定是最优秀的人，也不一定是最幸运的人，更不一定是最聪明的人，但一定是找到适合自己位置的人。

自我意识：学会掌控技术

在大数据的逻辑里，一切都靠数据说话。通过浏览网页、使用 APP，你"主动献上"自己的数据，你提供的数据越多，平台对你的了解就越完整。整合后的数据较为精准、详细，之后通过各种建模分析，足够刻画一个"数字化的你"，甚至比你自己更了解你自己。在网络世界，构成一个个体的，不是身体发肤，而是数据。而驱动数据并支撑这类精准"画像"的核心是算法。

点击头条明星八卦会刷到更多娱乐新闻，你喜欢什么，首页就拼命给你推送什么，似乎通过一块屏幕就能传达出你想要的世界的模样。而带给你这样美妙感觉的，也还是更懂你的算法。算法通过记录用户行为、进行数据分析、描绘用户画像，对用户进行个性化内容推送。你会发现，你的阅读口味正在被算法培养，然而你的兴趣却变得越来越单一，认知变得越来越狭隘，最终失去思考和探究新事物的能力。

《未来简史》中预言，未来的时代将会进入算法社会。

逛淘宝、刷抖音、玩吃鸡、追剧……网络正在建造一个特别容易让人沉迷的游乐场。一旦你沉浸其中，很快就会忘却其他事情。所以，中小学生沉迷网络的问题已经到了亟待全社会高度关注的地步。

相对于诸如阅读、学习等枯燥且不能在短时间内给你带来愉悦的事情而言，网络产品以其瞬间享受的特性，就更容易侵占你的生活。如"王者荣耀"，一场对局往往只花费十几分钟，就能给你带来胜负之间的强烈快感。

当你沉迷于抖音或者吃鸡游戏时，可能不会想到，屏幕背后，有几百上千人正在夜以继日地工作，布置一个个"钩子"，为的是让你深陷其中无法自拔。

对中小学生沉迷网络的教育引导，家庭和学校的外在规制是必要的，但根本上还是提高学生的自我意识水平。

自我是主体的我和客体的我，即把自我一方面当作主体理解，它能够认识客观现实和自己，另一方面又把它当作活动对象和内容。

自我意识是指个体对自己所作所为的看法和态度，包括对自己的存在以及自己对周围的人或物的关系的意识。

自我意识在个体身上发生和发展，形成稳定的对自己的看法、认识和态度，以完整、系统的形成存在着，担负起人的内部世界以及内部世界和外部世界之间的协调工作。它指引和确定行动方向，规划如何去做，从而把人格的发展纳入自我意识之中。人格的铸造自始至终是通过自我导向、自我监督和自我激励实现的。

学生是依据自己本身的探求和反思逐步发现自己的，自我意识也随之不断发展变化。提高学生的自我意识水平，就是提高自我评价、自我体验、自我控制水平。

说得再哲学一点。明末哲学家李贽言道："穿衣吃饭，即是人伦物理；除却穿衣吃饭，无伦物矣。"他强调人的日常生活的必要性。使用网络，亦是日常生活，必要性毋庸置疑。但李贽在强调"衣饭""伦物"必要性的同时，又反对在"衣饭""伦物"上"计较忖度"——斤斤计较。他认为，"学者只宜于伦物上识真空，不当于伦物上辨伦物"，即就"伦物"论"伦物"，停留在日常生活枝节的计较上，如此，则"终无自得之日"——无自由自在之精神状态。只有"于伦物上识真空"——从日常生活枝节中明察背后的"本"和"真源"，所谓"达本而识真源"，这才不致为"衣饭""伦物"本身所束缚和迷惑，而对日常生活有一种高远的见地和境界——"真空"。达到这种高远见地和境界之人，就可叫作"真人"。"真人"不困扰于物欲本身，而要求追寻事物之"真源"，那也就是"与万物为一体"之人。李贽认为做人就要做这样的人。

按照人的自我意识发展的历程，即人的精神自由的高低程度，人生的精神境界可以分为欲求境界、求知（真）境界、道德（求善）境界、审美（求美）境界四个层次。沉迷于网络，即是处于欲求境界，也就几无自由可言。

所以，自我意识的发展，是教育最重要的目的之一。这在很大程度上需要家庭教育的担当。然而，我们的家庭教育基本上处于自然发展状态，家长没有正规途径接受相关培训，家庭教育全凭家长个人的阅历和经验展开。家庭教育存在教育理念杂、方式方法多却未必科学的现象。家庭教育具有立体性、综合性，应摒弃仅仅指导学习的狭隘教育观，立足培养孩子的健全人格、良好习惯、健康心理和阳光的生活方式。

事实上，学校和教师也缺乏相应的家庭教育指导力与引领力。这也是亟待解决的问题之一。

让学生在思想和行动上成为自己的首席执行官

教育部日前印发《关于做好预防未成年人沉迷网络教育引导工作的紧急通知》，并致信全国家长，强调家长要切实承担起对孩子的监管职责，善引导、重表率、常陪伴、导心理、多配合，及时发现、制止和矫正孩子网络成瘾、游戏沉迷和不当消费行为。这一要求提醒家长从正反两方面看待网络带来的机遇和挑战，让广大家庭成为预防中小学生沉迷网络的坚实阵地。

当前，移动网络深深地侵入了每个人的生活，中小学生使用手机成为"伴随行为"。对于移动互联网的特征，腾讯的马化腾这样形容："手机是一个 10 倍级的能量，10 倍级的成长，甚至 10 倍级的毁灭。PC 互联网是 2.8 小时/天，移动互联网则是 16 小时/天，比 PC 多出十倍以上的使用时间。"

中小学生"沉迷"移动网络已是一种普遍的现象。无论其沉迷的是游戏还是群聊，或是其他，都会直接影响其生理、心理、学习和交往等行为的正常发展。

但是，对于中小学生而言，移动网络不再仅仅是学习的工具和手段，某些情境下它也是学习的内容之一。手机作为现代信息技术的产品可以应用于学习，学生需要掌握信息技术，而且使用手机是人自主生活的权利。问题是，目前的网络技术还不能有效过滤所有不利于未成年人成长的信息，特别是黄色网站和有害游戏，学生登录不健康网站和接收不良信息真实发生着；网络信息的开放性和关联性等特点容易使学生转移学习的注意力，课堂上经常看手机、玩手机的学生大有人在；网络游戏会使学生沉迷其中，无心学习。而网络学习有赖于学生很强的学习自主性，夸大手机的学习功用，显然是骗人骗己。

技术本身无所谓功与过。我们需要讨论的是：我们需要怎样培养掌握信息技术和具备信息素养的人，特别是培养孩子的自制力。

自制力是根据环境需求，掌控精神状态、情感、行为和注意力的能力。它不但事关自我控制，还包括抑制自己的第一反应，排除不相关刺激的干扰和坚持完成相关任务（即使是自己不喜欢的任务）的能力。而家长承担着孩子自制力发展的主要责任。

家长要以身作则，在使用网络特别是手机等移动终端设备时，要做到理性地节制。孩子通过模仿家长的处理方式来学习控制自我行为。孩子自制力的程度，一定情况下反映了家长自制力的程度。孩子要有机会见证成人怎么管理和约束自己的行为，模仿是他们学习的一种重要途径。家长大都知道应该限制孩子长时间使用手机，也大都会采取一些措施加以干预，而一旦忽略了自己的榜样作用，那么，所有的教育就会被孩子视为虚伪。

家长要主动投入与孩子一起共同学习的过程中，共同学习适应网络时代的新的生活方式，共同面对和解决网络带来的生活困惑，共同面对和解决孩子由于自制力薄弱带来的网络苦恼。孩子需要能够被倾听和理解，要与孩子平等沟通，适时指出孩子想法中的盲区，平和地就上网内容进行交流，引导孩子学会辨别并抵制不良信息，明白网络所特有的链接风险、密码风险、钱财风险、隐私风险以及道德风险等安全问题，养成绿色上网和文明上网的习惯。

要持续有力地执行规则。要确立家长内部的统一立场，不能让孩子钻空子；要与孩子约定规则，明确奖罚，画出红线，令行禁止，使用网络有益、有度、有取舍，既不放任，也不管死。自制力跟父母的控制水平有关，孩子被父母"过度控制"，很少有机会锻炼自我控制，自制力反而不如经常有机会进行自我调节的孩子。

最重要的，家长要有意识地放下手机、离开电脑，给予孩子高质量的陪伴，创造更有意义的活动经验，将孩子从手机和网络的掌控中拯救出来，学会经营现实世界中的美好生活。

线上线下平行社交，学生能否把持

歌德说，人不能孤独地生存，他需要社会。现实中，学生与学生、学生与教师、学生与家长以及学生在学校、班级的群体中，无时不在社交中建构着自己。但是，移动互联网，尤其是移动互联社交媒体的发展，极大地扩大了现实生活中的人际交往，拉近了人与人之间的距离，缩短了时空距离，这是一种史无前例的便捷交往方式。学生也是没有例外地参与其中，线上线下平行而不违拗。

网络和移动互联终端的介入，将现实生活中的人际关系搬到了虚拟平台上，从而颠覆了人际交往通过面对面交流或通过电话、书信等媒介以符号为载体传递意义的基本模式。使用社交媒体的过程属于人际交往的沟通和相互作用，实际上是使用者自我意识的外化过程，是一种表达情绪的唤醒。线上的社交形态不外乎个人关系链、人脉圈子两种。基于手机通信录的 QQ、微信，是以人为核心的熟人与熟人之间的社交关系，在这里更新自己的状态，分享好玩、有趣、有用的图文、视频等；以话题为中心的圈子如微博、贴吧、论坛、陌陌，是陌生人与陌生人之间的社交关系，以兴趣、话题为主导，进行信息、价值交换。

移动互联网时代，人们越来越喜欢分享、展示自己的心情、技能、成就，通过分享的方式来表达自我的生存状态和价值，以获得大家的认同，从而证明自己的价值。这就是社交的本质：社交是人的刚性需求，承载了人最本质的意愿，让别人知道、证明自己、炫耀本领的心理。

学生之需要网络社交，一是通过关注、评论、转发、点赞等社交媒体的亲和行为，以付出较少的心理成本来完成亲近交往，以获得安全感与归属感。二是通过发状态、图片或转发等社会互动获得认同感和自尊感，或者根据自己的需求和喜好塑造自己，把自己打造成理想形象。

看微信，看朋友圈是规定动作，朋友圈人数众多，但朋友圈其实没有几个真正意义上的朋友。每天需要维护的社交人数越来越多，超出了个人的负载，无论可信与否、赞同与否，发表情、点赞、发截图，态度表达过分简化，倾向于形式而不是内容，缺乏深度沟通的围观式交往，甚至为了维护面子去交往，难有质量可言。

网络社交中，学生因为学习压力大，需要放松，发泄压抑情绪，所以，他们讨论的大多是娱乐化内容，获取的信息和注意力大多放在兴趣爱好和身边人或事上。看似广泛、多元的交往，其实是狭窄的、单一的、肤浅的。

更让人担忧的是，学生的课外生活，除了大部分时间被功课和补习占去，仅有的闲暇，又让电子游戏、小说漫画填充，社会性学习（如社会实践、志愿服务等）几近于无。

线上的问题，需要线下来矫正。首先是积极的、温暖的、良好的亲子关系；其次是尊重、信任、支持的师生关系；再次是平等的、互动的、分享的伙伴关系。

寒假：让学生充分参与家庭生活

虽然中小学生正处在发展中，但他们也是有独特需求、有独特眼光的行动主体。学生应该有机会亲身参与广泛的生活中去接触真实的自然界和社会生活，获得丰富而均衡的生活体验和教育实践，从而积累经验、发展能力，更主动全面地发展自己，成长为有个性、有才智、能处理诸多问题的人。

在学校、家庭、社会三大领域，如果我们给予学生适当的尊重和支持，学生是可以做出合理的、负责任的决定的。一方面我们总是代替学生做决定；另一方面我们又在抱怨他们总也长不大。学生缺少参与现实生活的机会，他们学习做自己主人的权利就被剥夺殆尽。其实，学生是有能力参与生活的。比如，在我们学校，学生会把学生自治做得井井有条、有声有色。但是，学生的校内校外生活，主要被学习占据。学生除了在校内的学习之外，在校外，一方面要完成大量家庭作业，另一方面还要上兴趣班和补习班。所以，学生的生活主题单一，范围狭窄。

很多学生有手机，有电脑，有 QQ 号，有微信，说明学生对参与生活有广泛的、浓厚的兴趣，也有初步的、切实的行动，但缺少支持和引导，因为有很多学生从来不看电视新闻或报纸新闻或网络新闻，导致他们缺乏更大范围社会交往、人群交往的经验，甚至缺乏政治参与、经济参与、社会参与、文化参与、生态参与的意愿，对当代改革发展的重大议题及社会焦点问题、舆论热点问题不表达关注和意见甚或隔膜、漠然。

时值寒假，恰是学生参与家庭生活的绝佳机会，学校应指导家长支持学生参与家庭生活。其主题主要有以下几个方面。

第一，亲子沟通。谈论学习问题、怎么交朋友、什么是爱、生命和死亡等，学会一项急救技能，全家挑战 7 天不上网、不玩手机，在家长单位体验一日工作，同学伙伴自愿结对交换家庭一日，全家一起创编春联，用自己喜欢的艺术形式表现生肖狗，向长辈咨询编制家谱等，以此体验家庭亲情伦理。

第二，学会做饭。学习烹饪的知识和技能，如准备食材、读懂食谱、识别食物的营养成分、使用炊具做饭等，还要学习饮食文化，如食品安全、食物链、摆放餐具等，甚至可以发挥想象力和创造力，添加食谱上没有的食材，多放或少放一些调料，做出口感不一样的食物，也可以在摆盘上花心思，摆成自己喜欢的图案，体验家庭生活的快乐。

第三，学做家务。家用电器的使用和保养，家居保洁，衣物洗涤，物品收纳，居家美化，以至服装材料鉴别、种类、号型、搭配，头发和皮肤护理、用品、工具选择等，感受技术与日常生活的联系。

第四，家庭理财。和家长一起拟订春节购物清单和置办年货，对压岁钱做出合理安排。全面了解家庭消费结构，认识家庭的收入、预算、支出，用有限的金钱规划、分配、安排家庭生活，学习利用互联网做一个理性的消费者，用适当的钱购买既有实用价值又有美感设计的物品让生活可持续发展，具有正确使用金钱的消费意识和理财储蓄的财商。

当然，假期里除了深度参与家庭生活，还有寒假作业、查漏补缺、课外阅读、强化特长等学习任务，还有志愿活动、参观博物馆、户外亲近自然活动等社会参与活动。

知而能之，知行合一

正值寒假，中小学生游走四方，研学旅行季来也，煞是热闹，不亦乐乎！

教育部等 11 个部门联合发布的《关于推进中小学生研学旅行的意见》，明确把研学旅行纳入中小学教育教学计划，研学旅行获得了制度保障。

游学传统由来已久。孔子周游列国，历时十余年，行程数千里，遭值艰难险阻，一边宣传自己的政治主张，一边带领弟子读书、体验山水、感悟人生，并将一路所闻、所见、所感记录下来。孔子身后，其弟子及其再传弟子把孔子及其弟子的语录进行整理，编成《论语》，传诵至今。司马迁从二十岁起就漫游祖国各地，到处寻访古迹，采集传说，行迹所至，殆遍四海。壮阔的游记，开阔了眼界，增长了阅历，为他写下"史家之绝唱，无韵之离骚"的《史记》打下坚实基础。一直到明代徐霞客，清初顾炎武，这种传统代代相传，成就了古人知行合一的优良士风。所以，所谓游学，即游历四方，寻师求学，传播思想的文化活动。人有恒言"读万卷书不如行万里路"，游学之益在于体验，人世间有些知识、有些情感、有些体会，非亲历其境不能得其益，游学的必要性就在于此。

游学传统的回归，弥补了学校教育的很多不足，扩大了见闻，磨炼了意志，陶冶了情操。但目前也有些研学旅行掺杂了一些别的因素，比如，有些融入了过多的商业因素，有些掺入了过多道德规训的内容，偏离了青少年教育以生发和活跃为主的特点。研学旅行是为学生提供知识学习的有效途径，是锻炼学生意志和提升境界的绝佳方法，尤其是那些在自然界中的研学旅行，可以使学生在天、地、人的交融之中陶冶人格境界，感受天地的大气象，这也是对城市生活和现代性思维的必要补充。而其途径，更多的应是体认、感悟、反思、知行合一。

研学旅行，更是传承中华优秀传统文化的有效载体。青少年并不刻意排斥传统文化，而是一些传统文化内容在当下的表现形式过于单一和枯燥，无法让他们产生良好的体验感，进而难以接受、吸收传统文化的精神内核。相比于中规中矩的课堂学习，他们更喜欢在旅行、探访文物古迹、参加民俗活动中亲近传统文化，而《中国诗词大会》、《中国汉字听写大会》等以弘扬传统文化为核心的综艺节目的出现，也激发了他们走进传统文化的极大兴趣。故宫博物院推出的各类手机应用，以现代方式重新打开古老文化，寓教于乐，也深受青少年喜爱。

　　所谓"文化"，按古人的定义是"人文化成"，即以人文精神教育人们，养成良好社会风尚。知行合一，力行实践，可让研学旅行走上"人文化成"的正途。

　　举例来说，传统文化的深厚土壤在乡村，研学旅行也要走进乡村。我们可以让学生走进祠堂，那是"崇宗祀祖，敦睦族谊"的地方，它确立宗族源脉，守护子孙根本；那是"上奠祖先之灵，下规后嗣之则"的地方，它践行礼仪，树优立榜；那是"互助族里，扶危济困"的地方，它施行慈善，抚恤孤寡。祠堂"以德育人"，在当下变身农家书屋或农村文化室等，传播知识，传承文明。我们可以让学生走进古村落、古市镇，鉴赏那些悬于门屏上的匾额。匾额是古代建筑的眼睛，反映建筑物名称和性质，是人们表达义理、情感的文学艺术形式，有表彰、祝福、室内装饰、作为商号、作为堂号等用途。"积善之家"、"耕读传家"、"鸿宾楼"、"稻香村"、"爱莲堂"、"四知堂"等，这些匾额正是"门楣上家国，梁柱间文脉"，其实是要把"明明德、亲民、止于至善"和"格物、致知、诚心、正意、修身、齐家、治国、平天下"的很多担当的要义传之子孙，凝聚中华人文要义，浓缩圣贤学养精髓，可谓字字源典、词词据史，是中国故事与哲理的宝库。学生徜徉其间，优游体悟，教益莫大焉。

高阶学习来了

现在的孩子正好生活在机器人全面来临的时代，人类绝大多数行为是按照原有的知识行动，这方面机器人都比人做得好。拿围棋机器人来说，阿尔法狗学了人类已有的所有棋谱，而人记不住这么多棋谱，因此它赢了。阿尔法狗的升级版阿尔法 Zero 根本不看人类的棋谱，告诉它围棋的规则后，它自己跟自己下，每下一盘总结一次。阿尔法 Zero 三天之内下了 490 万盘棋，自己总结出一套经验规律。它的围棋知识是自己总结出来的。然后阿尔法 Zero 和阿尔法狗对弈，一百比零，完胜熟记人类几百万个棋谱的阿尔法狗。机器人自己开始创造出知识了，而人类的经验归零，非常可怕。我们是把孩子变成阿尔法 Zero 还是阿尔法狗？

所以，人的经典学习可能面临人工智能的挑战。什么是经典学习？从孔夫子到我们现在的学习，古代人看竹简，现代人看屏幕，都是经典学习。就是通过正常的渠道和自然的方法，把知识储存进我们的大脑。

《中国教育报》有这样一篇报道：

"下面我发一套题给大家做。"语文课上，陈雪莲老师手持教师端平板电脑轻敲，学生张欣怡登录对应编号的学生端平板电脑后，立马就收到了老师布置的课堂作业。在电脑上她直接输入答案、电脑自动录入步骤，15 分钟后，全班 55名学生提交了自己的作业。学生提交完作业后，陈雪莲按下"智能批改"，瞬间自动生成分析结果，包括正确率、错误率、错的是哪些学生、正确的是哪些学生等。

这是发生在合肥市高新区实验小学智慧课堂上的一幕。借力区内科技企业的优势，目前全区 12 所学校已与区社会事业局、科大讯飞三方签订使用协议，进行了智慧课堂第一期的示范校建设，安装了 13 台微云服务器，受益教师 112 人、学生 602 名，实现全区中小学智慧课堂的"全覆盖"。

相对于传统方式，智慧课堂的教学时序是颠倒的：老师先把学生需要学习的内容录制成微课，发送给学生，并把重点、难点标注出来。学生在上课前可以通过网络微课视频进行预习，并把预习内容在线反馈给老师。老师再根据学生们的课前反馈进行二次备课，对于他们关注的重点和难点在课堂上着重强调。这样老师备课更有针对性，学生们带着准备来上课，学习效果就更好。

这是目前很前卫的课堂教学，但还是经典学习。课堂学习中，还有一些技术运用，比如 PPT、VR 等，是促进感官感受度的。至于百度、知乎这样的东西，则降低了获取知识的成本。

而人工智能和脑科学的综合应用，将从面向知识的单一工具发展到针对人学习的系统工具，把经典学习推进到超级学习——基于人格化的创新学习、基于新技术的高阶学习，学生成为知识的创造者成为可能。

数千年未有的变革在我们面前发生，这次的变革将超过此前所有变革的总和，我们的孩子将进入完全不同的世界。这是人工智能带来的，这对教育形成很大的压力。在未来，孩子面对的是什么样的状态，我们能不能提前做好准备？当我们知道成绩已经不重要了，最核心的教育到底是什么？

学生的姿容及其他

　　学生的饮食、睡眠、卫生、运动、休闲等，这些事关学生是否有健康的生活方式的方面，在学校教育中，似乎不被重视或重视不够。但学生的日常，除了学习，剩下的也就是以上这些事项了。这些事项加上学习，就构成了学生的生活状态乃至生命状态。教育虽说是为了明天，但也是为了今天。一个今天生活状态、生命状态不健康、有缺憾的学生，何谈未来的生活和生命能够出彩？当下生活幸福才能为未来储备创造幸福的能力。而学习状态好，也与生活、生命状态高质量息息相关。所以，关注学生的当下生活，成为教育的日常内容，攸关学生幸福。教育的终极目的，难道不是让学生获得幸福吗？

　　关注当下，关注生活方式，唯在落实、落细、落小。比如身姿仪容，是如何让学生学会优雅。有古人曾云："敬身当以九容自持，不可有斯须放倒之容。"（韩国思想家李滉）"九容"出自《礼记·玉藻》："足容重，手容恭，目容端，口容止，声容静，头容直，气容肃，立容德，色容庄。"它较为全面地规定了日常生活中读书人应有的仪容表现。教育家张伯苓特别信奉这样的理念："一衣不整，何以拯天下？"所以，他为南开中学题词："面必净，发必理，衣必整，纽必结；头容正，肩容平，胸容宽，背容直。"这都是真正教育的眼光。

　　《光明日报》2017 年 12 月 11 日 11 版，报道了江苏省用"八礼四仪"让青少年践行文明礼仪。所谓"八礼"即仪表之礼、餐饮之礼、言谈之礼、待人之礼、行走之礼、观赏之礼、游览之礼、仪式之礼，135 条礼节帮助学生规范到生活的方方面面；"四仪"则是入学仪式、成长仪式、青春仪式、成人仪式，给学生的成长留下弥足珍贵的难忘瞬间。这是顺应青少年身心特点和成长规律，把

"爱、敬、诚、善"的价值理念具体化为最基本的礼仪规范。

　　构建学生当下以至影响将来的健康的生活方式，就要从点点滴滴做起。至小如说话的声音，学生在校园环境下，应该有操场的、课堂的、课间的三种不同声音。我还想到"趋庭"的典故：孔子站在院子里，他儿子孔鲤经过院子，要"趋"，就是小步快走，这是对长辈的礼敬。两条腿怎么用？在古人那里，步、趋、走，是有区别、有讲究的。今天，我们教会学生走路了吗？抑或我们成人会走路吗？兹事非同小可。

从"特长招生"到发展兴趣性特长

日前，教育部办公厅印发《关于做好 2018 年普通中小学招生入学工作的通知》，通知要求逐步压缩义务教育阶段特长生招生规模，直至 2020 年前取消各类特长生招生；继续清理和规范中考加分项目，尚未全面取消体育、艺术等加分项目的地方，要从 2018 年初中起始年级开始执行。

特长生招生政策为变相择校提供了一个"终南捷径"。许多家长并不真正关心孩子是否对某些项目感兴趣，而是从提高升学概率出发，要求孩子掌握某些特长。被升学绑架的孩子，最终目的不是发展某些特长，甚至绝大多数也不会发展和保持这一特长。何况，这些孩子在练习特长项目时，主要依靠市场上的培训机构，而这些培训机构主要提供的是如何更快获得证书，而不是真正培养孩子对特长项目的兴趣。所以，特长生招生政策与真正的文化艺术教育并没有实质的联系。

还有，近年来，一些山寨离岸社团举办了五花八门的针对青少年群体的赛事：国际青少年艺术节、"大中华"杯全球华语大赛……比赛不仅山寨成分高，更与培训、旅行产品结合在一起，形成了一条青少年比赛产业链。花钱即能得奖，发奖就是掘金圈钱。这样的山寨国际比赛项目，就是寄附在家长们"让孩子多一次锻炼机会"的心态和用狂热的教育投入买心安化焦虑上。事实上，对此趋之若鹜的一些家长，无非心怀侥幸或虚荣，想着多个证书多个综合素质"加分"机会，或是拿出去炫耀。

那么，与其为了特长生多加几分而把大把精力专注到一个方面，倒不如全面而有个性地发展。这正如一个金字塔能建多高，塔基的宽度非常重要。

取消特长生加分，不等于不去培养孩子的特长。小学和初中的孩子还没有定性，也许今年喜欢音乐，明年喜欢体育，后年又迷上了绘画，也只有在这样的逐步探索和体验中，他们才能渐渐地找准未来的方向。只有摒弃功利的目的，才可能促进孩子依照自己的兴趣更自由地发展。

　　据悉，中国高等教育学会最新公布的学科竞赛评估榜单，以"可公开获取的客观数据"和教育部2007年、2008年和2010年发布的大学生竞赛资助项目和竞赛影响力为主要依据，遴选了19项国内具有广泛影响力的竞赛项目，上海交大以满分的成绩，在这项评估中排名第一。纳入评估的竞赛项目诸如：中国"互联网+"大学生创新创业大赛、"挑战杯"全国大学生课外学术科技作品竞赛、ACM-ICPC国际大学生程序设计竞赛、全国大学生数学建模竞赛、全国大学生电子设计竞赛、全国大学生机械创新设计大赛、全国大学生结构设计竞赛、全国大学生广告艺术大赛、全国大学生智能汽车竞赛、全国大学生交通科技竞赛等。比如，国际基因工程机器设计大赛（iGEM），几乎没有哪一所世界一流大学是缺席的。这种高水平比赛本身就是理想的孵化器，可以锻炼和培养具备优秀意志品质和科学素养的全能型创新人才。

　　这样的竞赛项目是真正着眼于学生的核心素养。也许，对家长、对学校，都提供了发展学生兴趣性特长的借鉴。

网游手游及“跨媒介阅读与交流”

当下，网游手游中升级类的游戏，较之策略类、竞技类的游戏，不是依凭玩家的策略水准、技术实力，而是依靠时间、财力的投入，并且没有终结、无穷无尽，与其说是玩游戏，不如说是被游戏“玩”了。

但是，无论策略类、竞技类还是升级类游戏，不可否认的是网游手游的巨大吸引力。一是其交互性和社群性；二是其目标明确，任务清晰，比现实生存和生活要单纯得多、简单得多；三是反馈及时（数理化的学习比语文、英语类更具吸引力，也是基于反馈相对及时的优势，语文、英语能力提升和成果反馈太漫长）；四是小关卡和通关设计，会有极强的成就感。

一名学生这样写道：“在游戏里，我每一分努力几乎都能收到即时的回报。游戏的开发者将一个大的目标（比如全身装备为当前赛季最高品级）分解成一个一个小目标，今天拿到一双靴子，明天拿到一双护腕，几个月后我将拿到最后的武器。而拿到这些东西的进度是严格量化的，做完日常任务威望值上涨让我离目标更近了，竞技场胜利加六分我离兑换装备目标又近了一步。在游戏里每一个目标都不是那么难以完成，每一个目标都显得近在咫尺，我知道每一天的游戏都让我离目标更近。游戏能让我所有的努力立竿见影，但是现实不行。”

移动互联时代，学生们拿起手机随时随地都可以开启一场游戏。同样，从电子阅读器到电脑阅读，从 iPad 阅读到手机阅读等，新的阅读设备提供了更为多样和更为有趣的阅读方式，数字化阅读已然使阅读成为“悦读”，泛在阅读使人们不断“刷屏”成为行为习惯。

“媒体一代”正在形成一种全新的阅读习性。人们没有耐心阅读长篇，无法忍耐长时间阅读单一的单调文本，所以散文更受青睐，各种读本、文选流行，微博取代博客，短信、微视频风行。人们更喜欢的浏览式的信息接收方式是：认知焦点同时在多个目标间不停跳转，丰富多样的信息流，追求有强烈刺激性的信息，无法忍受单调沉闷的认知状态。人们的阅读更多追求娱乐、直观、快捷，这是一个读图时代、视频时代、眼球经济时代，甚至很多人根本不阅读，只是运用搜索引擎获得想要的信息而已。可以说，是技术培养了"媒体一代"的阅读习性。电子文本不同于单调纸质文本，是"超文本"，它有多重链接，在阅读原文本的同时，可链接许多其他副文本，进入无限可能的信息丛林；阅读选择多样性，阅读方式往往是发散的、离心的，充满偶然性和可能性，有趣得多、丰富得多；它是跳跃性的，而不是线性的。所以，《普通高中语文课程标准（2017年版）》"学习任务群3"——"跨媒介阅读与交流"因应而来。本任务群旨在引导学生学习跨媒介的信息获取、呈现与表达，观察、思考不同媒介语言文字运用的现象，梳理、探究其特点和规律，提高跨媒介分享与交流的能力，提高理解、辨析、评判媒介传播内容的水平，以正确的价值观审视信息的思想内涵，培养求真求实的态度。

当然，"跨媒介阅读与交流"正是立意于培养出于兴趣、信仰和爱好的为读而读的价值理性，以矫正功利化的工具理性的偏颇，也即走向深度、广度学习，个别化、自主性地建构自己的学习谱系。

也许，我们可以用"跨媒介阅读与交流"来设计"整本书的阅读与研讨"，如《西游记》。明代一直到晚清，对《西游记》的阐释主要还是以"放心"说为主。20世纪50年代的国产动画《大闹天宫》，在当时的语境下，是表达来自民间、受到欺压利用且有着大无畏斗争精神的孙悟空来扫除天宫里昏聩无能且凶恶反动的统治势力的主题。2015年的《大圣归来》孙悟空好莱坞化了，重点在表现悟空与江流儿在互相陪伴中寻找初心、自我救赎的过程，这是源自《新约》的传统。日本动漫《最游记》中人物形象完全被颠覆，主题出新：四人冒险团为了心中坚持的东西而奋斗的精神，以及对人的魔性与妖的人性的反思。跨媒介的对比阐释，更好地打开了学生的视野与思路，使学生有了深入探究的兴味，这是单一的文本阅读做不到的。

学问思辨，笃志力行

《中庸》有言："博学之，审问之，慎思之，明辨之，笃行之。有弗学，学之弗能弗措也；有弗问，问之弗知弗措也；有弗思，思之弗得弗措也；有弗辨，辨之弗明弗措也；有弗行，行之弗笃弗措也。人一能之，己百之；人十能之，己千之。"这一段也被列入高中语文"古诗文背诵推荐篇目"。

"学问思辨行"是为学的几个递进阶段，一经《中庸》提出，而至于现代，生命力历久不衰，孙中山先生以之为中山大学（原广东大学）校训，当代学校则作为学校文化的重要元素。

"学问思辨行"是一个完整而不可分割的过程。宋代理学家程颢说："五者废其一，非学也。"缺失其中任一环节，都将严重影响学习品质，甚而获得错误的知识而不自知。

朱熹在《白鹿洞书院揭示》中，引用"学问思辨行"为"为学之序"。这种学问相连、学思结合、知行并重的学习规程，揭示了读书问学之道。

王阳明认为，"学问思辨行"是一种知行合一，五者统一于事，是学习做事的五个方面：以求能其事而言谓之学，以求解其惑而言谓之问，以求通其说而言谓之思，以求精其察而言谓之辨，以求履其实而言谓之行。这里行是做事，学即是学怎样做，问即是问怎样做，思即是思怎样做，辨即是辨怎样做，从而把"学问思辨行"统整为以事为本、学习做事的有机过程。

然而，"学问思辨行"不仅在于过程的完整，更在于过程的状态。

"学"是博学。主动求学，学习不仅为好奇心、兴趣感所激发，更应被人的终极价值目标和道德责任所激励，让学习走得更远。学之博即像孔子一样"每事问"，使"万物皆备于我"，既包括通过读书向前人学习，又包括自己的亲身体验和反省内观。

"问"是审问。主动问，推动教学不断进行下去的是师生之间的"问—答"结构，在这种结构中，问的主体是学生。问是无疑而生疑，有疑而解疑。问是自我批判，正确认识自己，深刻意识到自己的长处和不足，精准体察到自己在学习过程中所遇到的真正问题，从而"见贤而思齐，见不贤而内自省"。

"思"是慎思。思其当然，思其所以然，将抽象的道理与具体的生活打通，往来无碍，在寻常小事中看出非常道理，又能将寻常琐事不仅仅视为琐事，要能看山不是山。

"辨"是明辨。即反省自查，体察己见，评估检验，是对整体性认识的具体化，并在具体化过程中通过精细考察来修正整体性认识，使之更精确。

"行"是笃行。知是行之成，行是知的价值实现。笃行即行以验知，行以充知，知而未行，等于未知。

"学问思辨行"重视人在学习活动中的主体价值，充分肯定了学习者的自觉能动性；强调了思考、内化、反思、批判等意识活动在学习中的重要作用，蕴涵了自主学习、探究学习、发现学习的元素。

"学问思辨行"，近于经验学习，即个体的体验（学习者自身的或别人的），个体对上述体验的观察和思考，个体对经验进行抽象、概括以形成概念，个体在新情境中检验所形成的观念的适当性，又产生新的体验，并如此循环。广义地说，任何学习都是一种经验的过程。

观照我们自己的教学，学生在学习中是否有一个"学问思辨行"的完整的学习？我们的语文课是否有这样不合理的设计：学生不读书，就思考问题？学生一路跟着教师解决某个问题？……

佐藤学认为，让那种与物对话，与教材对话，与同伴对话，与教师对话，与自我对话的学习成为教学的中心。这其实就是完整的学习过程。

"学问思辨行"，构建了一个完整的学习过程——系统的、有结构的、有逻辑的学习。

学会人际交往，他人不必成为地狱

"他人就是地狱"是萨特在其戏剧《间隔》中的一句台词。这句存在主义的名言，它真正的意涵是：要是你恶化了与他人的关系，你就得承担地狱之苦的责任，那么，他人就是你的地狱；如果你不能正确对待他人对你的判断，那么，他人的判断就是你的地狱；他人的判断固然重要，但一个人如果把他人的判断当成最高裁决，来判定自己存在的价值，那么，他就会陷入精神困苦之中。

人是在交往中存在的。所以，马克思说，交往不仅确证人的本质，而且决定人的发展。

但是，卢梭有言，人是生而自由的，却无处不在枷锁之中。因为人一出生，就已经属于人类这个整体了，必须接受属于文明的一切东西。人是社会的动物，是社会关系的主体。人在应付大自然的斗争中，摆脱了愚昧的生活，建立了制度，培养了情感，有了文明，开始了专属于"人"的生活。于是，人和动物有了区别，人不能自由自在和无拘无束，必须遵循社会的各种制度和规范，必须扮演好自己在社会中的各种角色，必须按照理性去思考，按照社会所许可的所谓文明的方式行动。如此一来，人在变得文明，摆脱野蛮的同时，也给自己戴上了无形的枷锁。成人不自在，自在不成人也。

没有人可以离开他人而独自存在。米兰·昆德拉的小说《生命中不可承受之轻》我们耳熟能详。生命中不可承受之轻，是说人生的道路不能由自己决定，而是靠一种外在的机缘——生命中偶然遇到某些人，偶然发生了一些事，而这些人和事却又偶然地联合了起来，影响了我们人生的轨迹和生活的道路。蓦然回首，原来自己是被这些偶然操纵着，如果生命中没有这些偶然，自己的人生轨迹就会是另一番图景。可是，人再也回不到原来的起点了，生命原来没有自己的重量，只是一片秋后的落叶，随风四处飘荡。人离开了这个世界和周围的人，就无法称其为人。

《庄子·大宗师》载："泉涸，鱼相与处于陆，相呴以湿，相濡以沫，不如相忘于江湖。"在庄子看来，鱼儿畅游于江湖之中，自由自在，可以说恢复了自己的本性。即使遇到了和自己曾经相濡以沫的那条鱼儿，也会擦肩而过，不会伤感、不会回忆，也不会不舍。最好的生活就是自然而然、无感无知的生活。可是，人是靠情感活着。所谓"相忘"，不过是自欺欺人。人只要活着，就要处世，而所有的经历，不管好坏，早已不自觉地影响了我们的生活。

无论人生历程和轨迹如何勾勒，每一个人都应该把自己的生命的每一刻能量和热量以及爱己和爱人之心无限释放。这应该是人际交往的初衷。

上善若水，或许是人际交往的最高境界。老子在《道德经》中说：水是最接近道的事物。因为，水有种种美德，它滋润万物而有利于它们生成，而又不和万物相争，甘愿处在人人都厌恶的低下的地方。善人居处如水一样顺乎自然，善于选择地方；心胸如水一样静默深远，善于保持沉静；待人如水一样润泽万物，善于效法上天；说话如水一样堵止开流，善于遵守信用；从政如水一样净化污秽，善于理政治国；处事如水一样随物成形，善于发挥才能；行动如水一样润溢有时，善于顺应天时。古人所说"明镜止水"，大抵就是这个境界。

拥有良好的交际圈是学生成长与社会化的重要组成部分。然而，由于人际关系、社会的复杂性与学生心理的单纯性，使有些学生常常在人际交往中受挫。有的不愿与人交往，独来独往，不合群，不关注集体活动；有的自卑，或生性孤僻，气质性恐惧，或方法不当，要么过于直率，要么过于保守，挫折性恐惧；有的人格交往有障碍，虚荣、妒忌、不尊重人、自私自利，以自我为中心、过分依赖他人、嫉妒、冲动等；有的认知偏差，或者情感过热，过于激动，任意纵情，或者情感过冷，无动于衷，无情冷漠。

这些问题的产生，其实主要源于家庭的教养方式。有简单粗暴，动辄打骂，侮辱人格；有的过分严格，过度控制；有的过度溺爱，过于迁就；等等。

家庭而外，学校也是学生通过交往建构自己的重要场域。师生课内交往重在构建一种交往型、对话式课堂，课外交往重在走进学生生活世界，教师成为学生的生活导师。生生交往是学生生活中的频繁事件，要通过有效管理，对积极因素鼓励引导，对消极因素控制化解。

　　当然，学生还有社会交往。哲人云：所谓文明，就是学会适应不够完美。此言得之矣。修炼水德，不可以已。

学会审美，让学生按美的规律构造自己

时值寒假，社会上各类培训班门庭若市，大概很少有学生不报班的，其中各种艺术培训又是一大热点。我对社会上种种艺术培训向来警惕地审视。真正的艺术教育，是基于学生自由而全面发展的美育，肯定地说，首先不是为了培养绘画、音乐等人才。何况，社会上的艺术培训，大抵是局限在个体艺术技能的训练、学习行为之中，个体从中所获得的仅是一张艺术技能的"资格证书"，而不是被当作人的自我发现与自我塑造的全面过程，它在强化了"学习知识"这个目的的同时，基本无视人的全面能力和素质发展的要求，其结果只能为人的片面发展提供投机机会，因此强化了人在社会生活中的单调性，这就是我们无法把现在越来越多的学生学习绘画、练习钢琴当作真正意义上的审美教育的原因。

蔡元培先生说过，凡是学校所有的课程，都没有与美育无关的。苏霍姆林斯基也说，没有审美教育，就没有任何教育。缺少美育的教育，将是不完整的教育，也就无所谓人的全面发展。通过审美教育，要完成两大任务：一是建构审美意识，即树立正确的审美观，养成健康的审美情趣，一定的文化修养和高尚的人生态度；二是培养审美能力，即培养感受美、鉴赏美、想象美、创造美的能力，从而造就有丰富个性、完美人格、全面发展的人。

人生需要美，需要美的生活，需要美感，而这一切都需要审美教育。美育的根本目的在于促进个体的审美发展进而推动个体的全面发展，即对人性进行塑造和改造，抑制人性中丑恶的因素，发挥光大人性中真善美的因素，对情感、感性等生命的非理性部分进行规范和引导，使其合乎理性的要求。

一个全面发展的人的完美人格的心理结构包括认知结构、伦理结构、审美结构，审美教育就是建构人的审美结构，以美的感受为最终目的。美是融洽了真和善的感性结构，是积淀了理性的感性。如果真是事物的合规律性，善是行为的合目的性的话，那么美就是合规律性和合目的性的统一。所以，一个全面发展的人，不仅是伦理的人、理智的人，同时又是审美的人。

马克思说，人也按照美的规律来构造。美育正是指点学生关于美的规律，以构造自己。审美知识与能力是学生的基本智能的一个方面，它也是全面发展学生思维能力、判断能力极其重要的组成部分，美育是创造动因之一。学生因欣赏到自然美、科学美而更热爱自然、热爱科学。学生因感受到社会美、心灵美而更注意修养自己，关心社会发展，拒绝社会丑恶，学生因此而更热爱生活，也可能会为美化生活、美化社会而更好地生活。

你看，一个学生打篮球，他投进球，也就两三分，但有的要飞起来投，有的要转身 360 度再投，为什么？除了那两三分，还有一个因素就是追求这些动作的美丽。你看，不仅是为了把话说清楚、说准确，还想把话说得文雅、动听、感人，不惜咬文嚼字，就有了修辞学、演讲学、口才学。所以，人通过美而构造自己。

审美教育其内容包括审美文化知识的教育和审美活动能力的培养两大方面。我们应坚持以美启真，引导学生学会欣赏自然美、社会美、艺术美，在愉悦精神的同时，洞察历史，认识自然，了解社会，获得各种自然科学和社会科学的知识。我们应坚持以美养善，让审美教育深化德育，引领学生感受自然美、社会美、艺术美，从而提高内心的灵魂美的追求，使之自觉脱离世俗，抛弃低级趣味，追求高尚的精神生活。

在学校，审美教育应是全面、全程、全员的。但实际地观察，审美教育是零碎的、单调的。按照教育美学，教学过程的每一个环节都应是审美的，即板书设计的美化、教学语言的美化、教学节奏的美化、教学激情与教学机智、教学氛围与学生情绪的协调、知识点与美感的契合等，这样的情境氛围和审美效应，使教学活动的双主体之间实现审美认同，使学生的审美情趣逐步产生并滋长。美的教学流程不但促进学生知识的掌握，而且使学习成为一种双向审美交流活动，逐步培养学生欣赏美、理解美、创造美的能力。

核心素养与高考杂谈

核心素养是个体在解决复杂的、不确定性的现实问题过程中所表现出来的潜在性的综合性品质。所谓综合性，就是学科或跨学科的知识与技能，以及过程与方法、情感态度价值观的总体整合。所谓潜在性，乃是个体内在特质，是无法直接观测的，需要借助于个体在具体任务中的实际表现来加以推测。

核心素养可以通过课程改革、教学实践、教育评价三种途径来落实。其中通过教育评价落实，高考当然是当仁不让，即"指挥棒"的正面作用。而且，核心素养应该体现在高考中，否则，核心素养就会被"悬置"。

核心素养是因应立德树人根本任务提出来的。落实立德树人，研制学生发展核心素养是重要环节，并把核心素养体系作为学业质量标准和课程标准的依据。作为教育重要方面的高考，必须且必将体现并基于核心素养理念。所以，核心素养和高考目标、方向是一致的。

高考是核心素养落地的重要环节，高考对课标落实有极大的推动作用。服务选才是高考的基本历程，但高考还通过导向教学来实现立德树人，对高中甚至整个基础教育都体现出关键的应试作用。比如，高考语文多了一道考查文化常识的题，高中学习就会花更多时间在文言文上。

高考是选拔性考试，是为了给高等学校尤其是高水平大学挑选合适人才，因此试题必须通过难度考核才能将不同水平考生区别开来。那么，研究高考题，练习高考题，围绕高考题进行复习，其实也是接受教育的过程。何况高考命题大多是大学教师参与，一般很少看考生教材。因此备考就要跳出教材与试卷，在"必备知识、关键能力、学科素养、核心价值"上下功夫，在"基础性、综合性、应用性、创新性"上求实效。

　　但正如爱因斯坦所言，并非所有重要的东西都能被测量，并非能被测量的东西都是重要的。比如文化品格这一重要的核心素养，就不具备可测量性，虽然文化知识可测，但若用考生文化知识测试的得分来推断或支持考生的人文修养和行为取向等文化品格素养，效度是很低的。所以，就有综合素质评价的提出。那么，"两依据、一参考"（依据高考必考的语文、数学、外语成绩，依据学考10科合格性考试和3科等级性考试成绩，参考综合素质评价来录取）能否担当得起立德树人之重任？且拭目以待。

生涯课程

——开启自我探索的窗口

今天，我校邀请国内资深生涯发展专家、叙事心理实践专家冰舒女士为高二学生上了一节生涯规划课，同学们反应热烈。对我而言，也厘清了一些疑惑，廓清了初步思路。

高中生，是从"自然人"走向"社会人"的起步标志，是成人的开端。如何让高中教育从"升学导向"转变为"人生导向"，如何让高中生从幼稚懵懂走向自主清醒，如何从学业发展走向生涯发展，这是亟待解决的课题。面对新一轮高考改革浪潮——旨在为学生成长、成才提供更多机会和更大舞台，如何让学生根据自己的兴趣与特长愿选择、会选择、能选择，也成为社会对学校教育提出的要求。于是，高中生涯教育提上日程，生涯规划课程建设渐次展开。

生涯教育和生涯课程，有着现实的需求。高中学生正处于生涯探索阶段，处于个人兴趣和能力逐步匹配的过程。共性问题表现为：对未来感到些许迷茫，却又有着希望掌控未来的强烈意愿，如高考报志愿时选专业的迷茫和对父母之命的反叛；对现实感觉较弱，却又对超出自身能力的事物有着强烈的探索欲望；对个性化要求非常高，但适应社会的能力却非常弱。同时，个体间发展不均衡：有的对自己的兴趣、爱好、能力、特长有比较清晰的认识，目标明确；有的不知道自己的兴趣是什么，对自己的能力又不够自信；有的模糊知道自己的兴趣，以及自己将来想要的生活，但是家长的期待与自己的期待不一致，于是就放弃思考；有的由于各种情绪、行为等问题偏差，从不思考自己的未来，糊里糊涂。

高中阶段强调学生的生涯规划，旨在帮助学生了解自我，激发学习兴趣，明确发展方向。当一个学生在高中最重要的人生阶段能够完整地经历生涯的自我觉察、自我探索、自我规划过程，那么在进入人生下一个阶段时，所获得的生涯规划能力，以及那种油然而生的自主感，一定会帮助学生勇于面对未来的各种可能性，从而为更好地适应社会打下坚实的基础。生涯课程的价值在于，学生通过参与学校创设的各种活动，自我的兴趣、能力、价值观等会不断以各种形式呈现出来，生涯意识不断被激发。只有当学生觉察到生涯的存在，才会有生涯规划的可能，也就有了探索自我、探索环境的欲望。当一个人开启了自我探索的窗口，成长必然发生。生涯课程就是为学生成长出力，让学生有方向感和进取心。

职业体验是生涯教育的有效实践，就是让学生在实际岗位或模拟情境中见习、实习，体认职业角色，获得对职业生活的真切理解，发现自己的专长，培养职业兴趣，形成人生志向。这几年，我们也开展了一些活动，比如走进污水处理厂，走进电网、水网、暖网指挥调度中心，走进种植、养殖中心，走进汽车驾驶训练中心，等等。缺点是学生实操训练不够，体认度有待加强。

角色扮演也是有效形式之一，如班级值周制，学生全面负责全校日常行为规范检查评比等。

当然，兴趣、性格、能力的心理测试，也是可以帮助学生了解自我。

课堂是生涯教育的重要途径。开设生涯基础课之外，还应有生涯元素的全学科渗透。

教育是人的

人是什么？人是使自己的生命活动本身变成自己意志的和意识的对象的生命。人是怎样生活的？人懂得处处都把内在的尺度运用于对象，因此，人也按照美的规律来构造。什么是我们的出发点？人！应从现实的、有生命的个人本身出发。人的本质是什么？人的根本就是人本身，人是人的最高本质。

教育之于个体，是心灵的；教育之于学校，是文化的。此二者都是精神的。所以有人说教育最终表现为哲学或者说教育达至最高即哲学。说到底，教育是人的，人创造的，为人的发展而创造的。

为了每个人的自由全面发展

——重温马克思

　　课程在学生成长中处于核心地位。通过建构开放多元、充满活力、富有特色的课程体系，为学生提供更加自主、更具个性、更多选择的成长环境、教育资源和专业服务，让学生的潜能得到全面充分而又自由地发展，尽最大可能实现学校的培养目标。所以，学校应该建构一个基于特定课程哲学而组织化了的课程整体，将各课程有机结合成一个联系紧密、有逻辑的"育人整体"。

　　每一种课程都受一定的教育哲学的支配，这种教育哲学体现的是课程的理念，是教学的目的，是教育的本质，是对"学习是什么""我们要培养什么样的人"等根本问题的回答。

　　对我们的课程实践产生较大的实际影响的教育哲学有以下三种：

　　一是杜威的实用主义教育哲学。杜威认为教育即生活，教育即生长，教育是经验的不断改组与改造，他要求从做中学、从经验中学，以活动性、经验性的主动作业取代传统书本式教材的统治地位。他所推崇的教学方法是一种"从做中学"的方法，即一种在经验的情境中思维的方法，并力推反省思维。他认为应该"以儿童为中心"，强调学生在课程实践中的主体性，尊重学生的个性和自由，重视发挥学生的主动探索和创造精神，注重学生的自我组织。在杜威看来，教师不仅应该给儿童提供生长的适当机会和条件，而且应该观察儿童的生长并给予真正的引导。

　　二是罗杰斯的"全人"教育理论。罗杰斯认为真正的学习涉及整个人，而不仅仅是为学习者提供事实。教学的本质即促进，促进学生成为一个完善的人。

241

在"全人"的教育目的下，就要进行能够促进学生身心全面成长的教学，进行能够将单独经验融合到一起的有意义的学习。同时，教师作为促进者的角色，要对学生提供真正的关注、尊重、接纳。

三是霍华德·加德纳的多元智能理论。他认为，人类应至少拥有 8 种智能：语言智能、数学逻辑智能、空间智能、身体运动智能、音乐智能、人际智能、自我认知智能、自然观察智能。在此基础上，他提出了一种新的教育观——"以个人为中心的教育"，从课程、活动、教学方法和评估方法上都进行了全新的探索。

然而，更具穿透力和指导性的，应该是马克思的人类解放理论。

人类解放是人类社会的终极价值目标，也是人们的本然权利与永恒追求。每个人的自由全面发展是人类解放的逻辑前提。马克思指出："任何一种解放都是把人的世界和人的关系还给人自己。"但是，每个人的自由全面发展又不是自成的，因为"人的本质不是单个人所固有的抽象物，在其现实性上，它是一切社会关系的总和"，"全面发展的个人——他们的社会关系作为他们自己的共同关系，也是服从于他们自己的共同控制的——不是自然的产物，而是历史的产物"。从这个意义上说，人作为一种社会性的存在，是现实而非抽象的，是在社会实践中的发展，这就决定了人的发展不是割裂式的进行，而是"以一种全面的方式，也就是说，作为一个完整的人，占有自己的全面的本质"。

人类解放视域观照下的课程生态的聚焦点是"发展"，课程发展的价值在于促进"人自由而全面发展"，而每个人自由而全面发展是社会发展的前定逻辑。

人是在课程生活中通过知识学习，由点到面、由浅至深的渐次完善人性的过程，具有动态持续、生成发展的特征，同时，还伴随着个性化成长的历程。个性化成长意味着每一个个体有着不同的内在禀赋，有权利决定和支配自己的人生发展方向，实现自己的独特生命价值。人不是作为莱布尼茨所说"单子式"的存在，而是在社会关系中实现个体的自由发展并惠及他人。人是靠在他人的权利和利益容许的范围内把个性培养起来、发扬光大，使自己变得对自己更有价值，因而也能够对他人更有价值。

——谨以此文献给马克思诞辰 200 周年

新时代：教育的不平衡、不充分

如果说基础教育阶段的中小学教育也进入了新时代，那么，其阶段性的特征是：持续地快速发展，资源越加丰富，但人民群众对教育有更高需求、更好预期；社会各界对教育重视程度日益提高，教育自觉逐步显现，但社会参与教育的途径、方式不丰富、不充分，教育与社会的联系不够紧密；教育成果更加显现，教育的工具属性广受重视，但对人的关怀有所弱化。所以，用十九大报告分析社会主要矛盾的思想方法，来研究今天中小学教育的主要矛盾，可以具体化为：教育供给的单一、粗放及教育运行的内倾性，与人民群众教育需求的多样化、个性化及社会对教育参与不充分之间的矛盾。因此，新时代的中小学教育，一要着力平衡充分发展的教育，注重解决过去没有解决或者没有解决好的以及在发展过程中出现的新问题；二要顺应人民群众对教育多样化、个性化的需求，不断丰富教育资源，优化办学条件，在学有优教上取得新进展；三要真正把学习者放在教育的中心位置，实现以学习者为中心、以人为本、对人高度关照的教育。

从学校而言，适应社会转型，我们必须以时代的未来、社会的未来为导向，跳出教育谈教育，从更宽的视野和格局来关注教育内部的改革，从实现"两个一百年"奋斗目标、从未来整个社会发展转型的角度思考教育，规划课程，设计课堂，更好地完成立德树人的根本使命，把学生真正培养为新时代的建设者和接班人。

由于传统教育模式的影响和教育改革的不系统，在学校我们依然能够看到大量应试教育的影子，全人性的素质教育并未占据压倒性的趋势，这直接导致学生的不平衡、不充分发展；无论课程设置还是学生评价，都没有对学生的个体差异给予充分尊重，用同样的内容、同一把尺子来面对所有学生，这就造成一部分学生得不到充分发展。如何让每一个学生在获得机会公平的同时，让每一个学生获得适合自身的教育成为未来教育改革的重点。未来课堂不是校园、教室、教师的简单组合空间，处处可学、灵活时间、自定学习内容和进度的现代学习方式已然显现，选班走课、移动终端课堂、智慧课堂等清晰地走到我们身边，课程丰富多元，课堂组织和形式多样，满足学习者个性化和多样化的学习需求，真正做到让每一个学生成才，不让一个学生掉队，推进教育从数字化、网络化向智能化迅速跃升，为未来新型学校的出现和新型教育生态系统的形成提供了可能。

教育要为每一个学生的终身发展奠定基础，要培养学生具有作为人的必备素养，又要促进每一个学生的个性与特长发展，成为最好的自己。具体化为教育行为，一是突出育人为本，强调课程育人、文化育人、活动育人、实践育人、管理育人、协同育人。二是突出平衡发展，在学校层面就是入学公平、过程公平、结果公平。三是突出充分发展，对学校重在治理现代化，对学生重在着力培养其认知能力、合作能力、创新能力、职业能力等关键能力。落到实处，攻坚的突破口在于：构建教师专业发展的支持体系，建设高素质的教师队伍；构建适合学生发展的课程体系，实施以学生发展为本的教学；构建促进学生发展的评价体系，实现全人性的素质教育；构建本土性、校本化的文化体系，打造有个性特色的学校品牌；构建和谐的学校、家庭、社区合作体系，建立现代学校制度。

"人的条件" 及人的自由全面发展

一

很多用知识和规则建构起来的经济与社会架构，在实际运行中肯定会有种种"测不准"。因为有人的存在，社会不可能把人抽离出来建设。人心之叵测，一言以蔽之，就是"天下熙熙，皆为利来；天下攘攘，皆为利往"。欲望是动力，但不加节制的欲望也是罪恶的渊薮。所以，人生不应由利益驱动。金钱虽然是你需要的东西之一，但当你已经拥有了实现你真正想要的东西所需的金钱时，金钱就不再是你唯一需要的东西，也肯定不是最重要的东西。今天许多人的问题可能不是金钱不够的问题，而是找不到有意义的工作和有意义的人际关系的问题。这才是生命中最重要的原则。

二

当前种种社会危机，其实是人的危机。因为社会秩序建设的核心转移到了资本、市场、权力等这些人的"处境"，而不是人本身，正如阿伦特所说，是"人的条件"的恶化。而社会进步就是人的进步。从西方人权发展而言，古希腊时期雅典的共和制度实质上是人人必须参与能够影响自己的"处境"的营造。亚里士多德也认为混合政体最能体现人的价值，才是最理想的，而不是民主政体。中世纪神权时代，放弃了人的权利，所以文艺复兴是人的复兴，它真正确立了人的至高无上的地位。资本或经济本来是人的"处境"，是为人服务的，但原始资本主义把资本"异化"了，资本和利润本身成了目标，人反而成了工具。因此，社会主义运动就是向资本争人权，促成了原始资本主义转型到福利资本主义和大众民主及人们政治权利的实现。但当代新自由主义和全球化，又导致西方制度的重心从人转移到资本和财富。所以，有效改善"人的条件"，才能真正走出危机。

三

人的价值并不是其他任何东西可以加以衡量的，人是衡量人本身价值和其他东西价值的唯一尺度。实现人的全面发展既是社会发展的推动力，也是社会发展的价值所在。人的发展的理想状态是自由全面发展，即全面发展自己的能力、个性和社会关系。当然，本质地看，"自由"、"全面"是动态概念，是就人的发展的可能性而言，即在未来，人的发展不被限制于特定的领域，而是有可能在他感兴趣的、有益于他身心的任何领域发展和展示自己，它是一个不断更加自由全面的过程，而不是终极性的在一切领域都得到发展。人的发展也是每个人的发展，即个体的"个人"的发展和"每一个"个人的发展。每个人的自由全面发展和一切人的自由全面发展互为条件、互为目的。一定的社会生产力和社会关系是人的发展的基础，其实质决定着人的发展程度。所以，要从人出发、以人为目的，不断改善人的"处境"。

幸福应当成为教育的目的

幸福需要教育，教育也需要幸福。教育的根本指向乃是启迪、培育个体生命存在的尊严与幸福。教育就是要引导人追求幸福的健康生命，培养人创造幸福、享受幸福的能力，并提升人的幸福境界，从而培养全面发展的人。

教育既要为学生创造幸福，又要给教师带来幸福；既要追求明天的幸福，又要营造今天的幸福。幸福既是一种教育理想，也是一种教育实践，通过对个体内心幸福体验的唤起，来克服知识教育中个体物化的、无意义的存在状态，恢复生命的完整性和超越感，使个性变得丰富而舒展，使人格变得正直而强健，使学生成为既拥有美好前景，又跳动着健康脉搏的幸福生命体。

著名教育家乌申斯基说："教育的主要目的在于使学生获得幸福。"诺丁斯也言："幸福与教育具有内在的一致性，幸福应当成为教育的目的，而好的教育增进个人与公共幸福。"幸福教育就是教会学生建构完整人格。

幸福是什么？斯宾诺莎告诉我们：幸福就是人通过认识真理把握自然和人的关系，而后用理性去战胜、控制情感，做情感的主人。正如他所说，理性强、智慧高的人，都能够从爱和幸福出发，通过对欲望的适当克制，再回到爱和幸福。

善行和享乐常常是难以两全的。与其想用坚强的毅力战胜和克服享乐的"毒瘤"，倒不如发现、挖掘一些高尚的兴趣，并用它占据心灵。亦如斯宾诺莎所说："并不是因为我们克制情欲，我们才享有幸福，反之，乃是因为我们享有幸福，所以我们能够克制情欲。"所以，从一定意义上说，克制享乐，是为了获得更大的享乐。人是为了享有幸福才自觉克制情欲的。而适当地克制情欲，本身就是在享受幸福。

斯宾诺莎还说："幸福不是美德的报酬，而是美德本身。"幸福本身就是美德，而不是美德的附属品；美德不是成就幸福的手段，如果为了所谓的美德而牺牲了幸福，那将是颠倒本末的愚蠢做法。人类历史中有很多幸福的灵魂，他们之所以最终获得了幸福，是因为他们对责任的坚决承担。

"我们很少想到我们有什么，可是总想到我们缺什么。"叔本华的这句话，深刻揭示了人性的本质。按照叔本华的理论，人干什么都不会有意思，永远都生活在绝望中。他曾断言："人在各种欲望得不到满足时处于痛苦的一端，得到满足时便处于无聊的一端。人的一生就像钟摆一样不停地在这两端之间摆动。"这就是著名的叔本华钟摆理论。

人既然总是被各种各样的欲望裹挟着前进，那么，幸福又在哪里呢？叔本华回答说：幸福取决于人格，人格越伟大，幸福感越强；幸福的所在就是尽可能地减少不幸，而不是追求愉悦和快乐。

叔本华认为，就整个人生来说，人生幸福最基本的要素就在于人的内在素质，即人格，包括健康、力量、美、气质、道德品质、理智和教养等要素。人格决定了一个人能够感受到幸福的范围和深度，人格越高尚，他能感觉到的幸福就越深，最高的幸福来源于最高贵的人格。因为世界是我的表象，主体的意识才是世界的本质。什么样的人格形成什么样的意识，而意识的深浅决定了感受到的幸福的多少。

苏格拉底说："我不想要的东西在世界上竟然如此之多。"对于有强大的精神气质和人格的人来说，一切外在的物质享受和他人的赞誉艳羡都是过眼云烟，因为这些东西对他的人生毫无益处。一个人应超出物质的诱惑而直达生命的本真。真正的幸福是心灵的快乐，而心灵的快乐主要取决于心灵的力量，取决于我们是什么（人格），而不是我们有什么（财富和声誉）。命运或命运宿命地加到我们身上的东西一般只意味着我们有什么，却不能说明我们是什么。在某种意义上，命运是可以改变的，但如果我们在精神上不够富有，我们的命运就不会有太大的变化。

当一个人掌握了真理，并用真理陶冶纯粹心灵与精神，他才能变得有德行，过一种有德行的生活，即达到精神的安宁与自由，那时他便拥有了真正的最高的幸福。这也许是最需要我们教给学生的。

文化传承：见诸生活

自 2008 年起，端午节被纳入中国国家法定节假日体系。

中国自古以来高度重视仪式的教化作用，讲求通过仪礼建构社会秩序，在仪礼中传承中华文化。中华传统节日仪式是中华仪礼文化的重要内容。通过举行节日仪式，可教化人文，规范道德，促进社会秩序和谐友善。如今，伴随文化自觉与文化自信增强，传统节日重要性已达成社会共识。我们不能把这些传统节日仅仅看作大、小"长假"，要防止节日"空心化"倾向，即历史的、文化的、民族情感的内核被消费文化冲击，原本内涵丰富的传统节日简化为单纯的"吃""买""游"消费模式，而是要紧紧围绕节日文化展开，使节日的文化识别特征和文化形象鲜明起来。节日仪式恰是我们解读、认识传统文化的编码系统。有了具体的节日仪式，节日内涵才有所依附和体现，才能逐渐加强人们对中华传统文化节日的认知和认同。

传统文化教育是一种体验性、浸润式的文化熏染和生活方式，其理应渗透于学校课程、家庭生活、社会生活的各个方面。强化节日仪式，应结合当代生活特点，对传统仪式进行创造性转化和创新性发展，赋予传统以当代气息。在传统节日中，有许多仪式与百姓生活密切相关。我们可以深入发现和挖掘生活化节日仪式的科学价值和文化价值，践行见诸生活的文化传承理念，在日常生活中保留传统仪式，丰富传统节日的文化实践，守护传统节日的价值意义。

小的时候，在我的家乡，端午的民俗有：

吃花馍馍：用小麦粉烙成的饼子，用模子在饼面压制出蛇、蜈蚣、蝎子、蜘蛛、蟾蜍的图案，意在消灭五毒。

吃甜醅、饮黄酒：莜麦甜醅，酒香浓郁。黄酒醇厚，芳香四溢。

佩香包、缚五彩线：香包用五彩丝线在彩绸上绣制出各种图案纹饰，缝制成形状各异、大小不等的绣囊，内装浓烈香气的中草药研制的细末。节日清晨，第一件大事便是在孩子手腕、脚腕上拴五色丝线。

插柳、采艾：早晨折柳条插于门窗缝隙，也是早晨在田野采来艾草，以备不时之需。

踏百草摆露水：禊祓邪气，禳解灾害。

追节：给未过门的媳妇家送礼，增进了解，沟通情感。还有给教师送点心、烟酒等，以示敬重和慰劳。

文化既有物质的一面，也有非物质的一面。物质的一面是文象，非物质的一面是文脉。节日文化作为非物质文化遗产的重要表现形式，除了物质载体外，更重要的是它的精神内涵。

端午体现了中国人"天人合一"的文化理念。《易传·文言》说："夫大人者与天地合其德，与日月合其明，与四时合其序，与鬼神合其吉凶，先天而天弗违，后天而奉天时。"大自然的运行是有节奏的，人类的生活也是有节奏的，只有当自然的节奏与人类的节奏和谐统一，人类的生活才可能幸福。中国人对待自然的态度是敬畏的、顺应的、适应的。老子讲"人法地，地法天，天法道，道法自然"，庄子讲"天地与我并生，而万物与我为一"，即是讲人与自然的统一。

夏令时节，天气燥热，人的抵抗力较弱，瘟疫易流行，加上蛇虫繁殖，易咬伤人，因此疫病、疫情容易暴发流行。先秦以来，人们普遍认为，五月五日是恶月恶日，是不吉利的日子。所以，端午避邪祛毒、祈求平安的习俗，是我们的先人面对天时地利的变化，因地制宜，顺时应节，利用自然，顺势营构适宜的生存环境、生存方式。

禳灾避邪、祛毒除恶的端午习俗，也体现了人们追求美好生活的愿望。比如缚五彩丝线，是避邪祛瘟、保佑平安、延年益寿，五象征五方、五行，五行相生相克，阴阳才能平衡；从审美看，五彩线，色彩缤纷，装饰装点，是美的象征。

不可否认，现在的端午节不能排除旅游文化、娱乐消费，但这些只是依附在传统节日上的活动，而不是传统文化的根。我们过端午节，需要快乐和休闲，但更重要的是传承民俗文化，延续传统文化的根。

端午节文化，需要由五彩缤纷的民俗活动承载，并以此为载体，把核心价值观融入其中，在潜移默化中以文化人。

温柔敦厚话"诗教"

东风中学的"经典咏流传"综艺会演如期举办，甚为可观。以班为单位，同学们充分发挥聪明才智，且吟且诵，载歌载舞，把一首首经典诗词演绎得精彩纷呈、意趣横生。由此，引发我对诗教的思考。

《礼记·经解》云："孔子曰：'入其国，其教可知也。其为人也，温柔敦厚，《诗》教也。'"大意是说，到一个邦国，可以从各个方面看出这一邦国的文化教养；一国之人较普遍地表现出待人温和宽厚的品格，就是有"诗教"的表现。

当然，孔子在诗教方面的贡献尤为突出。正是他开始用《诗经》三百篇教导学生。

孔子之诗教，即侧重于《诗》的社会教化作用与伦理实践意义。《论语·泰伯》云："兴于《诗》，立于礼，成与乐。"身处礼乐崩坏的春秋动荡年代，出于实现社会理想的需要，孔子尤为看重文艺的道德教化功能，力图发挥文艺在蓄养健全人格、构建和谐社会上的独特功用。因此，他把诗、礼、乐视为以"仁"为中心的道德修炼、政治教化的三个必经阶段。

《诗》与人格培育之间的关系，《论语·阳货》有言："小子！何莫学夫《诗》？《诗》可以兴，可以观，可以群，可以怨。迩之事父，远之事君。多识于鸟兽草木之名。"

"兴"即引譬连类、感发意志，强调通过艺术形象的比喻，使人产生联想、领会到某种类似的深微曲隐的思想感情，从而在精神上受到感染和熏陶。"观"则承认读《诗》可以观察和了解社会，认识到文学有广泛表现社会生活的价值。

"群"则强调文学在凝聚群体方面的功能。"怨"是说诗人在困境中能表达真实情感。

这里，"兴"是"观""群""怨"的基础，四者虽均以实现诗教的社会功用为目的，但又必须以尊重文艺独特的审美规律为前提。好的文学可以感发生命，使人的生命状态获得积极健康的情调。孔子说"诗可以兴"，实际上已经触碰到了文学一个最本质的功能，即审美地培育人格的作用。

读诗写诗，无疑就是修心修身，不断提升超越自我。中国古典诗歌最推崇的是"境界"，有意境则自高格。钱穆先生认为即使不写诗，只要读诗和认真领会，"自己的心胸境界自会日进高明"，也能达到与诗人相当的境界，从而获得超越。

中国古典诗歌之所以魅力无限，是因为中华文化的诸多理念、智慧、气度、神韵都蕴涵在诗歌里。诗歌里既显现着具体的情境和场景，也包含着人生经验和哲学思考，提供了美学形象和意义世界。林语堂称，在中国历史上，诗歌除了对于个人而言传递微妙感受、抒发性灵之外，还在规范伦理、教化人心、慰藉精神方面，起到与西方宗教类似的作用。

孔子的"诗教"文艺观，毋庸置疑，是面向当代而敞开的。复兴这一传统文化精神，以诗为教，以美养善，凝聚人心，成风化人，澡雪精神，陶钧文思，正其时也。

温柔敦厚地对待他人，是一种德行的能力，而德行能力又往往与健康积极的生命情态密切相关。诗歌，乃至一切文学教育，正是启发人之"天地之心""生生之德"，同情万物，民胞物与的精神。

诗教就是美育

诗词艺术是中华民族文化的瑰宝，之所以经久不衰、之所以代代相承、之所以源源不断地发展，之所以被历朝历代的人们喜闻乐见，最重要的原因是它的美育作用。从《诗经》开始，一直到今天我们的写诗填词，两千多年来，诗都在为人类传达美的感动，传递着心灵世界最真诚、最朴素也是最令人魂牵梦绕的感情。我们如此热爱诗词，因为诗词是我们心灵深处的朋友，是我们情感生活的知己，它能够让我们在千古浩瀚的诗词海洋中找到让我们情感产生共鸣的表达。

一切艺术的核心在于传递美的感动，一切艺术的伟大之处在于通过美的传达促进人们灵魂的纯净和升华，进而使人向善，使人拥有健康而积极的精神世界。诗词如此，书法、美术、音乐也是如此。我们在体会诗词魅力的时候，应该是感动并快乐着，无论是离愁别绪还是儿女情长，无论是忠诚爱国还是关心民瘼，我们会为自己在茫茫历史之中找到灵魂共鸣的诗句所带来的美的感动而幸运、幸福。

读诗和写诗，可以让你成为一个真人，一个性情的人，一个对这个世界的美充满感觉的人。人的差异性源于灵魂的差异，源于生命能量的差异，源于诗兴和艺术性。所以，诗教不是背诗，而是要培养诗意的心、诗意的眼，那样，你与世界的对话就丰富而且充满意义了。

孔子曰："知之者不如好之者，好之者不如乐之者。"他深知审美对人的力量，因而把它看成教育人和人自我教育的最有效途径。

审美教育本质上是一种生命教育和情感教育。它通过对最直接的生命活动——审美活动的激发、培养与引导，直达生命的本源，从根本上对生命存在加以影响和引导，使生命中的那些不受理性控制的因素能够符合理性的要求，朝着健康、美好、高尚的方向驱动。同时，它也是对生命的潜在能力的发展和挖掘，是对生命的感悟力、鉴赏力、创造力等不仅需要有理性知识，更需要有情感智慧的生命潜能的激发培养。总之，审美教育是对人的生命本身进行塑造，使之更加完美合理的一种教育。

审美教育是诗性的。孔子曰："兴于《诗》，立于礼，成于乐。"在孔子那里，礼并不完全是一种在外的、强制性的规范，而是以仁为心理基础的内在行为规范，是人们发自内心的一种自觉要求，因此，它必然带有审美的性质。

孔子又云："志于道，据于德，依于仁，游于艺。"这里，德行已完全内化为一种心理本身的要求：道是要达到的目标，这一目标的依据是人的内在的德行与仁爱之心。正由于有德与仁的内在心理依据，人才不把理想的道看成是外来的、强加的，而是从内心乐于接受它。因此，道德的要求转化为审美的快感。显然，"游于艺"是最高的层次，它包容了道、德、仁的内容，并且是实现这三者的最终途径。由于有"游于艺"的层次，道、德、仁才最终成为人们发自内在的要求，从而成为自由完美的人性的组成部分。

人是道德的存在，也是自由自在的生命存在。正如孔子所说"未见好德如好色者"，人的天性中有"好色"的趋向，要使这种趋向朝着健康的方向行进，就必须对这趋向本身进行引导。诗教是审美教育，是对人性进行塑造和改造，是对不受理性制约的情感进行引导和规范，提升人的感性存在，使之具有更加情理交融的能力。

提升学校的学习力

从市场的主体——企业说起。

历史总是以惊风骇浪的速度刷新着文明的进程。每一次浪潮来临的时候，都会把一些跟不上时代的企业重重地拍在沙滩上。新陈代谢，保持了社会进步的活力。企业为什么会被淘汰？活下来的并不都是卓越者，而死去的，也不乏优秀的企业。诺基亚、摩托罗拉、索尼，这些都在最专业、创新能力最强的企业之列，如今，它们死了。

20 世纪 60 年代，被《财富》杂志列为世界 500 强的大公司，堪称全球竞争力最强的企业。然而，1970 年的 500 强到 80 年代 1/3 销声匿迹，到 20 世纪末更是所剩无几了。这一方面反映了风起云涌的新科技革命和新经济的产生迅速切换或淘汰传统产业的大趋势，但同时也反映出这些企业不善于与时俱进，跟不上时代的节拍而被时代所抛弃。

雷军说，坐在风口上，猪都会飞起来。风口就是潮流。潮流就是市场。企业不是在潮流里，就是在沙滩上。实践证明，企业凡是通过自我超越、心智模式、团体学习等提高学习的修炼，都能在原有基础上重焕活力，再铸辉煌。其成功的奥秘在于：能以最快速度、最短时间学到新知识、获得新信息；组织的员工尤其是领导层能不断提高学习能力；加强"组织学习"，形成具有特色的组织文化；以最快速度、最短时间把学习到的新知识、新信息用于企业变革与创新，最大限度地适应市场和客户的需要。

企业的竞争力本质上是学习力。学习力是把知识资源转化为知识资本的能力。它倡导团队学习比个人学习更重要，团队具有整体搭配的学习能力，团队内信息和知识自由流动，高度共享，团队学习既是团队成员相互沟通和交流思想的过程，也是团队成员寻求共识和统一行动的过程，从而也是产生团队的"创造性张力"的过程。

学校变革是学校为适应社会变化而进行的适应性更新。稳定、平静、常规、秩序，曾被认为是学校与其他一些组织不同的重要特征。但是，学校从来就不是封闭自足的"象牙塔"，也非与世隔绝的"孤岛"，面对变化的环境，学校必须主动做出适应性变革。这种学校自主型的变革，是内源性的，变革的动因之一即是学校的学习力，也就是把学习型组织建设作为重要目标和任务。

学习型的组织文化应成为学校文化的底色，即学习型文化应成为学校行为建设、组织建设、制度建设的基本要求和必备要素，因为它是促进学校自主发展、内涵发展、创新发展、可持续发展的重要条件和内在保障。学校教育是有目的、有计划、有组织的大规模学习活动的特定时空，应该首先成为学习型组织，应首先建立学习型文化，学校应成为主动学习、不断学习、终身学习的教育基地和服务中心，应不断培养出热爱学习、善于学习、终身学习的合格公民。

学校发展要求形成学校学习行为，这里的"学习"由于强调"学校"的规定性而不同于以往的"学习"，具有鲜明的学校组织和行为的特质：它是一种基于学校现实问题解决的学习，是一种实现学校发展共同愿景的学习，是"基于学校、在学校中、为了学校"的校本学习和研究；它是一种在个体学习基础上强调群体学习、伙伴学习、合作学习的过程和经历，提倡学习过程中的经验分享、相互支持和共同成长；它是一种前喻学习、同喻学习、后喻学习并存和共存，强调学习者之间（领导与教师、教师群体、教师与学生）的平等、民主和互塑的关系；它是一种在实践中学习，在学习中研究，在研究中创新，从而不断指向实践改善和行为提升，不断推进学校发展和特色形成的过程。

亦云主体性

在西方教育史上，从卢梭开始，教育的出发点和中心从教师转移到学生，这一巨大的转变，被杜威称为教育领域中"哥白尼式的革命"。在卢梭的教育思想体系中，出发点是儿童，归宿也是儿童，儿童是其教育思想的基础。杜威在教育理论和教育实践上把儿童中心思想发挥到极致，它为我们正确认识学生在教育过程中的主体地位奠定了扎实而系统的思想基础。所以，现代教育认为学生是教育活动的基础和出发点。

学生是处于成长过程中的人，有着各种各样的发展潜能。把学生从有发展可能性的人，培养成为现实中得到发展的人，这是教育追求的目标。

人的发展，是教育原生的目的、自身的目的、基本的目的、内在的目的，人的发展是目的而不是手段，人的成长不是他人的工具，不是他人的功利。这就要求回到学生的主体性上来。

在认识论意义下，主体即具体认识活动中的具体人，其认识对象称为客体。主体是相对于客体而言的。每个人是每个人认识活动的主体。在同一类活动中，不同的人是各自认识活动的主体，这是同一类活动中的多主体，但就具体的认识而言，谁在认识着，谁就是这一具体过程中的主体，这是单一的。学生是自己认识活动的主体，教师也是自己认识活动的主体，且同在教学之中。但学生只是学中的主体，教师也只是教中的主体，都是单个的。在教学中，作为各自认识主体的师生之间当然存在着相互联系。教师总是力图让学生在自己的认识活动中充分发挥主体运用。当教师这样努力去做的时候，也表明教师在教师自己的认识中主体作用发挥得比较好。

认识自己认识的主体，也是自己情感的主体、意志的主体、信仰的主体、实践的主体，是自己整个心理活动的主体。这样的主体性才是完整的。

人的认识、情感、意志等不只作用于他人、他物，也作用于自己，此时的自己便也成了客体。在此活动之中，主客体即融于一身。同时，人在将自己的心理活动作用于他事、他物时，总是将自己的内在尺度运用于对象，这样，从他事、他物的对象那里也能反衬自己，看到自己。这种活动越充分越能从对象中看到自己。于是，我们也在对象中同时看到主客体，主客体以另一形式融合。

自我对象化，对象自我化，在很大程度上，教育正是为着发展这种心理活动，促进人的这种心理活动向更积极、更自觉、更高层次上发展，人也于其中日益完善、完美。

认识当然是教学活动中很重要的一部分，但只是一部分，不是全部。优秀的教师，是知、情、意的全投入，不只是让学生去认识，还让学生去体认；不只让学生去觉悟，还让学生去体悟；不只让学生去品味，还让学生去体味；不只是让学生去接受，还让学生去感受；不只让学生去观察，还让学生去体察；不只是引导学生去认识，还引导学生去体验。教育的肤浅与深刻、贫乏与富有，也就在此区分出来。

学生的主体性，首先是其自主性。就人的精神、思想或认识状态而言，是自我意识；就人的存在或行动状态而言，是对自己的学习活动进行自我支配、自我调节和自我控制。它要求教师深入细致地了解学生的智能特征、认知水平和认知特点，采用适当的教育方式，促进学生主动、健康地发展。其次是能动性。它是佐藤学在《静悄悄的革命》中所说的，学习要植根于"被动"的、"从属"的能动性，"学习只在与教师、教材、学生、环境的相互关系中，才能够得以生存、发展"。再次是创造性。杜威认为："在教育上可以得出的一个结论就是：一切能考虑到从前没有被认识的事物的思维，都是有创造性的。"如学生能够灵活地运用所学知识，在学习上举一反三；有丰富的想象力，能够出一些有创意的"点子"；能够提出一些与众不同的见解；善于运用所学知识解决问题，搞一些小设计、小发明、小制作等。对一个教师而言，问题不在于学生是否具有创造性，关键在于教师是否保护学生的创造性，是否为学生创设了丰富和动态的教育环境因而最大限度地激发了学生的创造性。

公平的教育何其难为

"平等"原是佛教用语，它是梵文的意译，也译作"舍"，意谓无差别，指一切现象在共性或空性、唯识性、心真如性等上没有差别。

法国大革命提出自由、平等、博爱的口号，自由是人的基本生存权利，博爱是人的本性所充满的感情，平等是兄弟般的相亲相爱、互相帮助。这三个词是相互联系、不可分割的，其中平等在其中起主导作用，只有平等，才能有个人的自由和权利，同样，也只有平等，才能有人与人之间的博爱。

法国《人权宣言》宣称："平等就是人人能够享有相同的权利。"因而，平等问题在某种程度上可以转化为人所享有的权利的问题。权利可分为基本权利与非基本权利。所谓基本权利，是人们生存和发展的必要的、起码的、最低的权利，是满足人的基本的、起码的、最低需要的权利，如生存权、参政权、受教育权、言论自由权；而非基本权利是人们生存和发展的比较高级的权利，是满足人的比较高级需要的权利，是一个人因其才智不同、对社会贡献大小不同而应享有的相应不同的权利。

公平与平等密切联系，但平等并不等于公平。平等包括无差别和按比例，即完全平等与比例平等，这二者都是公平的表现。

从个人而言，有先天的平等与不平等，如遗传因素所决定的身高、智力等；有后天努力形成的平等与不平等。

从环境而言，有条件与机会的平等与不平等。以赛跑为例，在起跑时，所有的参赛者都站在同一起跑线上，外在的环境不会对谁有利，也不会对谁不利。这就是机会平等。参赛者的机会平等就在于他们起跑时的条件平等。赛跑结束后，这些机会相同的个人却有不同的结果。有人拿金牌，有人拿银牌，有人拿铜牌，有人什么牌子也没有。这样，这些牌子就各自代表了条件的不平等，有时人们也称为结果的不平等。所以，只给机会均等，会产生条件的不平等。就赛跑而言，那些天赋条件好和训练好的人，可能成绩就要超过那些天赋条件差和训练一般的人。因此，具有不同条件的人应当不同对待，即差异对待原则。相反，平均主义者认为平等是不加限制的好事。实际上并不是这样，只有在公平支配下，平等才可以和谐地扩展。

所以，公平包括两个方面，即人类拥有基本权利的平等与非基本权利的不平等。前者的原则是完全平等，是追求依据人的自然权利的平等，体现了一种社会价值和社会理想；而后者的原则是比例平等，以不平等对不平等，强调差异对待。人类拥有基本权利的平等是体现公平的，非基本权利不平等也是公平的。

那么，教育公平体现为受教育的基本权利的平等与受教育的非基本权利的不平等。

公平的不一定是平等的，平等的也不一定是公平的。教育平等强调相同性、同等性、无差别，教育公平更多在于平衡性、相对性、发展性。

教育公平作为一个政策理念，主要涉及公共教育资源的配置问题。但教育资源只是教育的外部条件，没有充裕的教育资源很难说有良好的教育，有了充裕的教育资源也很难说有良好的教育。教育公平本身不是教育事业发展追求的根本，根本目的还是创造良好的教育。

固然，公共教育资源配置的不公平，有起点不公平，如入园难、入园贵；有过程的不公平，如城乡差异，如重点校之后的示范校政策、快慢班之后的实验班手段；有结果的不公平，如西部地区尤其贫困地区教育质量明显偏低、不同家庭教育环境下的学生的成功机会大相径庭。但是，教育系统内部的不公平，同样严重。我们内部存在着专制、暴力等各种各样的负面关系。学生在教室里感受到的不受关心、不受尊重，反映了教师的工作能力、职业素养和岗位责任方面的种种缺憾。不仅是学生，教师也得不到尊重、得不到承认，往往失去了话语权和话语能力。没有教育内部的公平，就没有教育活力，也就没有好的教育。

当然，学校也考虑了公平的差异性原则，主要体现为把学生分为三六九等，赋以优劣有别的教育。在这个过程中，学校看重的是人的物化价值和市场价值，每个学生因其不同的学业成果而具有了不同的资本，在学校教育中便可以待价而沽，获得不同的教育待遇。

在经济学视角下，从教育目的来看，个人接受教育的目的在于积累教育资本，换取一定的社会地位和经济收入。为公平起见，就以文凭作为学校教育质量检验的保证书，表明学生质量的优劣和可靠程度。于是，文凭开始成为学生能力水平的标志，人们开始满足于追求越来越高的文凭。教育从培养人的活动异化为制造工具的生产过程，以便为社会创造物质价值。

在教育起点上，把学生个体视为毛坯，需要进一步加工处理，才能成为合格产品。因此，学生在进入学校时被假定为是同样空白的物件，换言之，只要他们能获得平等的受教育的机会，教育起点的公平就已然实现。但是，学生进入学校之初便具有其原生环境的文化特征，因此，仅仅提供入学机会的平等，并不能实现教育起点的公平。学校必须准备好学生的多样性文化特征，才能为其提供适当的教育。

我们的学校教育文化与学生的原生社会文化有着严重的区隔。学校用围墙在社区中圈出了独立的王国，与社区文化"老死不相往来"；对学生影响巨大的原生社会文化，特别是家庭文化，被隔离在学校之外，或者沦为学校的附庸。学生潜移默化地形成一种观念，即学校传播的文化才是有用的，是优于原生社会文化的，这就导致了学生对原生社会文化的遗弃或反叛，形成心理上的文化落差。就这样，在教育过程中，学生不是具有主动学习能力的不同的文化主体，而是一模一样、用同一标准和同一模式进行加工的工具。

那么，我们真正需要的，不是平等的待遇，而是公平的、恰当的待遇。教育公平问题，在很大程度上就是追求教育个性化。

"有质量的教育" 啥面相

一

先从哲学说起。

事物的骤然质变，是由量的变化所引起的，即在量变到一定点上骤然发生质变。这个使之骤然发生质变的量变点，哲学上称为黑格尔度量关系关节点。这种量的变化一定要达到关节点这一度量时，事物方能骤然发生质的飞跃，使事物在其瞬间呈现出其特有的、区别于其他事物的本质特性。或者说，事物的本质特性是由其关节点那一瞬间所呈现出的参与该量变过程各相关量的瞬时状态所决定的。一组决定事物本质特性以某种特定的相关关系同时呈现于关节点之瞬间的量，就是哲学概念所阐述的质量。由此，可以得出以下观点：

质量形成于过程，这个过程就是其自身的量变过程。

在形成质量的量变过程中，自始至终伴随着与其相互作用、相互影响过程演变的相关量，物理学称这些量为条件量。

质量的特定性，决定于相关条件量的确定性。条件量一变，质量这一组量的特定值就变了，事物的性质也随之而变，不再显现它原曾有过的本质特性。

伴随质量的量变过程，相关条件量与其彼此渗透，互为因果，以某种独特运动规律构成彼此间特定的演变关系。

质量具有瞬时动态特性。

质量只存在于实体，脱离了具体的事和物，质量是不存在的。

二

北京大学国家发展研究院陈春花教授提出，追求质量的企业必须锻造八大能力。

（1）保持成长性。企业为什么一定要成长？因为顾客总在变化，企业必须随之而变；每个行业都在不断进步，企业要么引领进步，要么紧紧跟随引领者变革的步伐；企业员工也要求不断成长，员工成长的前提是企业的成长。

（2）具备创新性。以前，由于市场大、资源多，企业不创新也能盈利；但现在，增长来自于创新，企业必须通过学习来推动创新。

（3）加强企业与环境的匹配能力。今天，环境的不确定性已经成为常态，企业要有能力把环境的不确定性变成机会，拥有面向未来的能力。

（4）企业领导者必须具有正确的价值观、高涨的企业家精神，并具备战略思维和视野。

（5）企业要与投资者、员工、顾客等利益相关方共建命运共同体，创造价值链、价值网。

（6）提升企业的产品、技术在市场中的竞争力。因为顾客是通过企业的产品来触摸企业，只有把产品做好了，才能真正建立企业的品牌。

（7）打开全球化视野。今天的企业不仅要做到全球标准，更要把产品和服务拿到全球市场上去检验。

（8）改善企业的治理结构。企业高质量的前提是发展的可持续性，而要做到可持续发展，就必须有好的公司治理框架。

以上这八大能力，难道不也是学校应具备的吗？

三

学校质量管理的根本任务是为未来培养人才，因此必须坚持正确价值观的导向。学校工作任务的主体是传递知识、培育人才，作为一种精神活动，它首先面临的是价值选择问题。学校管理者的责任是要正确、全面地判断社会当前的需要及未来发展趋势，整体地、辩证地把握价值体系，树立先进、可行的育人指导思想。

学校质量管理以人的质量为中心。学校的根本任务是育人，它所追求的是培养出高水平的、全面发展的学生，它的成果也要以所培养的学生是否符合社会要求为衡量标准。学校工作质量的核心是围绕人的质量而形成的质量链条：校长及领导班子的质量即素质—（学校管理工作的质量）—教师的质量—（教育教学工作质量）—学生的质量。在学校这个人—人系统中，教育者的个性魅力是对受教育者的成长施加有形或无形影响的中介，他们的素质特征会通过师生交往而迁移并嵌入学生人格结构中去。

学校面对的公众是多种多样的，学校实际操作中的学生质量标准是立体结构。学校作为社会的教育"公仆"，要尽力满足各个方面的要求，甚至要对他们彼此的冲突要求竭力进行微妙的平衡。但学校在教育事业中的主导角色是社会意志的执行者，它在国家的指导下努力实现社会的根本利益，所以它又必须从总体上把握一个基本点即带根本性的质量基准目标作为教育工作中的"原点"，以它为准协调与整合来自各个方面的利益要求，这个质量基准目标就是培养学生以全面、主动发展为内容的发展性素质。

四

有质量的教育，核心是形成学校质量文化，关键是进行文化管理。

文化管理即在实际管理过程中，坚持以人为中心，积极采取统筹兼顾理性因素和非理性因素，侧重于感情因素的非理性管理模式，实质就是把相应的组织当作以人为单位组成的一个系统，构建一系列组织成员都认同的价值观念体系，通过这个体系对组织成员的意志行为选择进行适时的引导，从而激发每一位成员的工作积极性。

首先，坚持以人为中心实现人性化管理；其次，将建立的一系列价值观念贯穿到整个文化管理过程中，主要目的就是调动员工的工作积极性；最后，注重把理性因素管理模式和非理性因素管理模式有机结合起来，实现科学规范的管理，增加人性化管理情感因素的砝码。

五

管理学大师菲利普·克罗斯比提出，质量是对要求的顺应。也就是说，质量是教育对于社会发展需求和人的发展需要的满足程度。

美国教育专家 E. 格威狄·博格指出，教育质量需要一种证据的文化和关爱的文化，强调质量是根植于数字和精神层面的。

教育的质量何以证明，何以用事实说话，或者说教育应该收集什么样的事实或依据来反映教育质量，并形成与之相适应的观念、制度和实践等，即是教育质量的证据文化：一是精神内核，即证据的价值取向；二是外化形式，即证据观念、证据制度和证据实践等。

证据文化的营造，核心是要将提高教育质量作为永恒追求，强化教育质量的证据观念、证据制度和证据实践，并逐步上升为教育质量的全员化、全程化和常态化，即全体师生重视教育质量，人才培养全过程重视教育质量，并将保证教育质量融入日常教学生活。

关爱文化是基于人本主义理论基础上的学校组织文化，逻辑起点是关爱师生的发展和成长，核心是要构建博爱、信任、平等的教育教学环境，激发全体师生自发自觉树立质量意识、共构学校育人质量观，将学校的质量主体责任落实到每一位师生自发自觉的行为上，构建基于以人为本和人性关怀的育人环境。通过环境关爱每一个个体，激发个体的良知，通过个体的良知自我保证教育教学质量。

全社会的约定：教育即成长

2017 年两会，"减负"被正式写入《政府工作报告》。这意味着，中小学生过重课外负担问题将成为政府要下大力气解决的重点问题。

优质教育资源供给不足以及用人制度不合理、分配制度不公正，异化为教育功利主义。学校评价缺乏科学有效的标准，很多学校依然将关注点放在分数上、作业上、训练上。教育市场的巨大需求和家长的焦虑心理，使校外培训顺理成章地有了恣肆蔓延的土壤，"超纲教学"、"提前教学"、"强化应试"则见惯不惊。

什么是好的教育？是为了考取一个好分数，上一所好学校，还是为了让人的发展更完善、更幸福，更好地成为他自己？当这样的根本性问题没有弄清楚，教育过程就容易被异化，异化为流水线式的工业化生产，异化为用"邻居家的孩子"来评价自己的孩子的盲从。所以，我们全社会需要一个共同的约定，即达成"教育即成长"的共识。

法国 18 世纪伟大启蒙思想家、哲学家、教育家卢梭基于自然主义教育思想，提出教育是"生长"的论断，因为人是自然中的人，也应在自然中生长。卢梭是想告诉世人，教育首先要关注人，其次要研究人的自然成长规律，进而遵循人的身心发展规律。

美国教育家杜威在此基础上提出"教育即成长"的理念，也是生物学意义上的隐喻。

杜威批评当时的教育无视个人价值和个性的发展，强调从外部来影响儿童，按照成人的标准进行塑造，把儿童当作被动的容器、被加工的工具。杜威并不是泛泛地论述成长，而是给成长赋予了具体要求，这就是：应具有民主精神与民主素质；应具有良好的职业能力；应具有新个人主义的道德风貌；应具有良好的公民素质；应掌握智慧的方法，具有解决实际问题的能力。

杜威使用"growth"这个词，表达了两部分意思：一方面表达连续性的过程（process）；另一方面着重强调了精神与情感（mentally or emotionally）。"因为成长是生活的特征，所以教育就是不断成长；在它自身以外，没有别的目的。"

杜威"教育即成长"的核心思想，就是教育既要遵循儿童的天性，又不能放任自流、消极对待；既不能强加成人的意志于儿童，又要使儿童在成人的预期内成长。

当下重提教育即成长的主张，是因为教育出现了问题：漠视和超越人的身心发展规律，目无学生地施教、揠苗助长地施教。为此，再提教育即成长，意味着让教育回归教育的逻辑起点——学生上来。

教育的目标就是人性的优秀和人生的幸福。人性意义上的优秀，就是让受教育者的精神禀赋得到很好的发展；人生尺度上的幸福，就是让受教育者具备幸福的能力，有一个幸福的人生。

成长是一个持续不断的过程，没有最终目的。这种成长，既有学生身体的成长，也有学生智力和道德的成长，离开学生谈成长，就是对教育对象主体的漠视。

人的成长是基于学生自主基础上的能动适应，教育的作用就是有目的、有计划、有组织地对学生的能动适应进行积极的干预。

学生的身心发展规律，既是学生作为生命体也是教育作为社会实践所遵循的基本规律。

"教育是农业"也是一个隐喻，但教育绝不是农业，农作物是被动适应，作为教育对象的人是能动适应。好的教育一定是也必将是基于学生身心发展基础上符合学生身心发展规律的有效干预。人的成长不是个体的单独成长，而是在社会环境中共生发展。人的成长不仅仅是机体的成长，更是在人类社会中的习得性成长。

杜威还认为，教育是生活的过程，而不是将来生活的准备。所以，人生的各个阶段，每个阶段本身都有不可替代的价值，没有一个阶段仅仅是为了下一个阶段做准备的。

　　教育的本意是唤醒灵魂，使之在人生的各种场景中都保持在场。教育如果要达到唤醒灵魂的目的，就必须在因材施教上做出更多努力。所谓因材，本质上就是尊重人性。

当我们谈论审美时其实是在谈论培育人格

"审美鉴赏与创造"作为语文的核心素养之一，其立意该作何解释？

孔子是最讲究规范的哲人，但他把"游于艺"作为礼治天下的极致，把"暮春者，春服既成，冠者五六人，童子六七人，浴乎沂，风乎舞雩，咏而归"的审美活动视为人生的巅峰境界。

庄子反对任何规范，他所追求的那种内心冥寂、与时而动、与物而化、无所不适的逍遥游，本身就是一种忘怀一切而超越一切的审美的人生。

马克思认为人类异化的重要标志之一便是审美能力的丧失，对异化的扬弃便是使人的一切活动都带有审美的性质——自由的选择、自由的创造、自由的享受。

审美是以情感为核心的全身心的综合运动，它既是自愿的又是能动的，是对人的本质的全面肯定。

世界上只有一幅《蒙娜丽莎》，但是她那迷人的微笑却能在欣赏者的再创造中染上千姿百态的色调，甜蜜的、明朗的、羞涩的、神秘的，甚至可能是忧郁的。因此，欣赏活动所形成的审美意象，已不再是客观的艺术形象了，而是欣赏者再创造出的心像。有多少不同类型的欣赏者，就有多少不同类型的林黛玉。而一旦人能够用自我去再创造客观对象时，主体的心灵就能得到充分的自由享受。

在审美中，人不必拘泥于几何学中用点、线、面所固定的空间位置，不必遵守数学中精确的数字和时间，不必顾及物理学所证明的事实，不必相信化学对各种物质的分子结构的分析，更不必服从哲学所规定的主观与客观、人与非人的区别。在审美中，所有的对立都融解了，所有的界限都消失了，精确的事物变得飘忽不定、神秘莫测，无生命的物理世界成为人的生命象征，灵活的、跳跃的、不间断的意识流和心理时空代替了僵死的、固定的现实秩序和物理时空。"前不见古人，后不见来者，念天地之悠悠，独怆然而涕下！"人的心灵在一瞬间的颤动就能包容宇宙，纵贯古今。一块坚硬冰冷的石头就是一次意志的勃发，一弯晓月就是一缕或恬静或哀怨的思绪。

虽然功利性推动着人去追求、去探索、去行动、去冒险，但人又常常被功利心所束缚，成为物质的奴隶、金钱的信徒、权力的牺牲品，从而使人的本质发生异化。只有在审美中，人才能自由地来往于一个纯净的精神世界中。

没有审美，生活剥露出最务实、最粗俗的一面。人们创造了幸福生活的物质前提，但并未创造出幸福生活本身。生活需要物质，也需要为精神预留空间，以精神的丰盛来对抗现实的束缚，去平衡时间和心境，以自我的方式把握事物而成为主体。

在审美领域，巨浪、狂风、暴雨是粗犷有力、充满野性的壮观，松树、怪石是高洁坚贞的象征，细柳、小溪、明月是幽深宁静的心境，充满鲜血、拼搏、毁灭的悲剧是令人产生或崇敬、或同情的心灵净化，五毒俱全的西门庆是具有永恒审美价值的艺术典范。

美是感动生命、促进生命成长的最有力的因素，使人激动、震颤、陶醉，在获得审美享受的同时分清是非，加深对美好事物的热爱和追求，并情不自禁地摒弃平庸、猥琐、愚钝和丑恶，使人的生命质量和境界得以提高和升华。

德国哲学家哈贝马斯提出主体间性的交往理论之后，教学要形成师生之间各为主体的对话关系就成为一种相对普遍的认识，即教学过程是教师和学生以共同的客体为中介的交往过程，它生成的是师生之间、生生之间等多重主体间关系，而审美正是对这一交往的感性体验和理性思辨。审美的课堂，就是将情感交往和价值培育作为本质内涵。

教学中人的审美存在，其实质是把人置于教学生活的中心。这种转向使课堂教学回归到人的发展这一根本目的上来，充分满足人在教学生活中的精神需要和价值实现，充分彰显教学关注个性、提倡自主、回归人性的意蕴，体现了教学为了人、发展人、关注人、成就人的审美价值追求。让人在教育中以审美的姿态存在着，这是促进人的全面发展的需要。

通过美与审美，人的本质得到全面肯定，人的创造力得到充分发挥，人的生命得到彻底解放。生命的极致是审美！

给学生教什么以及留下什么

《普通高中语文课程标准》（2017 年版）"古诗文背诵推荐篇目" 72 篇中有《礼记》3 篇："礼运"之"大道之行也……是谓大同"、"大学"之"古之欲明明德于天下者……壹是皆以修身为本"、"中庸"之"喜怒哀乐之未发……万物育焉""博学之……人十能之，己千之"。如是之课文，于我心有戚戚焉。

教材在整个教育中的重要作用显而易见，它是教育教学的基本依据，国家的教育理念、人才培养的目标都在课程教材中集中体现，都在直接回答着要"培养什么人、怎样培养人"的重大问题。

加强中华优秀传统文化教育，让青少年学生打好中国底色，传承中华优秀传统文化，做堂堂正正中国人，教材堪当此任。所以，教育部统编义务教育语文教材，小学语文共有古诗文 129 篇，初中有 132 篇，其中以古诗词为主，还增设了专题栏目，安排了楹联、成语、谚语、歇后语、蒙学读物等传统文化内容。甚至小学一年级第一课即是识字"天、地、人"，而不是拼音，"天人合一"的理念一开始就装进学童的心里。

课程选择的核心问题是知识选择问题。也就是说，什么知识最有价值？

教育知识价值的选择，要把学生当作教育过程中的主体，以学生的全面发展为教育知识选择的基础。

知识的定义非常复杂。在哲学领域，一个经常被引用的知识定义是：知识是经过辩护的真实的信念。它有三个标准：拥有一个信念；它是真的；拥有充足的证据，它的获得有充分的理由。这样就与某人仅仅拥有一个信念（可能是假的）区别开来，与某人拥有一个尽管是真的但是还未通过充足的证据证明的信念区别开来，以及与某人意识到某事事实上是真的，通过证据也证明如此，但这个人不相信它这一点区别开来。

西方一些专家认为，知识由命题知识、技能知识和直接的、表达的、直觉的知识（如知道某人、感到痛苦，或认识某一艺术作品）等组成。在这个知识概念中，古典知识仅仅是其中属于命题知识的一个部分。

"国际经济合作与发展组织" 1996 年发表的《以知识为基础的经济》的报告，把人类迄今为止创造的知识分为四种形态，即事实知识、原理知识、技能知识和人力知识，俗称 "4W"。

我们所说的教育知识指的是课程实施过程中教师传授给学生的知识。这里，知识与能力相互交织在一起，不可割裂与对立。在知识掌握过程中便包含着能力的形成，因为知识的掌握本身是能力的结晶，在传授知识的过程中便已包含着能力的培养。

知识与价值也是相互依赖，知识对价值的重要性正如价值对知识的重要性。最高的人类价值是真、善、美，它们是人类生命意义的一种体现。人们接受价值、需要价值，而不能没有价值。人们的行为以价值为主导，人生意义的来源是价值，价值构成个人与社会的生活目标。人们接受知识、追求知识，是为了追求美好的生活，它当然需要价值的指导。价值问题却需要运用知识来解决，价值行为也需要知识来引导。知识增进对价值的把握和理解，才能化作人们行动的力量，促成价值的实现；知识对价值的反省，可以改变和重建价值，把不切合生活与生命世界的价值淘汰掉，创造切合生活与生命世界的价值。要学习知识，要先确立价值；要确立价值，还要知识的帮助。

有用的知识和有教育价值的知识是不同的。有用的知识有价值自不待言，但有用的知识并不等于有教育价值的知识的全部。从教育活动的目的旨在促进人的全面发展来看，更要注意一些具有内在价值的知识，以促进人的精神、人格的发展，促进人对生活意义的理解。

"大道之行也，天下为公，选贤与能，讲信修睦。故人不独亲其亲，不独子其子，使老有所终，壮有所用，幼有所长，矜寡孤独废疾者，皆有所养；男有分，女有归；货恶其弃于地也，不必藏于己；力恶其不出于身也，不必为己。是故谋闭而不兴，盗窃乱贼而不作，故户外而不闭，是谓大同。"（《礼记·礼运》）

这段脍炙人口的文字，千百年来对中国人具有永恒的魅力。因为它描绘了一幅十分美好的人类社会图景，体现了儒家对人生的终极关怀。

按照儒家理论，"三代之治"，也就是"禹汤文武成王周公"的时代，才称得上小康之世，而三代以前的"尧舜之治"通常被认为是更高级的大同之世。孔子曾说："周监于二代，郁郁乎文哉！吾从周。"又说："大道之行也，与三代之英，丘未之逮也，而有志焉。"可见，"三代之治"、"尧舜之治"，都是孔子推崇的社会状态。当然，大同之世，只是对传说中的远古氏族社会情景的浪漫的诗意的理想化的追忆与憧憬。

秦之后，历朝历代无不以小康和大同作为理想的政治目标，只是终究再也没有达到"三代之治"的高度，更不用说"尧舜之治"。新中国在改革开放进程中重启小康，这是小康之治在中国文化理路中的历史新方位。我们已经具备一定的经济条件，社会上出现了庞大的中产阶层，他们有条件追求自我实现的欲求，但我们基本上还是各亲其亲，货力为己，很多人也在盲目的物质追求中迷失自我，整天在佛法所谓"贪、嗔、痴"中打滚，浮躁烦恼。尽管存在这样那样需要解决和改革的历史和现实问题，但小康社会正在呈现。

虽然，大同之世依然是美丽的"中国梦"，但"大同"思想的价值在于"天下为公"，即人要以公平、公正、公义来立身处世，亦即"克己复礼"，"仁者爱人"，践行"忠恕"之道，"己欲立而立人，己欲达而达人"，"己所不欲，勿施于人"，实行差等之爱，从我做起，推而广之，扩而大之，于是乎天下太平。

正如费孝通先生所描述的传统社会的人际关系："以己为中心，像石子一般投入水中，和别人所联系成的社会关系，不像团体中的分子一般大家立在一个平面上的，而是像水的波纹一般，一圈圈推出去，愈推愈远，也愈推愈薄。"这种群己、人我的差序格局，缺少现代社会的公民意识，是"各人自扫门前雪"的狭隘心地，但"差等的爱"又为何不能产生"爱的涟漪"效应？

费孝通先生还有"十六字箴言"："各美其美，美人之美，美美与共，天下大同。"给"大同思想"赋予公共意识、家国情怀、人类命运共同体的价值理念，这篇文质兼美"大道之行也"就是有内在价值的教育知识。

"教育生态"错杂谈

我偏爱具有"生态的、家庭的、经济的"之意的"生态"（Ecology）这个词，相对于具有"包围、围绕、围绕物"之意的"环境"的外在于人的二元对立，它是对主客二分的解构。环境一词具有人类中心论的内涵，而生态则是一种生态整体论，符合中国传统"天人合一"的文化模式。"道大，天大，地大，人亦大，域中有四大，而人居其一焉。""天地有大德曰生"，"生生之谓易。""生生"之创生生命的生态还具有有机性的内涵。

"生态"一词，源于对生态系统和生物多样性的认识。一般而言，生物多样性越丰富，则生态系统越稳定，也就是越"生态"。但这种多样性并不是简单的数量庞大，而是相互关系选择性较多（食物链丰富而不单一），并且各生物之间主要是一种依存与合作关系，而不是片面强调竞争与淘汰的关系。

教育生态反映了一种教育价值导向。事实上，教育更应该像农作物的生长过程，学生是一粒粒的种子，我们既要重视种子本身的播种、浇灌、培育等，还要关注种子生长所需要的土壤、空气、水质、阳光等。所以，就要优化课程生态、教学生态、管理生态、评价生态，以及"课程—教学—管理—评价"之间的链条互联关系。

当下"千校一面"的标准化、同构性的恶性竞争、贴标签式的"特色学校"以及学校与社区的相互隔离等现象，是缺乏学校生态的表现。学校生态层面，应是学校之间的多样性的平等与尊重、互补与合作、主体个性与创造性等。

好的教育生态还包括好的社会生态，即良好的家校关系、良好的舆论生态。目前，社会在对教育提出各种希望、要求、非议以至指责的同时，并未向教育提供对等、匹配的理解、支持和帮助。学生、家长、教师、政府等各类主体，对教育的利益诉求并不完全一致，甚至表现出不可调和的矛盾。社会转型中浮躁、短视、功利主义等思想不断侵蚀着教育这方净土和孩子纯洁的心灵，教育内部也出现种种偏差，急功近利甚而竭泽而渔，严重违背教育规律和学生身心发展规律。政府、舆论和社会各方面表面上对教育非常支持，其实过于理想化、绝对化、片面化，以及管理的行政化，这使得教育在嘈杂的干扰声中难以独立、正常运行。

　　"互联网+教育"以及人工智能，正在颠覆着教育的原生态。一直以来，教育是比较传统和保守的行业之一，尽管教育信息化铺天盖地，但呈现在你面前的课堂还是那个课堂，除了几乎所有老师使用了PPT，其他方面并没有实质性元素的转变。这种现状或许不是教育本身的错，更不是老师的错。因为相对于在线教育，学生和家长更认可学校教学资源和师资。但是，"互联网+教育"以及人工智能注定会从根本上改变教育，让教育从封闭走向开放，从空间和时间上打破教育的壁垒，打破知识的垄断，教师必须重新定义自己的身份，教育生态必将重建。

唯有当下是我们的幸福

——《兰亭集序》和《赤壁赋》对读

人，向死而生，死亡彰显了人存在的意义，思索死亡与思索人生是一个问题的两个方面。世界，呈现出人的空间性；死亡，呈现出人的时间性。人存在于时间与空间的坐标体系当中，人的无数瞬间之"时刻"共同组成了人从生到死在空间中的轨迹。唯有在当下瞬间，我们是存在的，过去与未来都是我们所无法把控的，当下就是我们可以行动的唯一时刻。

那么，在死亡来临之前，我们如何生活？一种是强调生命在死亡面前的严肃性，将每天作为最后一天来度过，将每个时刻当作最后一个时刻来度过，以一种尊重的态度对待生命的每一个瞬间。魏武帝曹操即是。其《短歌行》云："对酒当歌，人生几何？譬如朝露，去日苦多。""青青子衿，悠悠我心。但为君故，沉吟至今。""山不厌高，海不厌深。周公吐哺，天下归心。"他和周公一样，念兹在兹的是建功立业，以达不朽。王羲之《兰亭集序》如是思考：美丽的山水、尽情的欢愉，可以令人忘记烦忧，"暂得于己，快然自足"。但不知不觉中时光已经流逝，"不知老之将至"，等到时过境迁后，往日的美好已经成为陈迹，人不能永远保有美好的留恋。所以生就是生，活着能享受乐趣，死就是死，死后一切皆无。"死生亦大矣"，故有生之年不可不认真做些实事。

但是，还有一种生活，将生命中的每个时刻以一种平常心对待，赋予每个瞬间以绝对的价值，无论这个瞬间处于怎样的"过去"与"未来"之间，即使平庸，即使谦卑，但自有其与众不同的绝对意义，尊重并完成此刻之事，享受此刻有限却无穷的美好。所以，幸福就在当下的此刻，因为我们仅仅生活在现在，又因为往事不可追，来事不可待，而现在的每个时刻都给我们提供幸福的可能性。苏轼《赤壁赋》关于宇宙人生的见解是：江水不舍昼夜地滔滔流去，作为某一段江水，确乎是从此消失了，而作为整个江水，则始终长流不绝；月亮有圆有缺，圆了又缺，缺了又圆，周而复始，终究无所增减。无论宇宙还是人生，变与不变都是相对的。如从变的角度看，岂但人生百年，顷刻即逝，就是向来认定的天长地久，其实连一眨眼的工夫都不曾保持常态；如从不变的角度看，则宇宙万物固然无穷无尽，其实人生也一样绵延不息。因此，对人生而言，天地宇宙万事万物"而又何羡乎"？自然也不必"哀吾生之须臾"了。"江上之清风"有声，"山间之明月"有色，江山无尽，天地无私，风月长存，声色俱美，正可以徘徊其间而自得其乐。苏子在走出监狱到达流放地而几乎丧失人身自由的情况下，具有如此强烈的生活信念，多么坦荡、旷达！

教育，促进人的反身性

《传习录》中曾经记载了有关王阳明的这样一个故事：先生游南镇，一友指岩中花树问曰："天下无心外之物：如此花树，在深山中自开自落，于我心亦何相关？"先生曰："你未看此花时，此花与汝心同归于寂；你来看此花时，则此花颜色一时明白起来，便知此花不在你的心外。"

这就是王阳明关于"心外无物"的著名论证。外在的世界尽管杂乱纷呈，但只有"我"用心去接纳它，去欣赏它，它才对"我"有意义。

这里引出了主观、客观之辨。对于客观存在，我们是怎样知道它客观的呢？没有主观，怎么可能知道它的客观呢？在有人类之前，宇宙只是一片客观，没有主观。可是，正因为没有主观，也就没有谁知道或讨论客观，因而，那时既无与客观相对的主观，也无与主观相伴的客观。

大自然经过了特别漫长的时间孕育出了人，因而孕育出了意识，孕育出了主观，孕育出了相对于客观的主观，客观也就作为主观的相对物而存在。恩格斯说，从人身上，自然界获得了自我意识。

人的思维、情感似乎是一种主观存在，可是在人出现之前它并不存在，人出现之后它就存在了，而且是一种客观存在——客观存在的主观存在。所以，人是一种客观存在，人更是一种主观存在。人既是客观的主观存在，又是主观的客观存在。人的意识是客观的主观存在，人的意识之外的物质是主观的客观存在。

人是一种存在，历史性的存在，而且是现实的、活生生的各个具体的人的存在。意识是人自己的意识，它与人一起存在，历史地存在。人把自己的生命活动本身变成自己意志的和自己意识的对象，他的精神、他的意识也就成了他的意志的和意识的对象。

人不仅可以注意外部世界，人还可以关注自己的内心世界，自己关注自己。这就是人的反身性。

人自己用自己的认知、情感、意志、意识去作用于自己。当自己去认识自己的时候，前一个"自己"是主体，后一个"自己"是客体。教育的基本目的和任务之一，就是促成人积极的自觉的反身心理活动，发展这种心理活动，提高这种心理水平。

人之所以成为人，仅在于他有自我意识；人之所以成为发展着的人，又仅在于他自我意识的发展。人归根结底是自己在充实自己，自己在塑造自己。

萨特说："行动吧，在行动的过程中就形成了自身，人是自己行动的结果，此外什么都不是。"他把他的存在主义概括为两大原则。一是"存在先于本质"。他吃惊地发现，人作为"自为的有"，却是一个"无"，除了自由，没有既定不变的"本质"，你要成为什么样的人，那是你的自由；你要获得什么样的本质，那要看你怎样进行你的自由选择。二是"人必须对他自己负责"。人是自由的，人成为各种价值的唯一根源，人也必须选择价值尺度、理想和行动，但选择的后果却要让自己来承担，不管是痛苦还是焦虑，都只能自己独自担当，人必须为他所有选择负全部责任。

在萨特看来，人何曾失去过自由？人在本质上就是自由的。如果一个人认为自己不自由，那是他自由地选择了不自由，因为他害怕承担自由所带来的后果。比如，有人把刀架在了他的脖子上，他完全可以"自由地"选择反抗，但是，他害怕承担这样的自由，于是乖乖地选择了不自由。

人的主体性在于其自主性、能动性、创造性。人是自己认知的主体、情感的主体、意志的主体、意识的主体。

像上帝那样去看

《普通高中课程方案（2017年版）》进一步明确了普通高中教育的定位："普通高中教育是在义务教育基础上进一步提高国民素质、面向大众的基础教育。""普通高中教育的任务是促进学生全面而有个性地发展，为学生适应社会生活、高等教育和职业发展作准备，为学生的终身发展奠定基础。"

我认为，这是解读整个"课程方案"的"牛鼻子"。所以，要像罗素所说的"像上帝那样去看"，或者如庄子所说的"以道观之"，即从哲学的高度、从一种超越的观点去观照。

基础性是基础教育最为根本的特征。正如联合国教科文组织的报告《教育：财富蕴藏其中》所言："基础教育既是为生活作准备的阶段，又是学会学习的最好时期"，"在提供各种不同的课程供学生选择的国家里，基础教育既是打牢知识基础的时期，同时也是指导学生定向的第一阶段"。

当代著名教育学家叶澜从未来性、生命性、社会性三个方面来阐述基础教育的特点：基础教育应为社会发展和人的终身学习与发展打好基础，应立足未来；基础教育面对的是处于生命中学习最集中时期的儿童和少年，对于每个学生来说，这是十分宝贵但自己却并不全然知晓其价值的生命时期，是缺乏生活经验，各方面都处在形成状态，又充满多方面需要和发展可能，充满生命活力和潜力的时期，因此，这是最需要优秀和出色教师的时期；基础教育要使学生认识社会、热爱本民族优秀文化传统，为未来社会培养合格和出色的公民。

基础教育还具有全面性，既指教育内容的全面性，又指所培养的人的素质的全面性。正如英国伦敦大学教育学院彼特斯教授认为的，教育是培养一种"受过教育的人"的一系列过程，一个"受过教育的人"是道德、智力、精神等方面全面发展的人，"教育的目的是全人"这是一个概念上的真理。在他看来，"受过教育的人"不仅仅具有一些专门的技能；所掌握的知识不是"无活力的知识"，应该能够使他形成一种推理能力，进而重组他的经验，并能够改变他的思维方式和行动能力；是为了知识而知识的，他的学习行为不具有工具性。

同是英国伦敦大学教育学院的约翰·怀特教授则认为，"受过教育的人""从拓展的意义上考虑他的自身幸福，他把个人幸福推及他人，把幸福融入一种道德高尚的生活之中"，"这不同于把拥有知识作为受过教育的人之主要特征的观点，它把美德放到中心位置"。

朱熹的《观书有感》（其一）也是"受过教育的人"的生动写照：

"半亩方塘一鉴开，天光云影共徘徊。问渠那得清如许？为有源头活水来。"

如果把半亩方塘视为我们的心灵，我们要保持自己的思想、精神、心灵的澄澈明净，一尘不染，才能做到以静待动，动静合一，才能保持空灵合一，以小见大。而心灵、思想、精神之能保持其空灵，保持其澄澈明净、毫无芥蒂，又必须有其"源头活水"。如果我们能够保有思想、精神、心灵的"源头活水"，我们的精神生活便会达到一种崇高的境界，我们的生活中就会充满盎然的生机、无上的乐趣和甜蜜的幸福感。

所以，教育就是提升人的思想、精神、心灵境界。如冯友兰先生指出的，人的生活是"有觉解的生活"。根据人对宇宙人生的觉解程度的不同，因此也就构成了人生从低到高的四种境界，即自然的境界、功利的境界、道德的境界和天地的境界。

教育最后抵达的境界无疑是哲学的层次。从哲学的文化类型来说，有两种哲学：认识论哲学、存在论哲学。认识论哲学的本质是知识论，人可以通过对周围世界的认识，通过对事实的分析与综合，通过逻辑判断、推理、证明和证伪等，获得一切知识，解决一切问题。存在论主张以人为中心，关切人自身，世界唯一的存在是人，而不是物，就像海德格尔所说："存在的东西叫作人。

只有人才存在。岩石只是有而不是存在，树木只是有而不是存在，马只是有而不是存在，上帝只是有而不是存在，……"庄子作为主体与鱼融为一体，知道鱼出游之乐，主客体达到了合而为一，可看作海德格尔神往的"诗意地栖居"，这是存在论追求的境界，李白的"相看两不厌，只有敬亭山"是存在论的诗意范本。

那么，教育既是认识论的，也是存在论的。

教书育人之统一、之践行何以艰难

日前，中办、国办印发了《关于分类推进人才评价机制改革的指导意见》，就健全教育人才评价体系，提出要坚持立德树人，把教书育人作为教育人才评价的核心内容，并明确要求：适应中小学素质教育和课程改革新要求，建立充分体现中小学教师岗位特点的评价标准，重点评价其教育教学方法、教书育人工作业绩和一线实践经历。

把教书育人作为教育人才评价的核心内容，可谓深中肯綮。然而，实际上，践行教书育人何其艰难！

德国教育家赫尔巴特首先提出"教育性教学"的概念。通俗地说，教育性教学就是既教书又育人，教书的目的是育人。教育性是教学永远的灵魂，它应该是基于道德而又超越道德的价值导向性，用赫尔巴特的话来说就是，没有无教育的教学，也没有无教学的教育。教学是一项具有道德性的实践活动，它以关心人、帮助人、促进人的身心健康发展为旨趣，体现了教学中的伦理价值问题。教学的道德性是整个社会对学校和教师的要求，其实质在于建构丰富、深刻的人性感受、精神体验，其意义在于人文关怀取向，它应当是引导的、人道的、民主的、理解的、尊重的。所以，师生之间是道德关系，教师必须基于人的生活和人的精神来进行教学活动。

但实际是，现实的师生关系，就像电子游戏，老师是玩家，学生是游戏的主角，随玩家的意思任意摆布，老师只希望学生过关，取得好成绩，而不去考虑学生的意愿。

在实际的教学活动中，我们常常思考的是怎么教是有效的，却很少去追问怎么教才是道德的。基于教学的道德尺度，每一位教师都应思考：我基于怎样的理念实施教学？哪个学生没有受到关注？我怎样组织教学活动，才能使所有学生参与进来？怎样使所有的学生具有积极的学习动机？如何使教学适合每个学生？如何通过评价促进每个学生的发展？

教师在传授知识技能的过程中，不仅要有意识地发展学生的能力，还要有意识地渗透思想品德、情感态度、价值观的教育。正如苏霍姆林斯基所说，一个好教师意味着什么？首先意味着他是这样的人，他热爱孩子，感到和孩子交往是一种乐趣，相信每个孩子都能成为好人，善于跟他们交朋友，关心孩子的快乐和悲伤，了解孩子的心灵，时刻都不忘记自己曾是个孩子。

有道德的教学，必须要有学生立场。在课堂教学中，教师肯定有自己的教育目的和教学目标，比如维持什么样的教学进度，按照什么样的方式呈现教学内容，按照什么样的原则组织课堂教学，当然还有能够获得什么样的教学业绩。这是可以理解的，因为没有对教育目的和教学目标的预设，课堂教学会低效和无序，问题在于，教的目的要寄生于学的目的，在学的目的中并通过学的目的的达成，来证明教的目的的存在与达成。

在课堂教学中，表面上教师显得强势，教学内容是教师预先选定的，教学方式是教师预先设计好了的，整个教学过程也在教师的掌控之中，但所有这一切都是假象而已，因为最终决定参与课堂与否的是学生自己。教师必须依附于学生而存在，教师的教必须对接于学生的学。

教书与育人、教与学是不可分割的，不应把教学只看作是知识的传递活动，而应是促进学生全面而有个性的发展，并且不只是思维的、智力的、心理的发展，而是形成作为社会实践主体的个体所必须具备的健康的身心、高阶的文化修养、较强的实践能力、高级的社会情感、高尚的精神世界。

如果说智育与教学几乎没有区别、混为一谈，教学的教育性被我们"阉割"，那么德育、体育、美育的失误则是教育的教学性缺失，教学被教育淹没，认知不再是核心，美育被弄成画画、跳舞、唱歌，体育被弄成赛跑、打球、体操等。

教育中的教学必须要有教师的教，要以书本知识间接经验为主，基础知识和基本技能主要是预设的，从存在的意义上它不排斥掌握，从方法的意义上它不排斥教化或灌输。教学预设的基础知识和基本技能也不排斥生成性特征，只是这种生成是教学生成，是举一反三、触类旁通的生成，"用教材教"并非就是不教教材。我们当然可以采用发展的、探究的、问题解决的等多种方式方法进行教学，但在基础教育中它的实质还是掌握而不是真正地发现或探究。我们赞许"教是为了不教"，但"不教"的最终实现是个漫长的过程，越是在个体发展的早期、基础期就越要重视教。

有教无类，有容乃大
——教育包容性的思考

马克思关于人的论说，总能给我们很多、很大、很深刻的提示。

马克思教导我们：人是什么？人是使自己的生命活动本身变成自己意志的和意识的对象的生命。人是怎样生活的？人懂得处处都把内在的尺度运用于对象，因此，人也按照美的规律来构造。什么是我们的出发点？人！应从现实的、有生命的个人本身出发。人的本质是什么？人的根本就是人本身，人是人的最高本质。

1948 年 12 月，联合国大会通过的《世界人权宣言》明确指出：人人都有受教育的权利，教育应当免费，至少在初级和基本阶段应如此，高等教育应根据成绩而对一切人平等开放。

人的受教育的权利就是人的发展权。人本身就以他自己的生命活动为对象，他自己的意志、意识不断地作用于他自己，并在这个作用过程中发展自己，人的发展就成为他的一种内在要素，成为他的需要。我们的教育，就应尽到自己的义务，去满足这种需要。教育是因为承担这种高贵的义务才使自己也高贵的。

马克思说，人有许多需要，他们的需要就是他们的本性，人的这些需要等，都是人的自然存在物，这些自然存在物就是人的可发展性的基础要素。

但是，当下教育的种种问题，恰恰是背离了人的根本。课程的单一、教学的单一、评价的单一，导致的视野狭小，思想单薄，见识肤浅，缺乏胆识和魄力，创造力低下，探索、应用能力与知识量不配合，或许一个孩子有众多知识，但他不知道这些知识从哪里来，有什么用，这些知识背后又是一套如何的体系与逻辑，解决实际问题的能力匮乏。

教育从哪里来？教育向哪里去？包容性或许是一种观察的视角、解决的路径。

首先是对个体的尊重。受到尊重，这是每个人的基本权利，也是每个人的基本心理需要。如果没有对学生的理解和尊重，怎么可能去关心和爱护他们？如果真想关心、爱护，却不理解、尊重，怎么可能关心到点子上、爱护在关键处？理解和尊重是基础，但这个基础并不容易打好。学生中的许多心理现象，我们清楚吗？我们能够成为学生的知心人乃至朋友吗？如果没有这种基础，对于你的关心、爱护，学生未必接受。要承认学生是主体，一是学生是自己认识的主体（相对于人作为客体的被认识对象），二是学生在教育活动的各类人员中处于中心地位，否则，我们就没有真正承认学生是主体。尊重每个学生的兴趣、爱好，尊重每个学生的选择。

从某种意义上说，每个人都是人才，由于天性禀赋或后天兴趣爱好不同，每个人对同样的事物会做出不同反映。有些成绩并不好的学生，走上社会后表现出色；有些成绩好的学生，走上社会后却表现平平。其实并不奇怪，排除机遇因素，原因在于前者的工作、事业与自己的兴趣爱好匹配，找到了自己的恰当位置，后者一生都未发现自己的兴趣爱好，也没有找到自己应有的位置。

尊重是一种善意对待他人的、发自内心的，对别人的正面而积极的情感，是理解他人的生活，对他人道德品质、知识能力、个体价值、行为方式的认同和欣赏。

其次是教育目标。在全球化、信息化时代，应确立以 21 世纪技能为导向的人才培养目标，致力于培养具备批判性思维、问题解决能力、沟通能力、团队协作能力、领导力、数字素养、社会责任感、创造力、跨文化理解能力等 21 世纪技能的现代化人才。为此，必须利用信息化手段重建课堂，实现线上线下混合教学，提供优质的教学，增强学习的灵活性和选择性，建立高标准的学习要求等。

再次是教育公平。有时是机会均等，有时是过程或结果均等，没有笼统的从起点到过程再到结果的公平。但教育公平最可怕的首先不是不公，而是不义，只要义在，对于不公就可以有消除的现实期待。公平本身有一个水平问题，只要变革着、发展着，公平与不公平常常相伴而行，而个人和社会时刻去进行调整，以期获得更为实在的更高水平下的公平。

教育中，贫困地区、薄弱学校、流动人口、困难人群等，这些方面存在的不公平现象是显见的，有些在制度上、政策上就有不公平的规定。但是，在学校，在我们身边，还有看不见甚至无意识的不公平，它们对学生成长产生的负面影响是不容忽视的，有时甚至是更直接、更严重的。诸如，课堂上老师对后进生不提问或少提问，排座位把后进生安排在边排或后排，对犯错误的优等生和后进生区别对待，选课走班、分类分层教学中把优质资源、优秀教师集中在尖子班，甚至评选"三好学生"其实也是"贴标签"地把学生分成三六九等。

所以，应该把班级建设成为师生学习共同体，即以完成共同的学习任务为载体，以促进师生全面成长为目的，强调在学习过程中以相互作用式的学习观作指导，通过人际沟通、交流和分享各种学习资源而相互影响、相互促进的学习集体。它强调人际心理相容与沟通，在学习中发挥群体动力作用，其首要功能是社会强化，满足学习者的自尊和归属需要，学习者感到自己和其他学习者同属于一个团体，在进行共同的学习活动，遵守共同的规则，具有一致的价值取向和偏好，从其他成员身上所得到的尊重感有利于增强学习者对共同体的参与程度，维持他们持续、努力的学习活动。在这里，教师本身的角色不仅仅是个助学者和管理者，也应该是一个学习者，师生应该共同构成包容性的学习共同体，共同成长，共同提高。

最后，我们应该肯定每个学生走上社会后的平凡生活。无论如何，有尊严而幸福的生活才是生命的本真。

教育最终的目标是培养学生的人格。包容性的教育，可以让学生获得人格的力量，这可能决定学生一生。

培育教养良好的"人中人"

与当今众多家长不同，不少名人、伟人对子女的期望是相当低的。鲁迅坚决反对孩子成为"空头文学家"，老舍对孩子的期望则是粗通文墨，自食其力。这体现了他们更为通达、透彻的人生观，即做一个好人、正直的人是最重要的，做一个自食其力的普通人是很有价值的。事实上，名人、伟人之后大多成为教养良好的平民和各种专才。

从公民教育的角度，陶行知先生把这一教育目标称为培养"人中人"，以抵御追求出人头地、读书做官的"人上人"的传统教育。

当然，我们不是不需要培养精英。但真正的精英本质上不是狭窄的知识教育和应试竞赛的产物。我们在学校常见这样一类孩子：他们是被考试压倒的孩子，他们会经常抱怨学业负担太重，没有闲暇时间做自己喜欢的事，但如果真给他们三天时间自主安排，就会发现他们其实没有自己想看的书、想做的事，除了做功课、写作业，不知道该做什么，精神一片空白。

但是，还有一种叫作"除了学习不好，什么都好"的孩子。他们讲文明、有礼貌，乐群合作，有责任，有爱心等。这些孩子往往被我们忽视了。

倡言"民胞物与"的北宋理学大家、关学领袖张载的"横渠四句"有道："为天地立心，为生民立命，为往圣继绝学，为万世开太平。"这是中国士大夫的使命，是一种家国情怀，但也是一种平民情怀。平民价值和平民生活才是生产精英的深厚土壤。"读平民的书，说平民的话，做平民的事"，力行平民教育的陶行知先生，最后成为了伟大的人民教育家。

很多很多孩子注定要过一种没有百分百参照系的平凡的人生，每个人都应有属于自己的独特的幸福生活，不同的生活有不同的精彩，我们都希望活出自己的精彩，因为每个人生都是不一样的。做最好的自己，难道不是更切实可行的目标吗？

《普通高中课程方案（2017年版）》确立的普通高中教育的任务是："促进学生全面而有个性的发展，为学生适应社会生活、高等教育和职业发展做准备，为学生的终身发展奠定基础。"这才是把时间线拉长，来观照教育。

大学也是如此。

耶鲁大学尤其强调文科和艺术对学生一生的影响。在耶鲁，本科生三年级后才选专业，而且只要选够36门课就可以毕业，不做毕业论文。因为，学校不想让学生用全部时间来准备考试，以至于耽误了他们的全面发展。

哈佛强调其本科教育是"非职业专科"，也就是说，一名本科生可以对商业和金融感兴趣并修很多这方面的课，但哈佛并没有一个所谓商业或金融的本科学位授予他。

普林斯顿的学生无论最后获得哪一种学位，都需要修足够多的人文科学和社会科学课程，以及基本的理科课程。

即使在盛产科技新秀的斯坦福本科实行的也是通识教育，学生必须在9个领域完成必修课，包括文化与思想、自然科学、科技与实用科学、文学与艺术、哲学、社会学科与宗教思想。

这几所大学共有的情怀是，让学生了解世界、拥有应付复杂生活的本领和实现自我价值的信心，而这会给学生的人生长跑带来持久的后劲。

牛津大学校长卢卡斯曾说，大学从事的是人的教育，在这里能够培养独立的思考能力、清晰的头脑、想象力等个人成功所必备的品质，而具有这些品质的人，是社会发展进步的保证。

哈佛大学荣誉校长陆登庭认为，大学的使命包括：发现和产生各领域的新知识，传承、传播、再阐释、校准已有的知识；此外，要提供探寻真理的氛围，培养学生的探究精神和创造性思考能力，使他们获得终身学习的能力，在毕业50年后仍能从中受益；大学还要教会学生对复杂世界进行分析和道德判断，使他们对自己和其他社会成员有更好的理解。

美国科学家、教育家柯南特道出了大学教育的三个目标：第一是公民教育，第二是良好生活的教育，第三是职业教育。第一个目的，在于实现美国传统的理想，以确保社会的发展。第二个目的，在于培养未来的公民，使其过有效而满意的生活。第三个目的，在于发现和教导各类才能者，引导其进入适当的职业途径，以创造高度工业化的国家。

为适应"高等教育"做准备，高考的风向也变了。中学教育及家庭教育是要做出调整了。

从 "两小儿辩日" 说起

"两小儿辩日"的故事，所阐发的意义在于：知之为知之，不知为不知，是知也。你看孔子，大圣人，这么有学问，但是面对两个小孩提出的问题，自己解答不出来，就坦诚地承认，一点也没觉得没面子。他说过："吾有知乎哉？无知也。"苏格拉底也说："我比别人多知道的那一点，就是我知道自己是无知的。"如果知识是对这个世界所有事实的认知，但世界是无限的，知识也是无限的，而人生是有限的。庄子有言："吾生也有涯，而知也无涯，以有涯随无涯，殆矣。"

其实，两小儿提出的问题并不是普通的、一般的问题，而是一个严肃的问题，即感觉真实性的问题。用科学的眼光来看，无论早上还是中午，太阳与我们之间的距离都是一样的。早上的太阳比中午看起来大些，是因为眼睛的错觉。我们看白色图形比看同样大小的黑色图形大些，这在物理上叫"光渗作用"。当太阳初升时，四周天空暗沉沉的，因此而太阳显得明亮，而在中午时，四周天空都很明亮，相比之下，太阳与背衬的亮度差没有那样悬殊，这也是使我们看起来太阳在早晨比中午时大一些的原因。同样，中午时比早晨热，那是因为中午时太阳光是直射在地面上，而早晨太阳光是斜射在地面上。太阳光直射时，地面和空气在相同的时间里、相等的面积内接受太阳的辐射热较早晨太阳光斜射时多，因而受热最强。所以，中午比早晨时热。实际上，天气的热冷主要决定于空气温度的高低。影响空气温度的主要因素，是由太阳的辐射强度所决定的，但太阳光热并不是直接使气温升高的主要原因。因为空气直接吸收阳光的热能只是太阳辐射总热能的一小部分，其中大部分被地面吸收了。地面吸收了太阳辐射热后，再通过辐射、对流等传热方式向上传导给空气，这是使气温升高的主要原因。所以，我们通过感官接触到的这个世界并非是那个原本真实的世界。

所以，斯宾塞说，最有价值的知识是科学。因为科学知识能够更为实事求是地观察事实，并在最大程度上避免臆想或偏见。孔子在当时是无论如何也掌握不了这样的事实性知识的。怪不得两小儿笑他：谁说你知识渊博呢？但孔子所代表的更重要的价值性知识也是无论如何否定不了的。孔子重理性、道德、人生的人本主义思想，甚至在今天依然有着巨大的现实意义。

在人生中，在生活中，在社会中，比事实判断更重要的是价值判断。事实判断我们做不到什么都懂，但做人要有良知，要有价值判断力，这一点我们可以尽力做到。有这样一组对比的事例：第二次世界大战，美国在日本投下两颗原子弹，中美教师对此有不同的教法。美国教师给学生提了两个问题，一是请学生就这件事的结果发表自己的看法，二是假如你是一位总统助理，是建议投还是不投这两颗原子弹？中国教师则提问：某年某月某日美国在日本的哪两个地方投下了原子弹，其历史意义如何？从学生发展的角度看，美国教师的做法还是略胜一筹的。长期以来，我们片面强调知识的客观性、普遍性、中立性，而忽视了知识的文化性、境域性、价值性，使知识教育的丰富内涵被规限，受教育者的个性发展被规约。美国耶鲁大学有一种理念，他们认为，如果一名耶鲁大学的学生在本科毕业后成为物理、化学等某一领域的专才，那就是教育的失败，因为忽视了其他更广泛的做人、做公民、做有思辨能力的人的机会。所以，他们更重视通识教育，既掌握硬技术，更有人文素养，既懂得制造的工程思维，更懂得市场营销、人性，才可以在以创新、品牌为战略的经济领域纵横驰骋。

尽管知识确实重要，但知识也有局限性。知识不成体系、碎片化，是无用的。无聊的知识让人生变得更无聊，琐碎的知识让人格变得琐碎甚至猥琐。所以，我们固然不能忽视"事实的知识"，但也要强调学习"方法的知识"，培养和发展学生的认知能力和运用知识的能力，更要尊崇"价值的知识"，因为事关我们的精神和灵魂。

《易经》有言："形而上者谓之道，形而下者谓之器。"抛开其中的哲学玄思，就人的生存而言，无形的价值才是最该关注的，因为那才是人的精神家园。正如大哲学家罗素在《我为何而生》中所说，对爱情的不可遏制的探究，对真理的不可遏制的追求，对人类苦难的不可遏制的同情，是支配我一生的单纯而强烈的三种感情。

亚里士多德《形而上学》的第一句话是："每一个人在本性上都想求知。"但我们也要谨记佛语的告诫：放下，放下。放下什么？功利。无心恰恰用，有心恰恰无。

向孔夫子学习快乐的智慧

　　人生总是处于不断的选择与行动之中，不断的选择与行动，成就了人们或丰富或贫乏、或高尚或低俗的人生。但人生不如意者十之八九，如何处世和自处，颇费思量。

　　读《论语》一则，恍然悟到，可以向孔夫子学习快乐的智慧。孔子让他的弟子们谈谈自己的志向，只有曾皙的回答最让他满意。曾皙如是说："暮春者，春服既成，冠者五六人，童子六七人，浴乎沂，风乎舞雩，咏而归。"这种场景好像今天的春游：在春天快要结束的时候，穿上春季的服装，几个大人，领着几个孩子，沐浴在大自然的美好风光和新鲜空气里，在"吹面不寒杨柳风"中翩翩起舞，尽情享受大自然，然后唱着歌走在回家的路上。你看，何等惬意！孔子之所以夸奖曾皙，正是认为做人就应如此轻松简单，而不是要摆出一副沉重模样来。

　　孔子说："知者乐水，仁者乐山。知者动，仁者静。知者乐，仁者寿。"乐山乐水是君子人格的一种道德修养。孔子一生的理想，就是要培养既有仁者胸怀又能治世的理想君子，这样的人才仅仅能治世是不够的，还需有乐山乐水的伦理情怀，将人间的和谐与自然的和谐自觉地统一起来。

　　孔子与弟子们对人生志向的探讨还告诉我们，个人应在自己的努力和奉献中体悟担当带来的乐趣，而非要为了得到外在的福祉。如果你没有得到福祉，那仅仅是"遇"或者"命"，不能由此而放弃努力，否则也不会得到真正的快乐。孔子正是践行了自己的这一理念。他一生对成败看得很淡，而是"知其不可为而为之"地积极行仁义，并在此过程中获得快乐。

"君子坦荡荡，小人长戚戚。"整天瞻前顾后、费尽心机、左顾右盼、焦虑成性的人哪里会有幸福可言呢？人何以轻松自在？那就是进入快乐之中，而非把快乐当作一种结果来追求。所以，孔子说："知之不如好之，好之不如乐之。"这种快乐不是解决了一些矛盾，而是将这些矛盾化为乌有，进入一种审美的境界。鱼儿对于其终生游泳于其中的水又知道多少呢？快乐也是如此，真正感到快乐的人不会去追问快乐的意义，更不知道快乐有什么用，正像鱼儿不知道水对它意味着什么一样。

孔子说："饭疏食，饮水，曲肱而枕之，乐亦在其中矣。"他自己则是："其为人也，发愤忘食，乐以忘忧，不知老之将至云尔。"这是一种因为摆脱了外在诉求而在内心深处迸发出来的快乐。因为摆脱了外在的限制，这种快乐才是真正属于自己的，而不是强颜欢笑。在孔子看来，在他的弟子中，只有颜回体验到了这种快乐。他这样称赞颜回："贤哉，回也！一箪食，一瓢饮，在陋巷，人不堪其忧，回也不改其乐。贤哉，回也。"对于孔子、颜回这样品德高尚的人来说，快乐已经不在于物质享受，而在于情操的追求。这种乐道，不是简单的以道为乐，而是人达到与道为一的境界所自然享有的精神快乐。这种快乐因为超越了物质的欲求，因而不再受外在物欲的羁绊，从而实现了一种更高层面的精神快乐。这种快乐不是对物质欲望的满足，而是对其的超越和消解。

冯友兰先生说，人生可以有四种不同的境界：自然境界、功利境界、道德境界、天地境界。自然境界是人的一种本能反应，功利境界则多了一些算计、规则，道德境界在功利之上，又加上了许多道德要求，天地境界是人生的一种最高境界，天人合一，"浑然与物同体"。"孔颜之乐"就在于他们达到了天地境界，并且对这一境界有高度的自觉。

教育信息化之说东道西

随着全球科技变革的不断推进，人工智能大踏步进入寻常生活。从智能家居到无人驾驶，从图像识别到机器视觉，小到扫地机器人，大到全球首个"机器人公民"，新的世界在技术变革中被一再定义。

据一项调查发现，"00后"的"数字时代原住民"，他们是在智能手机、平板电脑、社交媒体、网游和直播包围下长大的"滑一代"、"搜一代"、"游一代"、"微一代"、"秀一代"，其数字化技能成长迅速，而父母在媒介使用行为上存在停滞和固化现象，数字代沟业已形成。

数字环境下成长起来的新一代学习者对学习环境有更高诉求，固定的、单一有限的学习空间和场景将会被打破，移动学习、实景学习成为可能。

智能手机是人工智能技术落地的最佳终端之一。有人说，手机已经成为人体的新器官。一部手机几乎记录了一个人完整的生活轨迹，也能帮助人完成日常生活工作的大部分需求。如果4G手机在某些方面超越了人类感官，那么5G手机或许会在某些点上超越人的智力，一些超级应用或将破土而出。

但是，手机成瘾、游戏成瘾的问题凸显。分析成因，首先父母就是"手机控"，手机不离手，疏于和孩子交流，有时甚至为了不被孩子打扰自己玩手机，还"帮助"孩子养成了从手机中寻找快乐的方式。更重要的是，手机承载了孩子的身份、情感认同需求，是快速和别人达成互动、融入集体的媒介。手机成了孩子的一种依附，手机就是独立自由的标志、连接自己与世界的一座桥、他的身份、他的人际关系，甚至是他自己。

孩子们还会理直气壮地说，手机是学习的工具。在线教育不受时间、地点的限制，可以自由选择受教育的内容，价格更为低廉。但是，在教育平台、答题和作业辅导、学习 APP 这几类在线教育平台里，各种"野鸡"在线教育机构及从业者也很多。最大的问题是，在线教育没有完全摆脱授课者教、学习者被动学的模式，受教育者的兴趣、学习水平、知识储备等诸多因素没有纳入教学考虑的范畴，所以学习模式死板僵化，学习效果不尽如人意。

这一切都构成了对学校教育的挑战。在学校，教学环境被现代技术不断丰富和更新的同时，也面临技术带来的教学困境：教学内容冗杂堆砌，不利于学生消化；教学内容逐页呈现，割裂了内在的结构联系；被软件控制的程序一旦锁定，教学将严重受限；设备更新迟缓，技术难以满足学生自主、合作、探究的需求等。

事实上，现代教育技术的本质并不只是使用什么教学，更应是怎样教学，即运用现代先进信息技术来优化教育教学过程，达到提高教育教学效果、效率、效益的三重目标。所以，除了对教育环境的提升和改善、对教学资源的丰富和优化外，最为关键的就是在信息化教学环境下实现教育思想、教学观念、教学方式及课堂教学结构的根本性变革。

互联网模式下，学习不再是呈现、接收、反馈的过程，而是一种全新的认知过程。以开放融合的姿态拥抱技术变革，把每一个学生作为中心，给不同的学生提供个性化、定制化教学服务，也许是教育创新发展的重要"风口"。

"校本"真得当回事

  "校本"者，以学校为本位。在学校本位的视域下，讨论教育教学种种问题，具有本质性意义。

  "校本"首先是一种理念，体现了对学校内在价值的尊重，对学校主体性的重视。"校本"也是一种实践。首先，在学校，基于教育教学实践产生的问题，带有经常性特征，其中大部分问题需要及时处理，不能积累起来一次性解决，否则就会丧失教育机会，影响教育效果。其次，现实的教育教学事件具有多样性、突发性，每个学校和课堂都不可避免地要出现自己的问题，这些问题只有有关的教师能够诊断，因为他们最了解学生和整个情况。在教育教学过程中，每一个具体的事件都有其产生的具体条件，都离不开对问题的背景分析，在具体环境中加以解决。

  从教育的本原意义上看，教师的劳动是个性化创新性劳动，真正高水平的教育，是教师能够针对学生特点进行的教育，是个性化的教育，以充分发展学生的潜能。这就需要教师成为一名研究者、创造者，教师必须使自己的工作真正体现出个性化、创新性特点。将教师的工作看作复杂的创造性劳动，学校的管理模式必须变革。从过去更多强调知识与技能的传授，转变到更注重学习能力与创造能力的培养，学校的课程结构、教育教学方法、管理方式等都要进行根本性变革。教育变革是一个渐进的生态进化过程，它发生在教师的教学第一线，发生于每一所学校，教育改革的经验是无法移植的，学校必须成为校本知识的创造者，即创建学习型学校。学习型学校的"学习"，不是一般意义上的吸收知识或获得信息，而是真正的学习，涉及人之所以为人这一意义的核心：通过学习，我们重新创造自我；通过学习，我们能够做到从未能做到的事情，重新认知这个世界以及我们跟它的关系，以及扩展创造未来的能力，创造生命真正的意义。

教育改革，课程是核心。但是课程种类很多，如：有理想的课程，即研究机构、学术团体、课程专家提出的课程。有正式的课程，即教育行政部门规定的课程计划、课程标准和教材，也就是列入学校课程表的课程。有领悟的课程，即任课教师所领会的课程，与正式课程有一定距离，可能减弱或增强正式课程的某些预期影响。有运作的课程，即在课堂上实际实施的课程，教师领会的课程与他们实际实施的课程会有一定的差距，因为教师要根据学生的反应随时做出调整。有经验的课程，即学生实际体验到的课程，每个学生对事物都有特定的理解。所以，学校、课堂是课程改革的第一现场。

国际教师教育学倡导教师学习的三大定律为：越是扎根教师的内在需求越是有效，越是扎根教师的鲜活经验越是有效，越是扎根教师的实践反思越是有效。所以，越是校本的越是有价值的，因为，教师的成功不在于他创造了放之四海而皆准的普世的标准，事实上也不存在这样的标准，而在于他让一个个现实的具体的学生个体获得成功。学校的成功也在于为学生、教师创造了具体情境下适合的教育。

人，在情境中，是微观的、中观的、宏观的乃至宇观的。

为什么上大学与"大学之道"

为什么要上大学？说到底就是与优秀的人同行。即大学的意义在于让学生真正对学习产生渴求、热忱、喜爱和专注。就是塑造一种"学习型人格"，培养学生在心底埋下终生学习的种子，在任何阶段、职业和环境下，都能萌发出惊人的动力，它决定了你的人生波峰能有多高，人生轨迹能有多远。教育就像马拉松，所谓"赢在起跑线上"的起跑优势是微不足道的，成败在于你的续航能力——你能否一直在跑。与更优秀的人同行，相互竞争吸引、碰撞交流，这既是学习的平台，也是日后生涯里最长效的资源。

《大学》有言："大学之道，在明明德，在亲民，在止于至善。知止而后有定；定而后能静；静而后能安；安而后能虑；虑而后能得。"即大人之学（培养人格完美，能修己治人的学问）的宗旨在于修明自己光明正大的品德，在于使人弃旧图新、弃恶从善，在于使人达到最完善的境界。知道应达到的境界才能够志向坚定；志向坚定才能够心境宁静；心境宁静才能够心安理得；心安理得才能够周详思虑；周详思虑才能够得事之宜，得到做事做人的最恰当的方式方法。此"大学之道"，亦可为现今的大学之宗旨，就是大学也是使人心静下来的地方，成为消解燥气的文化空间，通过研究学问提升境界，通过读书学习升华气质，以学养人，治心养性。

《大学》亦有言："古之欲明明德于天下者，先治其国；欲治其国者，先齐其家；欲齐其家者，先修其身；欲修其身者，先正其心；欲正其心者，先诚其意；欲成其意者，先致其知；致知在格物。物格而后知至；知至而后意诚；意诚而后心正；心正而后身修；身修而后家齐；家齐而后国治；国治而后天下平。"

这是儒学为我们所展示的人生进修阶梯。格物、致知、诚意、正心是"独善其身"的内修，齐家、治国、平天下是"兼善天下"的外治，修身则是联结内修与外治的枢纽，"定、静、安、虑、得"是修身的五步功夫。

这样的观念，也正合孔夫子的"为己之学"。孔子在《论语·宪问》中说："古之学者为己，今之学者为人。"所谓"为己"即自我完善或自我实现，"为人"则是迎合他人以获得在外的赞赏。完善自我，成就理想人格，达到理想的人生境界，正是儒家哲学的价值取向，反映了儒家对主体自我的肯定，体现了对个体内心精神世界的关切。在儒家那里，虽然"必仁且智"，但尊崇德行为优先价值，以人为本，为学就是学习做人，即道德上的完善，人格的确立及精神境界的升华。作为人际关系中心的自我，是道德修养的主体和核心，是为学的起点。为学的过程，必须依赖于自己的努力，时时有"为我"的思维，事事处处联系自身思想、行为进行反思，通过自省，来陶冶情感、磨炼意志、增进理性、完善人格。如孔子所言："君子求诸己"；"我欲仁，斯仁至矣"；"仁以为己任"；"君子不器"。"为己之学"就是修心、进德、成性，以主体实现为最高原则，以自我实现为旨归，自安其身，自立其命，不为外物所役。

儒家对人的内外精神价值、内外幸福的关怀，对人性的提升和弘扬，是对功利主义和工具理性的反动。现在的教育忘记了培养人的本体价值，而只注重使人成才成器的工具价值。但教育的目的，不仅要反映社会对人的发展的要求，也要反映作为社会生活主体的人对自身发展的追求，二者是内在的统一的。教育的个人价值与社会价值、内在价值与工具价值的和谐统一，才是教育的完美实现。

当下倡导的学生发展核心素养，即学生应具备的适应终身发展和社会发展需要的必备品格和关键能力，是对学校教育世俗化、功利化的恰当的反正。关键能力，是做事的根基，是成功（智慧）人生的基石；必备品格，是做人的根基，是幸福（道德）人生的基石。这两方面，都表现了人的本质力量，即创造性、能动性和道德性、精神性，是一个人的硬实力和软实力，是智力因素与非智力因素的完整的统一。

那么，我们追问了为什么要上大学，再居高临下，反观中小学教育，似乎应该能明白一些东西了。

热搜、算法推荐及无边界教育

  紫光阁等官媒点名批评艺人 PG ONE 后，其粉丝误以为紫光阁是饭店，所以想用"地沟油"上热搜来搞垮它，但由于搜索量不足最终未能登上热搜榜。这次乌龙，让"热搜生意"再次浮出水面。微博的热搜榜上，不仅活跃着无数的关注度和话题量，更是千千万万"水军"和营销公司的战场。所以，就有明星花钱买热搜，制造话题点。我们希望看到的热搜榜是真实的，但服务商却希望通过热搜锁定更多的用户来关注，掌握舆论的风向标，也意味着各种变现的空间。

  可怕的还有智能信息平台，比如以今日头条、一点资讯为代表的新闻客户端，凭借强大的算法，能够精准分析并解读用户的阅读习惯和兴趣，快速完成用户与信息的精确匹配，从而为用户提供量身定制的新闻产品，满足人们多元化、个性化的需求。带来的问题是：平台层面的媚俗化，一味迎合取悦，追求"眼球新闻"；个人层面的自我封闭，因为在算法的帮助下，我们可以轻易过滤掉自己不熟悉、不认同的信息，只看我们想看的，只听我们想听的，最终在不断重复和自我证成中强化了固有的偏见和喜好；社会层面的群体、代际间相互屏蔽、互喷、站队，相互封闭、隔膜、撕裂，侵蚀理性、开放、包容的公共空间。

  美籍德国哲学家赫伯特·马尔库塞在《单向度的人：发达工业社会意识形态研究》中指出，发达工业社会成功地压制了人们内心中的否定性、批判性和超越性的向度，使这个社会成了单向度的社会，使生活于其中的人成了单向度的人，使人变为没有精神生活和感情生活的单纯技术性的动物和功利性动物，这种物质性压迫下的人，是一种变形与异化的人。美国文化学家尼尔·波兹曼的《娱乐至死》从传媒视角延伸了"单向度的人"的命题：强势媒介能以一种隐蔽却强大的暗示力量重新定义现实世界，甚至塑造一个时代的文化精神，人们生存在媒介所制造的巨大隐喻世界中而不自知。

再八卦一下美国大选。在特朗普与希拉里的激烈选战中，除福克斯外，CNN、MSNBC、《纽约时报》等大选民调谬以千里，而特朗普竞选班子却密切跟踪网络社交媒体，多次发布利好选情，被大媒体当作虚假新闻。真实的情况是，起初，小网站分别编造两名候选人的丑闻，定向投放给希拉里和特朗普的粉丝群，渐渐发现，希拉里的支持者教育背景偏高，对丑闻不买账，特朗普丑闻的点击率不高。特朗普的粉丝主要分布在闭塞的中部，受教育程度偏低，热转希拉里丑闻，而不在乎真假。小网站不再花精力污名特朗普，而专心制造希拉里的坏消息。其实，网站运营者多是自由派，但丑闻是生意，点击率意味着广告收入，他们宁愿违背立场逆向炒作。网络时代，商家注重广告投放精准，电视、广播、报刊属无差别平面推广，满足不了商家对细分市场的需求，所以转向了社交媒体。

细心观察我们浸淫其中的微信、阿里巴巴、京东商城、网上支付等现象，这些带给生活的变化之深刻，是革命性的，我们的行为方式、人际关系、生活习惯已被工具改变，技术革命催生了新的政治、社会、文化形态。精英们依然在严肃地讨论洛克、马克斯·韦伯等，百姓们却在群里交流饮食、娱乐、教育、医疗、住房，原子化、去中心化的大众，在网络的世界里载沉载浮，不亦乐乎!？

在网络时代，教育没有了边界，我们应该如何做教育？

学校文化创新与优秀传统文化传承

　　坚定文化自信，推进文化创新，是时代赋予学校的重要职责。学校作为社会文化传承创新的重要主体，其自身也面临着学校文化创新的重大课题和使命。学校文化是学校在长期的办学实践中积淀形成的价值追求、办学目标、精神气质，与自身历史传承、课程教学、校园环境等有着直接和内在的关联。

　　中华优秀传统文化为学校文化创新奠定根基。学校文化创新，是传承中华儿女共同精神基因基础上的创新，其内容、形式、载体等都可以且应当在优秀传统文化沃土中寻找思想资源。学校文化创新必须在中华优秀传统文化中汲取养分，通过创造性转化和创新性发展，为学校文化奠定坚实根基。具体路径是：

　　坚持系统而有重点的教育引导。既要突出知识教育与素养提升，更要在传统文化教育中坚持以弘扬爱国主义精神为核心，以家国情怀教育和人格修养教育为重点，富有针对性地开展优秀传统文化教育。人类文明积累了三大自我约束机制：宗教、道德、法律。其中法律属于制度文化层，宗教和道德属于更深层次的精神文化层。在精神文化层，西方文化重宗教，中华文化重伦理道德。首重人伦道德，这种意识代代相传，不断强化，积淀成伦理型的中华文化。在文化系统中，伦理道德是对社会生活秩序和个体生命秩序的深层设计。伦理道德是做人的根基，是中华传统文化的核心和优长，是中华传统文化的精髓。由这种人伦文化熏陶，形成中华民族的民族心理、民族性格、民族精神，流淌在人们的血液中，成为中华民族的基因，铸成中国心、中华魂。

　　坚持日用而不觉的实践养成。富有人文情怀、秉持终极关怀，是学校文化的重要特点，它既内化为学校自身的精神气度，又外化为师生的所言所行，这是学校文化创新的根本与目标。中华优秀传统文化中求真、求美、求善的理念俯拾皆是，天下兴亡、匹夫有责的家国情怀，仁爱共济、立己达人的责任担当，正心笃志、崇德弘毅的人格修养，等等，都需要通过优秀传统文化主题教育等各种校园文化活动强化实践养成。但仅仅是传统美德，就有很多德目，而仁、义、礼、智、信之"五常"是那个时代的核心道德规范，是具有统摄、支配、辐射整个道德体系价值的"元德"、"常德"，所以必须突出并持之以恒地教化下去。

唯有在传承优秀传统文化的基础上，推进学校文化创新，使学校成为社会的精神高地，方可不忘初心，永续使命。

未来已来的学校：组织变革

学校如何适应新时代的要求？核心是组织与人的变革，目标是如何使组织与人始终充满活力和价值的创造力。由于科技的革命，智能时代的到来，学校面临着急速的变化，要抓住风口和机会，必须完成组织成长和组织能力的转型。大致的方向是，从科层制向生态化转型：去中介化，压缩中间层，形成平台化管理；去边界化，要跨界，要形成生态；去程序化，强调个体力量，强调自主，强调创新；去威权化，大家都是合作伙伴，都是价值创造者。

一是网络化结构。将组织内部的管理关系从单一的垂直关系转变为有更多利益相关者加入的网状关系，建立一个全新的、授权赋能的管控体系。每个员工周围都是一张网，网络越密集，说明个体被需要的场景越多。

二是平台化管理。把分散的职能集合起来，通过平台化管理提升组织的整体的、系统的能力和资源配置能力，以及对各个工作单元的支持、服务和赋能的能力。要靠学校独特 DNA 的文化，把具有共同价值观的人才吸引到平台上，帮助人才拓展能力发展的广度和深度，建立纯粹、透明、坚韧、持久的价值契约和心理契约。

三是生态型组织。整个组织、人才机制、人与人之间的连接方式发生变化，组织内部各单元、组织与外部环境之间形成共生共荣的关系——开放、赋能、共创的关系，实现生态性的发展。

智能文明时代的细胞体组织、生态化组织、扁平的网状结构，这是学校作为一种组织的进化趋势。

小题大做的"抵制圣诞节"

今年圣诞节，社交媒体上"抵制圣诞节"的舆论甚是喧嚣，就连新加坡《联合早报》都有报道，似乎是一个国际性新闻事件了。很多言说高调地把圣诞节政治化了，有些小题大做。

先声言，党员干部和大中小学禁止过圣诞节无可置喙，因涉及宗教，党纪国法有规制。过圣诞节不行，过佛诞节也不行。

但一般群众、商业机构、适宜场所，过一次圣诞节并不犯戒。吃苹果、戴圣诞帽、寄送圣诞卡、参加圣诞派对、圣诞购物，这些圣诞节的"标配"，一言以括之：玩。没有宗教仪式，甚至抹去了感恩、帮贫济困、扶助弱小的精神教化，落得一个轻松自在，西方庄严的圣诞节硬是被中国年轻人改造成了吃喝玩乐节、购物节、恋人节。这种"狂欢"，其实满足了人们释放情绪的需求。

根本的问题是，人们的生活水平大幅提高了，就有了更高的节日休闲需求，也希望有更多节日充实到生活中来，给越来越忙碌的生活一点间歇。如果仔细观察，近年来中国传统及正统的节日氛围也变浓了，春节过得更热闹了，"十一黄金周"也是金光闪闪，清明、端午、中秋小长假也备受青睐。

但是，除了全民性的传统节日外，其他传统节日开发得很不够。比如，刚刚过去的冬至，记得它并在这一天特意吃顿饺子的人越来越多了。而冬至还有更多可进行创新性传承、创意化开发的习俗。比如，冬至有个有意思的习俗叫"履长"，就是晚辈要在这天给长辈送鞋送袜子，因为冬至后白天一天比一天长，就有祝福长辈的寿数越来越长的吉祥寓意。还有，冬至开始数九了，就有"九九消寒图"之说：例一，冬至日，画素梅一枝，共九朵，每朵九瓣，九九八十一瓣，日染一瓣，染完九瓣，就出九了，春天来了。例二，宣纸一幅，用描红手法描摹出"庭前垂柳珍重待春风"九个空心字，这九个字每字九画，按笔画每天描一笔，描完之后，正好垂柳回黄，很是别致。例三，一张白纸，天头写图名"九九消寒图"，正中画九个大方格，每个大方格中用笔帽印九个红色圆圈，从冬至日起，每天用墨笔点一个圆圈，并且有点的规矩，只点一部分，以区别不同的天气，有歌诀云："上画阴，下画晴，左风右雨雪当中。"就是说阴天就把圆圈上面一半染黑，晴天把下面一半染黑，其余以此类推，等到把红圆圈全部点染完毕，便是回黄转绿之际了。而且，这样点染，便于计算阴晴雨雪天数，有"以占来年丰歉"的意义在里面。

这些习俗，蕴藏着巨大商业开发价值，商机无限。所以，冬至有待商业包装，冬至节亦是呼之欲出。春节有对联门神、年画窗花、烟花爆竹等来装点，冬至也可以有扮靓它的商品。就像圣诞节就是由圣诞老人、圣诞帽、圣诞袜、鹿、雪橇、烟囱、圣诞礼物、圣诞树、圣诞饼、火鸡、冬青、圣诞橱窗、圣诞环、圣诞灯、子夜弥撒、圣诞颂歌及红、绿、白三种颜色等一系列元素"组装"一样。也不必讳言商业化，商业不搭台，文化就唱不了戏。

全球化时代，洋节伴随西方强势文化流入是不可避免的。进入强国时代，文化上越来越自觉、越来越自信的中国，春节等节日也必将在世界范围内不断扩大影响。洋人可以过中国的传统节日，中国年轻人也可以过洋节。

从教育来说，日益走进世界舞台中央的中国，亟待加强对青少年的国际理解教育，即使青少年在对中华优秀传统文化认同的基础上，了解其他国家、民族、地区文化的基本精神及风俗习惯，拓展国际视野，了解国际规则，深入地理解世界的多元性，提高跨文化沟通能力，学会理解、包容、尊重、共处和合作，以更好地参与国际事务和国际竞争。也许，洋节是生动的教材。

元旦、正朔及其他

公元 2018 年款款而来。新年第一天，1 月 1 日，我们称其为"元旦"，固属恰当："元"者，第一；"旦"者，日。"元旦"者，一年的第一个月的第一天是也。但这个"元旦"，原本指我国夏历正月初一，是"三元"之日也（今春节）。

我国春秋战国时代，有所谓夏历、殷历和周历。这三者最主要的区别在于岁首的不同，所以称为"三正"。周历以冬至所在的建子之月（夏历十一月）为岁首，殷历以建丑之月（夏历十二月）为岁首，夏历以建寅之月（即阴历正月）为岁首。后来秦朝以夏朝十月为正。自汉武帝改用夏正以后，一直沿用至今。

历朝历代，开国伊始，要"改正朔，易服色"。"正朔"，指一年的第一天。正即正月，一年的第一月；朔即初一，每月的第一天。《史记·历书》："王者易姓受命，必慎始初，改正朔，易服色，推本天元，顺承厥意。"但自汉武帝改用夏正后，后世帝王一般只改年号不改正朔，只有武则天、太平天国等改正朔。

今天所用夏历（农历），沿用了夏正，但没有用夏朔。夏以天明为朔，殷（商）以鸡鸣为朔，周以夜半为朔。周朔更为准确，因为天明时间受天气、季节影响很大，鸡鸣也不准确，而夜半则可通过天文观测精确确定。

虽然汉以后很少改正朔，但改年号、颁历法仍然是体现皇权的重要手段。旧时历书称皇历，盖因历书必由皇帝所颁。直至孙中山在开国之日宣布使用西历并以民国纪年，毛泽东也在开国之日宣布使用西历并以公元纪年，可见改朝、改正朔之观念影响深远。

服色，指车马、祭牲、服饰等的颜色。古代五行思想流行，每一王朝都有特别崇尚的某一种颜色，以符合五行之相生相克。如夏尚黑、殷尚白、周尚赤、汉尚黄之类。秦汉以后，新王朝建立，皆将改正朔、易服色视为关系国运的大事。

综上所述，现在这个"元旦"，也是个"洋节"。而我国的传统节日体系，是与大自然的节律相适应，按时令顺序相继排列的：春生、夏长、秋收、冬藏，四时各有当令节庆。这个年节体系，宛如一幅自然节候流程图，也恰是生命的流程图。这是在天人合一宇宙观下人与自然融为一体的民族生活时间坐标。而节庆民俗中，又蕴涵了丰厚的人伦精神。循天时重人伦，这是传统节庆的鲜明民族文化特色。所谓文化自信，我们首先要对传统节庆充满温情礼敬！

当然，我们对现在的"元旦"，也不必有"夺名之恨"。元旦要过，春节也更要过。毕竟节庆多了，休闲就多了；休闲多了，意味着生活品质提升了。

冬至的"吃感"也应有文化打底

今日冬至，收到的微信每每提醒要吃饺子。所以"吃感"很强烈，但总少了一些节日的仪式感、习俗的文化感。

2016 年 11 月 30 日，中国申报的"二十四节气——中国人通过观察太阳周年运动而形成的时间知识体系及其实践"被正式列入人类非物质文化遗产代表作名录。"二十四节气"作为中国古代农业文明的具体表现，在高速现代化的今天，早已失去了其原有的功能与作用，成为日期上的附注。但"二十四节气"申遗的成功再度唤醒了这一被日渐淡忘的传统文化。

二十四节气中既有表现寒暑往来物候变化的，也有反映气温高低降雨状况的。冬至的含义是：与夏至相反，白昼最短，黑夜最长，开始"数九"。过了冬至，白昼就一天天地增长了。"天时人事日相催，冬至阳生春又来。"冬至一阳生，阴极盛，则阳生。

《周礼》中规定，在冬至日这天招致天神人鬼降临，举行祭祀仪式，百姓则在这一天进行祭祖，都体现了敬天法祖的文化传统。因冬至过后，新年即将来临，所以冬至节的隆重程度不亚于新年，故有"冬至大如年"之说。春节、端午、中秋、冬至是一年四大节。

中国传统的思维模式主张"天人合一"，即强调人与自然的关系、追求人与自然的平衡与协调。因为人类生存繁衍的基础是自然，人与自然的关系是人们社会生活的核心问题。人类的生存发展，是以与自然的良好互动为前提的。古人观测天文气象，掌握天时的重要目的即是"敬授人时"，依存时序安排人事活动。节气最根本的文化特性当然是它的自然性，通过岁时节气的确立使人们顺应自然时序。"冬至饺子夏至面"，北方人冬至吃饺子防冻耳朵的习俗，以及种种因风土相移而相异的食俗，其实是与时相宜，协调饮食，其中蕴涵着顺应自然、尊重自然时间节律、敬爱生命的文化理念。因为日常生活起居的调理贵在得时，自然的变化，必然会作用于人的身体，在节气转变的关键时候，及时调理生活起居，将身体的生命律动融入自然的时间节奏之中，对于保持身体健康具有重要的意义。

那么，到了今天，冬至所蕴含的思想理念，如敬天法祖，如天人合一，如何实现转化性传承、创新，使之融合于吃饺子的习俗和仪式中呢？我想，莫如阖家老幼欢聚、围坐饭桌，共话来年收获多多，感恩亲情关爱护佑，说应季饮食，道顺时养生，互相嘘寒问暖，其乐融融。

天生烝民，有物有则。不是要"常回家看看"吗？冬至日，家人，饭桌，饺子，洋溢的是热气腾腾的亲情。团聚即温暖，家人即幸福！

恢复高考 40 年感言

日前，上海市发布 2018 高中学业水平考试实施意见。合格考：语文、数学，书面笔试，时间 90 分钟，满分 100 分；外语，书面笔试（不含听力，90 分钟，满分 80 分）+听说测试（含听力，采用人机对话方式，30 分钟，满分 20 分）；思想政治、历史、地理、物理、化学、生命科学 6 科均书面笔试，均 60 分钟，满分均 100 分（以上 9 科合格线以卷面成绩的标准分值划定）；信息科技，上机考试，60 分钟；物理、化学、生命科学另设技能操作测试，15 分钟（以上 4 门按测评标准评定成绩是否合格）。等级考：思想政治、历史、地理、物理、化学、生命科学 6 科，均书面笔试，均 60 分钟，满分均 100 分，成绩以等级呈现，按获得该次考试有效成绩的考生（即缺考或未得分的考生除外）总数的相应比例划分等级，位次由高到低为 A+、A、B+、B、B−、C+、C、C−、D+、D、E 共五等 11 级，分别约占 5%、10%、10%、10%、10%、10%、10%、10%、10%、10%、5%。

以上不惮其烦，只是为了说明学考之繁复，何况，后面还有更繁复的高考在等着考生。1977 年 12 月，40 年前的那个冬天，其实是一个社会的春天，570 万考生中，有 27.3 万人幸运地跨过了大学高高的门槛。如今，高等教育已经普及，但高考在社会深厚的传统观念里依旧不普通，它仍然是很多人的人生大门槛。不过，从过来人的角度看，高考检验的只是人生阶段性表现或成就，在绝大多数考生 20 岁左右的年纪里，用一纸试卷定义整个人生，是很值得怀疑的。未来是用来期待的，人生的奇妙就在于每一刻都充满了未知与无限可能。好在我们正处在更好的时代，这也是一个选择多元化的社会，高考只是人生的一扇门，还有很多门等着你打开。高考也不是要淘汰谁，它只是提供个体向上的某一个选择。条条大路通罗马，其他选择或许更适合你的发展亦未可知。一个人的勤奋努力，完全比一次高考重要得多。

2018 年的高考大纲也发布了。同 40 年前比较，现在的高考，有了更高的信度、效度，其立德树人、服务选才、引导教学的核心功能发挥得更好，必备知识、关键能力、学科素养、核心价值的考试内容更全面，基础性、综合性、应用性、创新性的考试标准更完善。

虽然对高考的批评之声不绝于耳，虽然高考是一种不完美的选拔，但是，今天，我们尽可从容看待高考。不必如 40 年前那样欢呼雀跃，也不必急着"棒杀"，它还有存在的意义和理由。

价值创造、价值评价、价值分配的管理环路

知识的重要性，决定了拥有知识的人的重要性。在传统的组织中，人被定义为"人事"，其管理职能为"人事管理"，其基本的管理假设是：人是成本，是减利要素。它所关注的是人的工作，其管理目的是节约以人力成本为主体的期间费用。在现代组织中，人被定义为"人力资源"，其管理职能为"人力资源管理"，基本假设是：人是资源，关注人的工作和工作的人。人力资源管理的目的是通过对人力资源的开发与管理，投资于人力，实现人力资本的升值，进而为组织创造更多的价值。

作为社会组织的学校，以专业技术人员——教师为主体。其管理具有的特点：一是其由于拥有知识资本，因而在组织中有很强的独立性和自主性。这为学校的团队运作提出了挑战；二是其工作过程难以直接监控，工作成果难以直接衡量，这使价值评价体系的建立变得复杂而不确定；三是其能力与贡献之间差异较大，其内在需求也存在不确定性和多样性，这使人力资源的整体管理与个性化服务产生了矛盾；四是其在团队中所处的领导与被领导的地位被划分得很模糊，从而对人力资源管理的权威性提出了挑战。

如何实现学校治理体系和治理能力的现代化？可以从以下几个方面加以考察：是否具有培育与引导人成才的机制与制度；是否具有人才成长的土壤与舞台；是否具有人力资源开发的工具与方法；是否具有优质的人力资源生态环境。

如何根据教师自身的特点，构建以教师专业发展为重点的人力资源管理体系，持续地开发教师专业发展的潜能，重点在于：一是管理要聚焦于提高教师的工作效率；二是建立优秀的学校文化体系；三是建立科学的价值评价体系；四是

建立合理的价值分配体系；五是构建符合教师专业发展需要的培训开发体系。

必须建立职位描述和职位评价体系，以制度的方式确定不同职位的职责和价值贡献度，这是人力资源管理的基础。

如何充分发挥教师的主观能动性，提高其工作的积极性、主动性、创造性，这是绩效管理问题，包括绩效计划的制订、组织氛围的改善、教师素质的提高、任职资格体系的形成、管理风格的改善，以及沟通和培训教育体系的建设。

科学评价每一个教师创造的价值，这是绩效考核。对教师工作做出评价是对其贡献的承认，又是对下一个周期工作的引导，更为价值分配提供依据，使其绩效与回报建立有机联系。在价值分配中，对什么样的成果和行为进行激励和回报，实际上是一个选择行动。当我们选择回报和激励"人"，价值分配必然会导向与人相关的工龄、年龄、学历、职称和职务，教师也必然强化与此相关的行为；当我们选择回报和激励"事"，价值分配必然会导向绩效，教师也必然会强化自己的高绩效行为。

"互联网（人工智能）+教育" 抑或 "教育+互联网（人工智能）"

马克思在《德意志意识形态》中曾经设想，在共产主义社会里，任何人都没有特定的活动范围，每个人都可以在任何部门内发展，社会调节着整个生产。而今，互联网重构了我们的时间和空间，拓展了每个人施展抱负的领域，基于互联网的时空分配、资源分配，使人们朝着"人的自由发展"迈进了一大步。就如老话说的"在家千日好，出门时时难"，但是导航软件、电子支付、人工智能翻译技术的出现，已经让我们走得更远、更舒适和更便捷。网络再造了多个行业，还会再造各类工作和职业形态，如医生可以在电脑屏幕前为外地的病人看病甚至手术，家庭主妇成为当红网络写手……

互联网、人工智能最大的特点是开放性、互动性、全球性、个性化。所以，它也改变着教育的概念、教育的生态环境，改变着教育形态、教育方式、师生关系、家庭关系等方方面面。有意思的是，应试教育的刷题训练与人工智能的大数据训练，在训练模式上具有高度相似性。那么，人工智能能够挤压应试教育的空间，"倒逼"教育的转型发展吗？恐怕不可能。唯分数论和唯学历论，很难靠外部环境变化和技术变革来打破，而必须推进教育管理体制改革、教育评价体系改革，引导教育者和受教育者从关注知识、学历转变到崇尚能力，尤其是创新、创造能力方面。

所以，尽管互联网和人工智能可以给教育带来巨大变革，但学校和教师的地位还是不会根本动摇的。即使有时时可学习、处处可学习的泛在的多种学习方式，学校和教师也不会消失，因为学校是人生社会化的第一步，学生的成长依然需要有仁爱之心的教师指导、帮助。尽管一些知识可以通过机器人来传授，但教师会从原来的知识的主要提供者，变成一个指导学生学习的人，指导学生如何搜集信息、利用信息、处理信息。学校也可能变成一个信息中心。所以，新东方教育科技集团创始人、董事长俞敏洪认为，人工智能时代，教师必须改变自己的教学模式、教学方式、态度和知识的构成，在这一进程中，"没有创意的教师"可能会被替代，而情感丰富、创造性强的教师则会比较受欢迎。

教育的任务是要培养每一个孩子成为独特的人。真正的教育，正如著名管理思想家查尔斯·汉迪在《疯狂的时代》一书中所指出的：对教育而言，真正需要的不是国家制定的课程表，而是给每一个孩子一份私人进程表，这份"私人进程表"一定是尊重"人的发展本位"的，一定是尊重孩子个性化发展的，是属于孩子自己成长的。因为，教育不仅是促进阶层流动的工具，更重要、更有价值的是它可以帮助人找到真正的自己，帮助人提升寻找更美好生活的能力。在真正实现教育的"去应试化"，完成教育价值观重建的前提下，互联网、人工智能是有可能提供一份"私人进程表"的。

所以，我还是坚守"互联网（人工智能）+教育"，而不是"教育+互联网（人工智能）"的理念。

流行语：社会、文化的语言镜像

日前，有关研究机构公布了 2017 年中国媒体十大流行语，上榜词语有：十九大、新时代、共享、雄安新区、人工智能、人类命运共同体、不忘初心牢记使命、撸起袖子加油干、天舟一号、金砖国家。

流行语反映了社会生活发展和思想认识进步。反复吟哦这些词语，感受到语言的镜像"摄"下的当下中国政治、经济、科技、文化、军事、外交最新发展的宏大场景。

语言诸要素中对社会发展最敏感的是词汇。例如，我们从甲骨文中"田"既表示田猎又表示田耕，就可以了解到在已进入农业社会的殷代的农耕生产方式之前，一定还存在田猎的生产方式。而十大流行语跳动着鲜明的伟大时代高歌猛进的强劲脉搏。

在语言与历史的联系中，地名词的词义主要是概括地理位置和社会特征，它往往反映着人们对地形、地物及其地理位置的具体认识或该地的历史人文的变迁。"雄安新区"之流行就标志着河北原来三个寂寂无闻的小县走进了中国历史新格局的战略要冲。

语言作为一种社会信息，它的系统是一种在物质和能量的不断运动中产生的宏观有序结构。它与周围的社会系统、自然系统、民族思想和心理系统、文化系统以作用和反作用的方式紧密联系在一起，息息相关，不断地从周围系统吸收物质和能量，并从物质和能量的消散中维持自己的活力。历史上，因文化交流而使汉语系统内部发生大的"涨落"，共有四次。第一次是在春秋战国时期，经济文化上处于先进地位的汉族排挤、替代了各少数民族的语言而形成了华夏民族统一的语言。第二次在汉代，特别是张骞通西域后，大量西域语汇进入了汉语。第三次是从东汉到唐末，佛教的传入，直译、意译的表抽象概念的佛教词汇渐渐融入汉语基本词汇，增强了汉语的抽象概括能力。第四次从明清时代一直延续到新文化运动时期，西学东渐，汉语增加了大量意译为主的源于英语、日语、俄语、法语、德语的有关哲学、政治、经济、科学、文化上的名词术语，使汉语词汇面貌为之一变，进入了现代化时期。还有一个特殊现象：从7世纪初到8世纪末，日本14次派遣数以百计的使节、留学生、留学僧到唐朝，随之大量的古汉语词连同汉字也都进入日本，于是近代中国大量吸收西方文化和语言成分之际，又以强烈的冲击力反作用于汉语，致使现代汉语词汇系统中吸收的大量西方科技文化语词都通过日语来吸收。十九大后，"不忘初心，牢记使命"的中国共产党领导人民"撸起袖子加油干"，进入中国特色社会主义"新时代"，"共享"经济、"人工智能"、航天科技（"天舟一号"）、"金砖国家"、"人类命运共同体"引领世界和平与发展新潮流，全球化浩浩荡荡，更加开放的中国，必将带来自20世纪80年代改革开放以来新的一次汉语的更大的能量交换。